本书由中国社会科学院"登峰战略"优势学科项目经费资助出版

基督教思想史十三讲

中国社会科学院基督教研究中心 编

中国社会科学出版社

图书在版编目（CIP）数据

基督教思想史十三讲 / 中国社会科学院基督教研究中心编 . — 北京：中国社会科学出版社，2024.9
（中国社会科学院基督教研究学科"登峰战略"系列）
ISBN 978−7−5227−3609−9

Ⅰ.①基⋯　Ⅱ.①中⋯　Ⅲ.①基督教史—思想史—世界　Ⅳ.①B979.1

中国国家版本馆CIP数据核字（2024）第101587号

出 版 人	赵剑英
责任编辑	刘亚楠　陈　彪
责任校对	张爱华
责任印制	张雪娇

出　　版	中国社会科学出版社
社　　址	北京鼓楼西大街甲158号
邮　　编	100720
网　　址	http://www.csspw.cn
发 行 部	010−84083685
门 市 部	010−84029450
经　　销	新华书店及其他书店
印刷装订	北京君升印刷有限公司
版　　次	2024年9月第1版
印　　次	2024年9月第1次印刷
开　　本	710×1000　1/16
印　　张	21.25
插　　页	4
字　　数	350千字
定　　价	128.00元

凡购买中国社会科学出版社图书，如有质量问题请与本社营销中心联系调换
电话：010−84083683
版权所有　侵权必究

讲者简介

中国社会科学院基督教研究中心成立于 1998 年 5 月。以中国社会科学院世界宗教研究所研究人员为主体,并吸纳院内外权威专家学者参与共建。中心的宗旨在于以涵盖广、水平高的学术合作开展对基督教思想文化系统而深入的研究,进而提高我国基督教研究的整体水平,为当代宗教研究与理解创造一种良好的学术和社会氛围,为我国的哲学社会科学研究贡献独有的力量。中心每年召开一届研究年会,并办有辑刊《基督宗教研究》。

卓新平 1981 年中国社会科学院研究生院硕士毕业，1983-1988 年留学德国、获慕尼黑大学博士学位。1992 年起任中国社会科学院世界宗教研究所研究员，曾担任研究所所长。现为中国宗教学会名誉会长，中国社会科学院学部委员。先后出版学术专著 40 余部，发表论文 500 余篇。

周伟驰 中国社会科学院世界宗教研究所研究员。著有《太平天国与启示录》《奥古斯丁的基督教思想》《记忆与光照》等。研究领域为基督教哲学史、中国基督教思想史，近年来学术兴趣在晚清新教传入及其影响。

董江阳 哲学博士，中国社会科学院世界宗教研究所研究员。研究方向为基督教（新教）研究。具体研究领域包括基督教思想史、宗教改革、英美福音派、政教关系、基督教文化、中国基督教学术传统史。

唐晓峰 中国社会科学院世界宗教研究所副所长、研究员，中国宗教学会常务副会长兼秘书长，中国社会科学院宗教研究智库秘书长，中华宗教文化交流协会理事。主要从事宗教学理论、中国基督教历史及现状研究，著有《基督教中国化理论研究》《改革开放以来的中国基督教及研究》《中国基督教田野考察》《元代基督教研究》《赵紫宸神学思想研究》《谢扶雅的宗教思想》等。

刘国鹏 研究员，博士，中国社会科学院世界宗教研究所基督教研究室主任，中国社会科学院基督教研究中心副主任，中国宗教学会理事，《基督宗教研究》（CSSCI&AMI）执行主编，知止中外经典读书会（2012年创立）召集人。研究领域为现当代天主教会史、比较宗教学、中西文化比较、宗教法学等。代表作有专著《大公性与中国化双重张力下的中国天主教会》《夹缝与生机：时代语境下的中国天主教会》《刚恒毅与中国天主教的本地化》（获2012年第六届胡绳青年学术奖）；在《世界宗教研究》《宗教学研究》《世界宗教文化》等刊物上发表学术论文五十多篇。

杨华明 2006 年毕业于中国社会科学院研究生院，获哲学博士学位。现为中国社会科学院世界宗教研究所副研究员，主要研究领域为基督教历史与思想、当代西方基督教神学。著有《十字架上的盼望——莫尔特曼神学的辩证解读》（社会科学文献出版社，2010 年）、《教宗史》（中国社会科学出版社，即将出版）。译有《新约文献与历史导论》（上海人民出版社，2008 年）、《道成肉身——基督教思想史》（中央编译出版社，2012 年）、《剑桥基督教史（第四卷）》（中国社会科学出版社，2021 年）。先后在《世界宗教研究》《世界宗教文化》《基督宗教研究》《基督教思想评论》等刊物发表学术论文多篇。

黄 瑛 硕士毕业于武汉大学哲学学院宗教学系，2009 年赴德国留学，2009-2018 年在德国海德堡大学先后获得硕士、博士学位。2018 年到 2021 年初在浙江大学人文学院从事博士后研究，2021 年起担任中国社会科学院世界宗教研究所助理研究员、副研究员。2020 年 11 月在哥廷根 Vandenhoeck & Ruprecht 出版社出版德文专著《从团契到国度——朋霍费尔早期宗教观》，并获得海德堡大学颁发的 2020 年度曼弗雷德·劳滕施莱格学术奖。主要研究领域为当代德语基督教思想、宗教批判理论、法律与宗教、中国基督教思想。

序　言

1
001

第一讲　董江阳：

哪种基督教？哪类基督徒？——现代基督教内部的阵营分组与分野

基督教内部阵营分组，以往主要以传统宗派或教派作为身份界定与归属界限，而从 20 世纪以来则转换成主要以神学立场为依据的跨宗派性阵营分组模式，分化成许多新的联盟、运动和趋势，并进而演化成自由派与保守派两大阵营的对峙。本文对现代基督教内部阵营分化与分组的起因、派系、脉络、分野与矛盾做出了梳理、剖析和评判。

2
025

第二讲　杨华明：

基督教神学辩证法刍议

本文基于对辩证法概念的历史溯源与内涵梳理，得出基督教神学辩证法是一个以上帝内在三位格间的"认同性"为根据，以上帝之于世界的"相关性"为载体，由结构辩证法、内容辩证法（具体分为神圣辩证法与历史辩证法）和方法辩证法三要素共同构建的有机辩证体系。

3
057

第三讲　唐晓峰：

不为阳春白雪 转曰下里巴人——评君士坦丁到公元 600 年的基督教发展史

所谓"上帝的意识"终归是人类的意识，故人类凭藉上帝之名对各类神学纷争进行的评判，也就免不了局限性、软弱性。如果说早期使徒与教父们还在吟唱着"阳春白雪"，宁愿为纯真且朴实的信仰献上生命，300 年后罗马帝国的耶稣信徒们在突如其来的世俗恩宠面前，很快就转曰"下里巴人"了。

001

4

079

第四讲 刘国鹏：

从教会法角度试析罗马教廷的古今之变

罗马教廷作为教宗针对全球普世天主教会施行牧职的代权机构和教会中枢管理机构，以及圣座的必要组成部分，其地位和作用可谓举足轻重。可以说，今日之罗马教廷具有双重维度，从行政、权力、司法角度而言，其功能犹如一国之中央政府；而作为圣座的必要组成部分，它又代行着教宗训诲、圣化、管理的神权功能，乃教宗治理全球天主教会须臾不可离的中介和手段。

5

107

第五讲 刘国鹏：

教宗首席权：来源、合法性及功能

教宗首席权乃构成普世天主教会庞大严密教阶制的拱顶石，同时也是圣座国际主权得以成立的直接前提。缺少这一拱顶石和直接前提，则天主教会之区别于基督宗教其他宗派和世界其他各大宗教的本质特征便丧失了其最重要的构成要素。

6

135

第六讲 卓新平：

托马斯·阿奎那的神学巅峰之旅

托马斯的神学创造性地解释并运用亚里士多德哲学来构建中世纪经院哲学体系，使其哲学理性及逻辑论证与神学有机结合。他提出"宇宙论"、"目的论"等五种上帝存在证明，主张"温和唯实论"模式。他讨论了存在、本质、实体等基本认知问题，强调上帝的本质就是存在。其理论在中世纪基督教思想发展上代表着"一览众山小"的神学高峰。

7

159

第七讲 卓新平：

波拿文都拉在神秘"智慧"中的沉醉

波拿文都拉的思想属经院哲学中体现神秘主义的"智慧"学派，把智慧作为哲学的目标，主张通过激情、狂热来追求并表达智慧，故而独树一帜。他指出智慧并非理性、冷静的思考和推理，而与爱、平安、出神、神魂超拔等具有情感色彩的体验相似，认为信仰的意义要大于理性的推断。他还探究了"流溢"与"光照"、"原型"与"摹本"等问题。

8
第八讲　周伟驰：

形象观的传承——阿奎那对奥古斯丁三一类比的继承、转化及其问题

177

在形象观上，阿奎那继承了奥古斯丁的内在三一论进路，即从心灵的知与爱的行为出发，来类比上帝在人身上的形象，但阿奎那也对奥古斯丁的形象观作了转化，主要是将奥古斯丁的"记忆－理解－爱"转化为"心灵－理解－爱"。在这个过程中，阿奎那忽视或者遗漏了奥古斯丁的一个重要思想，即心灵对于它自己的"记忆"，而"记忆"隐含着现象学意义上的"自身意识"。

9
第九讲　唐晓峰：

亦佛亦道亦基督——唐代景教的"中国化"尝试

209

在唐代，儒释道三教分立的格局逐渐向内在义理层面的融合转向。在这种宏大的义理融合背景之下，基督教所本有的超越教理只能显现为一种小众之教，最终融于劝人为善、因果报应、无欲无为、无德无证的精神脉络之中。

10
第十讲　周伟驰：

奥古斯丁复形说的东传及其问题

225

奥古斯丁复形说是从救赎的角度来看上帝的形象。本文考察了奥古斯丁复形说的东传史，发现其中存在两个派别。一个是主流，坚持传统的奥古斯丁"记忆－理解－爱"形象观，一个是支流，倾向托马斯·阿奎那"心灵－理解－爱"形象观。在中国明清和民国的语境中，他们各自以自己的方式提出了如何恢复上帝形象的规训。

11
第十一讲　董江阳：

自然神论及其对美国开国者的影响

245

自然神论是传统宗教信仰在启蒙运动精神影响下产生的一种新派神学或宗教观。它一改传统基督教的启示、神秘和超验主义，转而尝试按照自然与理性原则来重新解释和建构基督教神学。本文着重阐述了自然神论在北美的起承转合、表现形态和性质特征，对美国开国者与制宪者的影响，以及在美国基督教内外的结盟、分裂与蜕变。

12
279

第十二讲　杨华明：

再洗礼派神学家尤达与基督教和平主义

本文对当代基督教神学家尤达的和平主义神学思想做了论述。通过对尤达的基本生平、再洗礼派历史与神学概况以及尤达的代表作《耶稣政治》一书的评介，可以看到脱胎于再洗礼派反君士坦丁主义思想的尤达的和平主义神学，以"顺服"、"革命"、"合一"与"终末"为基本元素构建而成。"激进"与"革命"的特质让尤达的和平主义神学饱含张力与生机。

13
309

第十三讲　黄　瑛：

朋霍费尔《伦理学》手稿中隐藏的和平伦理学

从朋霍费尔写于第二次世界大战期间（1940年2月至1943年4月5日）的《伦理学》草稿中发掘他对和平的思考，困难重重。在《伦理学》草稿中，明显提及和平的地方并不多。朋霍费尔究竟有没有在《伦理学》中继续他早年关于和平的思考？如果答案是肯定的，我们应该如何分辨朋霍费尔在战争期间以隐秘的方式书写的和平伦理学呢？

序言

思想是一个人自我认知、社会识别、意识演进的关键要素，否则一个人只能沦为一尊肉身躯壳。基督教亦是如此，教堂、体制不过是物质材料的堆砌、规章制度的汇集，思想才是其自我认知与整合的核心环节。基督教思想造就了基督教在世界范围内的广泛传播，形塑了它在各个历史时期的表现形态。思想是人的内核，同样也是基督教的精神本质。

《基督教思想史十三讲》是中国社会科学院基督教研究室各位同仁对基督教史上若干思想主题进行深入理解、精当剖析的理论辑选。本讲稿编辑的目的有三：一是便于同事间相互学习，达致理论互补与思想提升；二是便于研究生教学，有利学术思想传承；三是汇集相关主题思想创见，以与国内外学术同行相互切磋、互通有无。通读十三篇讲稿，我认为上述期冀均在不同程度上实现了，且这些讲稿具有以下三个方面的明显特质：

一、视野广阔多元。各位讲者在展示思想发展过程或得出某个结论时，并未仅就思想史本身做概念的推导，而是着眼于更开阔的历史、社会、文化背景进行推理、得出结论。我们谈基督教思想史至少应有三个不可忽视的维度：一是相关基督教思想主题在基督教会发展史中自身的演变；二是在这种发展演变中它与社会、思想、文化间的互动；三是该主题自身的内在逻辑框架分析。只有在此三个维度的交织中，所研究的思想主题才能得以精确定位。比如我们在谈托马斯·阿奎那和波拿文都拉的神学体系时，便不能忽略他们对亚里士多德和柏拉图这两位西方哲学巨擘的思想依附，同时也避免不了西方哲学史中理性主义与神秘主义间博弈与互动这一轴心话题。在谈论基督教阵营的派系纷争中，亦无法脱离世俗道德、文化、社会和政治问题的讨论。而对于罗马教廷和教宗首席权的定位与剖析均离不开其发展过程中所面临的具体处境与挑战。对于唐代景教文献、奥古斯丁形象观在华传播的研究，一方面脱离不了它们所由来的拉丁教会或东方教会传统，另一方面亦应在中国思想文化语境中对其加以解读。由此唐朝的景净多采用释、道形式与思想来诠解聂斯托利派的核心义理，而明清之际的传教士们也不得不借用理学术语来表达奥古斯丁的形象观。也正因为运用了这种多元维度的解读，才让人们对朋霍费尔的和平主义思想有了更为全面的了解，其和平伦理学与时代处境紧密相关，也必须在处境中不断发展和修正。

本讲稿所涉主题宽泛，有基督教群体、派别的立场分殊，有基督教思想关键概念演进史的辩证解读，有基督教思想史中神圣与世俗、理性与信仰张力的延续与化解，有基督教思想概念的传播并在具体处境中表达与呈现，有对教会体制及其背后蕴含的神学内涵的分析勾勒，有对基督教思想史中关键人物，如奥古斯丁、托马斯·阿奎那、波拿文都拉、尤达、朋霍费尔等代表思想的梳理、评介。全书通过对上述关键点的诠释与探究，试图还原一张基督教思想史的意义之网。

二、分析深入严谨。本讲稿对于相关论题的分析，并没有因为教科书或语言表达浅显化的要求而浅尝辄止，而是力求用简洁明快的叙述来表达深邃的理论洞见，呈现思想史研究所必须具备的专业素养与哲学思辨。在看似轻松的话题下面，实则蕴含着基督教思想史研究的诸多核心论题，比如在梳理托马斯·阿奎那对奥古斯丁形象观的传承问题时，并没有机械地对比两位神学家形象观的相关性，而是更深入地分析了从"记忆—理解—爱"转而采取"心灵—理解—爱"模式背后的哲学及神学动机，以及这种转变本身的合理性问题。对于基督教神学辩证法的解析也没有仅仅停留于对这种辩证法发生作用的各个相关因子的单独呈现，而是在此基础上深入挖掘了这种辩证法的结构、内容和方法，指出该辩证法以上帝内在三位格间的"认同性"为根据，以上帝之于世界的"相关性"为载体，以"道生一，一生二，二生三，三生万物"的逻辑路径为线索。在对比基督教的"因信称义"和儒家的"知行合一"这两个概念时，讲者也没有简单地罗列两者的概念内涵，而是引入第三方，即在中国文化语境中传播基督教思想的利玛窦的相关表述来辨析两者的异与同，并指出两者各自的理论和实践的局限性。类似的深入分析与严谨推理在圣俗之间的互动、理性与神秘间的辩驳、基督教帝国与上帝国的对峙、上帝的创造与拯救等命题的探讨中均有充分体现。在本讲稿中，对相关论题的研究或以一段历史作为切入点，以点带面加以演绎；或以人物思想的分析作为纽带，循序渐进；或以大量神学叙事作为素材，归纳总结；或以文化相遇作为背景，层层推理。通观全书，虽整体论题略显弥漫，但深入阐释、严谨推理之精神一以贯之，且在思想碰触中，不时迸发出理论洞见与思想火花。

三、观点创新精当。理论观点之创新不在于以新奇观点博人眼球，而在基于传统、结合时代进行的符合逻辑的深入推理，因此视野的开阔、资料的丰富、方法的更新三方面要素不可或缺。本书所辑十三篇讲稿在观点，即在创新方面可圈可点。除前面我们所列举的系列观点外，还有诸多理论创见令人耳目一新，比如随着20世纪福音派的复兴与发展，基督教派别之间的分殊日益复杂，甚至在某种程度上消解了传统的宗派特征。如果以虚拟的正统居于中轴的话，自由派、处境化神学、新正统派和基要派、五旬节派、梵二前天主教、福音派、梵二后天主教则按照立场强弱分列中轴左右。对于君士坦丁到公元7世纪教会思想史的缕析，人们可以明显看到早期使徒与教父们还在吟唱着"阳春白雪"，宁愿为纯真且朴实的信仰献上生命，但自300年后君士坦丁时代的耶稣信徒们在突如其来的世俗恩宠面前，却转曰"下里巴人"了，教会自此在世俗社会中的发展如同社会中的个体一样，其软弱性在多纳图派分裂等教会历次纷争中显露无遗。观点上的创新还表现在对再洗礼派思想家尤达耶稣政治身份的肯定，以及自然神论对美国《独立宣言》及开国领袖思想的影响的深入阐释中。

十三篇讲稿以基督教思想史概论、派别发展、历史演进、代表人物及思想的顺序加以编排，以方便读者对该主题拥有一个从宏观到微观、从历史到近代、从域外到中国的循序渐进的理解与掌握过程。其中有些讲稿是研究室同仁在之前相关稿件的基础上修定增补而成的，有些则是正在进行的思考的理论总结。该讲义整体的编写原则是以基督教思想史为核心，结合各自研究专长，立意明晰，深入浅出，雅俗共赏。为此作者和编者还在一些关键主题、历史事件和代表人物处穿插图片和摘要说明，便于读者阅读与理解。该讲稿的编纂得到基督教研究室各位同仁的大力支持，并为此提供了大量脑力与文笔劳作。中国社会科学出版社副总编辑陈彪编审、刘亚楠编辑为这部讲稿的选题立意、编辑出版付出了很多心血，在此一并表达感谢。由于各位同事的研究领域不同，语言表达风格有异，造成了讲稿主题略显散漫，语言表述深浅不一的表面现象，但愿读者能够在基督教思想史的爬梳、畅游的快乐中弥补此遗憾。

编者
2021 年 3 月 28 日

第1讲

主讲人　董江阳

哪种基督教？哪类基督徒？
——现代基督教内部的阵营分组与分野

一 *

俗话常说，物以类聚，人以群分。差不多凡是有人群的地方，就有派系或阵营的划分。在这一点上，基督教世界也不例外。

从事物应当具有的面目讲，"基督的教会"历来都宣称是普世性和大公性的。割裂"基督的身体"从来都被看作一种罪过，制造教会的分裂是没有什么借口和不被宽恕的。但这并不是说在基督徒当中就没有什么派系和阵营，因为追求公教会的前提是追求真教会。一部分基督徒基于这样或那样的理由并通过这样或那样的纽带而联系或聚集在一起，从而与另一部分基督徒或其他基督徒形成一定的区分或区别，这很有可能在最早时期的教会那里就已经存在了，并一直伴随着基督教两千年的发展史。譬如，以下三次较大规模的教会分组就很好地表明了这一点：公元4世纪的多纳图派分裂（the Donatists schism），公元1054年最终完成的东西教会大分裂（the Great Schism），以及在公元14世纪末15世纪初出现的所谓"教

---

* 本文最初发表于《世界宗教研究》2006年第3期。现经增补、更新和改写而成。

宗的分裂"（the papal schism）。而且，对于那些基于某些神学教义、崇拜礼仪或其他历史传承而形成的基督徒团体所做的进一步探查将会发现，由此而形成的那些基督徒团体往往或多或少都具有一定程度的排他性，这种排他性在许多情形下还会进一步演化成彼此对立或对抗性的。

纵观教会历史上客观存在的基督教阵营分组，可以看到，最大规模的阵营分组就是整个基督教世界分化成天主教、东正教和新教这三大阵营。其实，在公元1054年"大分裂"以前，讲拉丁语的西方教会与讲希腊语的东方教会的分裂，就一直处在持续演化之中。而16世纪在西欧出现的"宗教改革"运动，不仅使新教与罗马天主教形成分野，而且随后在新教阵营内部又进一步分化出许许多多的宗派（denominations）或教派（sects），例如圣公会、路德宗、浸信会、贵格会、卫理公会、长老会、公理会等。这些新教宗派既不认同罗马天主教又不认同彼此。虽然传统的宗派通常并不声称自己就是普遍教会的唯一合法的体制表现形式，但它们一般都会认为自己就是其最佳的表现形式，最为忠实于《圣经》和圣灵在当下的作为。例如，宗教改革家约翰·加尔文就曾经指责罗马天主教由于其在宣扬福音和实施圣礼方面的缺憾而不再是一个真正的教会；而再洗礼派也曾被路德宗或更正宗拒斥为不属于真正基督徒之列。

一种宗派传承通常既包括教义、经验或组织上的偏重之所在，又包括有共同的种族、语言、地理起源或社会阶层关系。在20世纪早期，美国神学家H.理查德·尼布尔（H. Richard Niebuhr）曾对现代美国诸宗派的起源与由来进行过深入探究。他认为宗派是美国宗教生活的一个区别性标志，因为它们就植根于其社会阶级、财产、民族和种族的历史差异性之中。[1] 现今，据估计，在世界上存在数万个大大小小、形形色色的宗派或教派，而每一个宗派又都反映着就这样或那样事情所发生的某种争论，反映着或蕴含着这样或那样的信仰背景与历史传承。

不过，在新教内部，尤其是在北美地区，自第二次世界大战以来出

1　Cf. H. Richard Niebuhr, *The Social Sources of Denominationalism*, New York: Meridian Books, 1957.

现了一些新的发展；这些新发展对基督教传统的"宗派"形式是否会长期存在下去提出严肃质疑。在20世纪，特别是第二次世界大战结束以来，由传统宗派所确定的身份认同，已经越来越无法表明一个人所具有的神学立场、崇拜方式、组织倾向或者社会阶层。神学斗争的加剧与深化，以及数不胜数的超越传统宗派界限的准教会（parachurch）组织和跨宗派（transdenominational）组织的建立，促使人们不再把传统的宗派归属看作自我在宗教信仰上身份认同的首要参照标准。也就是说，传统的宗派界限概念逐渐丧失它们原有的约束力。对此，牛津神学家阿利斯特·麦格拉思（Alister E. McGrath）指出："新教的宗派实质上是一种欧洲现象，反映了西欧从16世纪到18世纪教会生活的转变着的模式和争论。宗教附属和隶属模式反映了西欧的一般情形，并往往都是英格兰的特定宗教生活状况；它们被无疑是出于善意的传教士们输入到非洲、美洲、亚洲和澳洲；那些传教士似乎持有这样一种见解，即宗派是基督徒生活的一种不应等闲视之的、由上帝赋予的模式。于是，四大洲的正在形成中的教会生活，就受到西欧历史偶然性的影响。"[1]

促使宗派界限削弱或消失的另一个重要因素，就是具有跨宗派特征的福音派在20世纪的复兴和崛起。进入21世纪后，美国社会文化政治呈现出两极分化的态势。基督新教日益分化成两个相互对立并处于激烈斗争的阵营：一方是自由派/主流派的新教，另一方是福音派/基要派/灵恩派的新教。而基督教右翼极力鼓动所谓"文化战争"，又进一步加剧美国社会的文化矛盾和极端化发展。按照"文化战争"学说[2]，当今美国人因为在基本价值与生活方式的不同，而分化成保守派与自由派这两大阵营，并且相互认为对方是对美国价值的重大威胁。从20世纪70年代末以来，新教徒福音派联合天主教传统派或保守派，根据其宗教信仰与价值，开始形成统一的文化主张或政治诉求。他们认为不能坐视美国社会的腐败以及

---

[1] Alister E. McGrath, *The Future of Christianity*, Oxford, UK: Blackwell Publishers Ltd, 2002, pp.40-41.（参见中译本《基督教的未来》，董江阳译，香港道风书社2005年版）

[2] Cf. James Davison Hunter, *Culture Wars: The Struggle to Define America*, New York: BasicBooks, 1991.

家庭的崩溃。于是，连续不断的群众动员最终塑造了基督教保守派政治联盟的出现。自此以后，基督教右翼开始越来越多地参与到美国政治生活中。"文化战争观"促使基督教保守派与罗马天主教保守派在社会与政治上组成统一战线。可以说，宗教保守派与自由派这两大相互对立的派别主导着美国基督教界，就像民主党与共和党这两大政党主导着美国的政治舞台一样。

以神学立场而不是传统宗派界限来界定自己的身份认同，这一点早在 1942 年"美国福音派联合行动协会"（The National Association of Evangelicals for United Action，简称"NAE"）成立大会上，就被当作这一运动的主旨之一而确定下来。在会上当选为该协会首任主席的哈罗德·奥肯加（Harold John Ockenga）作了题为"沉默的大众"的主题发言。奥肯加指出，传统基督教"宗派不再是世界与教会之间的界限，反而是有助于它们结合的因素；宗派只不过是我们先辈们旧有争执的纪念碑"[1]。那些争执的理由如今已不复存在，宗派间的对立已让位于跨宗派的神学思潮之间的对立。"分裂不再存在于各宗派之间，而是产生于那些信仰基督与圣经的人与那些拒绝基督——十字架上的基督与圣经的人之间。"[2] 自由主义与世俗主义已成为隶属于各宗派的福音派基督徒的大敌，能否有力地应对这一挑战，成为影响基督教未来发展的至关重要的因素。

换言之，福音派分子倾向于将他们的福音派身份认同看作超越宗派界限的。这为何如此重要呢？因为它意味着福音派——根据某些调查，他们占美国总人口的 30% 左右——在全国范围内移动时并不会忠诚于一个宗派。他们将会受到精彩的布道、青年事工或崇拜风格的吸引，而不在乎这个教会到底是浸信会的、圣公会的还是长老会的。他们的教会选择不是与宗派问题联系在一起，而是与个人偏好联系在一起。美国宗教中的新宗

---

[1] Cf. *Evangelical Action! A Report of the Organization of the National Association of Evangelicals for United Action*, United Action Press, Boston, Mass., 1942, pp.23-33.

[2] Cf. *Evangelical Action! A Report of the Organization of the National Association of Evangelicals for United Action*, United Action Press, Boston, Mass., 1942, pp.23-33.

教消费主义（religious consumerism）在下面这种做法上是最为明显的："美国的基督徒会到处'选购'（to shop around）最好的教会，而不是信赖于那些成名的'品牌'。"[1] 对于这一类基督徒来说，他们对任何特定的传统宗派都没有什么太多的忠诚，他们随时随地准备转移到福音派或灵恩派教会。他们在寻求更好的布道与崇拜方式以及灵性培育方式，而不是什么宗派性的历史传承。

就各自的社会发展态势而言，与福音派在信徒人数上的激增相反，主流宗派由于对现代文化价值的适应和调整，已导致它们与当今人们的精神信仰需求产生某种不相关性，从而导致其教会成员在人数上的持续下降。这种日益加剧的下降与萎缩趋势，使得人们开始怀疑传统的宗派这一身份界定形式是否还拥有什么真正的未来。"宗派正在日益被看作一种在未来并不想要拥有的历史畸变物。"[2] 普通信徒也正在变得越来越不喜欢以宗派来界定他们自己的信仰身份认同。根据多项宗教社会学调查，在美国，从20世纪60年代起，受自由派控制的主流宗派教会成员开始持续递减，其在精神与世俗领域的影响发生明显的衰退。与此相反，以福音派为主导的教会无论在人数还是在社会文化影响上则表现出稳步上升的趋势。调查数据表明，从1965年起到20世纪80年代中期，自由派教会成员平均以每5年下降4.6%的速度递减。到1990年，各主流宗派丧失其1965年成员人数的五分之一到三分之一，而这一期间还是美国人口增长出现高涨之际；因而，实际人数的下降，也就变成在美国与这些主流宗派相关联之人口比例的大衰退。主流宗派的人数虽然在下降，但其他宗派则处在增长之中。与此形成鲜明对照的是，这一时期的福音派教会成员平均以每5年上涨8%的速度递增。[3] 一项1994年的调研

---

[1] Alister E. McGrath, *The Future of Christianity*, Oxford, UK: Blackwell Publishers Ltd., 2002, p.45.（参见中译本《基督教的未来》，董江阳译，香港道风书社2005年版）
[2] Alister E. McGrath, *The Future of Christianity*, Oxford, UK: Blackwell Publishers Ltd., 2002, pp.43-44.（参见中译本《基督教的未来》，董江阳译，香港道风书社2005年版）
[3] James Davison Hunter, *Evangelicalism: The Coming Generation*, The University of Chicago Press, 1987, p.6.

表明,从 1950 年以来,五旬节派教会增长了 300%,保守派新教教会则增长了 200%。[1]

事实上,从 20 世纪 70 年代后期开始,福音派已呈现出明显的复兴迹象。到 1976 年,也就是美国建国两百周年之际,福音派迎来了现代发展史上的高峰期。其时,根据"盖洛普民意调查",福音派在美国已拥有四千万名以上的追随者[2],有 1/3 的美国成年人经历"精神上的重生"。这就意味着超过二分之一的新教徒、将近三分之一的美国人都成为某种意义上的福音派。这标志着它尽管在认识论意义上还属于少数派,但在社会文化意义上已成长为多数派。[3]到 20 世纪 80 年代末 90 年代初,福音派信徒人数仅在美国就有三千万名(据《今日基督教》民意调查)到六千六百万名(据盖洛普民意调查),在世界范围内其信徒则有六亿之众(据大卫·巴雷特民意调查)。另外,根据 1992 年进行的"阿克隆民意调查",在美国有 30% 以上的人隶属福音派。在美国这一群体人数大体与罗马天主教徒持平,但要远多于主流新教宗派的信徒。这项调查还根据对个人宗教信守、教堂礼拜、祷告、相信死后生命以及其他指标的调查发现,有 60% 以上的福音派信徒(61% 以上的白人福音派信徒以及 63% 以上的黑人福音派信徒)同时又隶属宗教热情最为高涨、宗教活动最为活跃的范畴。[4]事实上,每个礼拜日前往教堂做礼拜的人大都是保守派信徒。

根据 2015 年美国智库皮尤调查,美国人有 70.6% 是基督徒;其中,46.5% 是基督教新教徒,20.8% 是天主教徒;就新教徒而言,25.4% 是福音派,14.7% 是主流派新教徒,6.5% 是黑人教会。黑人教会在神学信仰上属于福音派,但由于历史原因,黑人教会在政治上与以白人为主的福音派具有不同的关注点,并采取了不同的政治策略。此外,值得注意的是,

---

1 C. S. Clark, "Religion in America", *CQ Research*, 1994, pp.1035-1052.

2 Cf. George Marsden, "Fundamentalism", *Encyclopedia of the American Religious Experience*, Charles Scribner's Sons, 1988, p.947.

3 James Davison Hunter, *American Evangelicalism: Conservative Religion and the Quandary of Modernity*, Rutgers University Press, 1983, p.47.

4 Cf. Mark A. Noll, *The Scandal of the Evangelical Mind*, William B. Eerdmans, 1994, p.9.

新教与天主教长期以来都是互相抨击的对手。但这一局面自20世纪后期以来已得到明显改善。与新教自由派相比，福音派发现在许多方面都可以与罗马天主教共进退。近期民意调查发现，在天主教徒中有3/4其信仰可以看作"福音派"；有1/4福音派，其信仰也可以看作天主教徒。所以有人认为，也可以把部分认同福音派信仰的天主教徒划归福音派之列。不论怎样，福音派与天主教保守派在文化政治问题上的联合，使得基督教保守派的政治影响有如虎添翼之势。

在美国社会与政治生活中，宗教保守派，又称宗教右翼。宗教保守派主要侧重信仰方面，宗教右翼主要侧重政治方面。宗教右翼的主体是基督教右翼，基督教右翼的主体就是广义福音派。基督教右翼的主要成分大体包括福音派、基要派、五旬节派、灵恩运动、超大型独立教会、摩门教以及罗马天主教中的保守派或传统派。当代基督教保守派运动于20世纪70年代末发端于新教福音派。20世纪80年代由"道德多数派"及"基督教联盟"推动的政治运动"基督教右翼"开始登上美国政治舞台，并于90年代发展成一支重要政治势力。一般而言，基督教右翼对内竭力维护传统的基督教道德；对外以反恐、反共、反阿拉伯伊斯兰为重心。基督教右翼在政治和道德上极不宽容，它不是以教派划线，而是以政见划线。这些右翼组织大致在四条"政治原则"下联合起来，即"亲生命"（反对堕胎）、"亲传统家庭"（反对单亲家庭和同性恋家庭）、"亲道德"（反对色情和吸毒等）、"亲美国"（主张在国际上实行强权政治）。里根在竞选总统时曾对福音派选民表示："我知道你们不能赞同我，但我希望你们知道，我赞同你们以及你们的追求。"[1] 其后，克林顿、小布什、奥巴马、特朗普以及拜登，都至少在名义上遵循这一拉拢基督教右翼的政治策略。进入21世纪后，白人福音派更进一步成为共和党的重要支持力量，将原本政治分散的宗教选民发展成一种重要的政治运动和势力。

1　Allen D. Hertzke etc., *Religion and Politics in America: Faith, Culture, and Strategic Choices*, 6th ed., Routledge, 2019, p.57.

二

在基督教新教内，最典型地体现了这一范式转变：以传统宗派为自我信仰身份认同界限的惯例，逐步让位给以神学立场来界定自我身份认同和归属的做法。自从"启蒙运动"以来，传统基督教信仰在现代精神压力下，围绕着面对现代精神的态度和方式而产生深刻的分化。到20世纪上半叶，西方基督教世界特别是在北美和英国等地区，逐渐分化成自由派、基要派和福音派这三大阵营。

一般认为，自由主义神学肇始于19世纪早期的德国神学家弗里德里希·施莱尔马赫（Friedrich D. E. Schleiermacher）。施莱尔马赫出于护教学考虑，为了弥补在当时越来越明显的传统基督教信仰与现代知识和理解之间的裂缝，而将基督教信仰与人的某种处境或某种经验感觉关联在一起，试图以某种能够为现代知识所把握和理解的经验或理智素材来重构基督教教义和神学，来阐释和把握基督教信仰的神启和奥秘。这就将现代神学引向一条自由主义的途径，成为现代神学发展史上的一道分水岭。其后自由主义神学取得强劲发展，分别于19世纪晚期在西欧和20世纪早期在北美达到鼎盛时期。这种强劲发展态势一直持续到20世纪60年代以后才转呈下降之势。继施莱尔马赫之后，在这一阵营内涌现出一系列著名神学思潮和神学家，譬如阿尔布莱希特·利奇尔（Albrecht B. Ritshl）、保罗·蒂利希（Paul Tillich）、约翰·希克（John Hick）、约翰·科布（John B. Cobb）、戴维·特雷西（David Tracy）等人，都是曾名噪一时的自由派神学家。

大体说来，"自由派神学"（以"自由"地对待基督教传统而得名）或"现代派神学"（以积极地面对"现代"世界做出调整而得名），为了迎合当时社会文化中实证化、理性化与世俗化的趋势，积极以"时代精神"来重新诠释传统的基督教教义。在神学里，它所指的是这样一种运动，亦即试图使神学对现代经验、世界观与标准，特别是对其他学术性学科的贡献保持着开放性与适应性,并倾向于强调宗教经验、历史意识,以及在重新恢复基督教中摆脱传统教条与框架的束缚。所以说自由派神学是依据现代哲学、文化与社会实践,致力于影响基督教实践与教义的神学。在多数自由派看来,上帝的特征就是完全的仁慈,所有人都是上帝的子民;罪不会使人与上帝产生疏离与隔阂;甚至在人自身之中就存在"神圣因素";人在内心深处都是良善的,所需要做的只是鼓励人们去发扬这种自然的善;至于耶稣基督也不再是道成肉身的神,而是成为人的完善的导师和道德楷模,人只要向这种楷模或榜样学习就能获得救赎;"上帝之国"在这个世界上通过人的努力就能够实现;基督与人的差别不再是绝对的、无限的;基督教与其他宗教信仰的差别亦不再是绝对的;《圣经》也不再是绝对无误的神圣启示的记录,而是包含历史与事实性错误在内的人的宗教经验的表述。

由于自由主义神学提议在宗教与时代文化之间应当具有一种更加密切的联系,并常常利用和依赖于某种盛行的文化规范和价值来建构其神学,所以这种形式的基督新教(尤其是在德语地区)也往往被贬抑性地称为"文化新教"(culture Protestantism)。"文化新教"由于反映并认同当时当地的文化规范,所以没有什么充足的基础和依据来省察和批判那种文化。虽然自由派神学总是竭力使自己向各种各样的文化思潮和价值看齐,但任何文化都永远是一时一地性的,并总是处在不断变易之中。这种以文化规范或"现代世界"为导向的"文化基督教"所具有的内在致命缺憾,在法西斯掌权时期的德国,已经为整个基督教世界留下惨痛的历史教训。

而基要派正是作为对这种自由派倾向的一种反应性和抵制性的神学运动而出现的。在19世纪晚期至20世纪初期,北美传统基督教面临着来自教会内外两方面的压力。在教会外部,科学、理性以及世俗化的影响渐趋增强,现代化趋势的增强使得原有的宗教观念及神学教义的合理性受到人们越来越多的怀疑。实证科学的发展,特别是达尔文进化论的传播,对圣经的权威性构成直接挑战。在教会内部,社会文化的时代特征已引起日趋明显的回应。一方面,自由主义神学取得长足的发展;另一方面,圣经研究领域中的"高批判"原则已为越来越多的学者所接受。严格说来,圣经批判中的"批判",原本只是意味着探究和考察而不是评判。[1]然而所谓"高批判"原则的出现,使得这一学科的性质发生根本性的转变。原来的圣经批判,即所谓的"低批判"仅限于对圣经文本的比较研究,以尽可能确定最初、最好的文本。而现代"高批判"原则却将这一研究扩展到对《圣经》文献的来源以及《圣经》各卷经书的历史背景中去,进而试图依据某种主客观标准或哲学预设来对《圣经》内容做出某种评判,从而使《圣经》的权威服从于世俗的或人为的标准之下。这在注重《圣经》神启默示性的正统基督教看来是完全不可接受的。

简单地讲,基督教基要派主要是指20世纪初期产生于北美的一场维护和促进历史的、保守的、以《圣经》为核心的正统基督教的超宗派性神学运动。它是对自由主义神学、科学进化论以及《圣经》研究中高批判原则的、充满好斗精神的反应性抵制与拒斥。保守派希望通过肯定一些"基要性"传统教义,来抵制自由派神学在各主要宗派教会内的蔓延。基要派认为,自由派或现代派属于神学上的异端;而自由派则将基要派讥讽为在神学信仰上是原始守旧的、反理性的以及蒙昧主义的。彼此的争执与分歧在20世纪初渐渐达到水火不容的地步。1925年在美国田纳西州发生的"斯科普斯审判案",即俗称的"猴子审判案",标志着基要派发展史上的一道分界线。之后,遭受挫折、失败与屈辱的基要派逐步撤离社会文化与宗教生活的主流。可以说,"斯科普斯审判案"是那个年代科学与《圣经》最后的对抗,并以《圣经》的失败而暂告一个段落。[2]

这使得许多原有基要派联盟中的成员,开始从主流教会以及更大的社会文化生活中撤离出来,形成一种保持传统信仰却与时代精神相左或隔绝的亚文化机制。起初,基要派不过是各种不同宗派团体中坚持圣经基督

---

1 John Stott, *Fundamentalism and Evangelicalism*, Wm. B. Eerdmans, 1959, p.13.
2 Cf. Cal Thomas & Ed Dobson, *Blinded by Might: Can the Religious Right Save Tradition?* Zondervan Publishing House, 1999, p.35.

教的信徒的联盟，他们中间既有加尔文主义者，也有阿米尼乌主义者；既有末世论的非千禧年主义者，也有神定时代论者；既有教会政体的圣公会派，也有公理会派，只是出于坚持以《圣经》为核心的传统基督教观念，才使得他们形成跨宗派性的神学联盟。在面对自由派或现代派神学的影响已无能为力之际，他们转而开始强调精神信仰上的纯洁性。这样，分裂与撤离就成为他们行动的首选策略。他们不但自己从主流教派中撤离出来，而且还把那些也坚持以《圣经》为核心却选择继续留在主流教会中的保守基督徒看作"妥协者"，而同样予以猛烈的批评。"不妥协、不宽容、不合作"成为基要派的代名词。

到20世纪40年代初期，在温和保守派和基要派阵营内部又涌现出一股新兴势力。他们不满于现有的"孤立"与"隔离"方针，而主张在更大程度上实施文化、神学与教会的社会参与。这股新势力以受过高等教育的年轻神学家为核心，在40年代初期形成一种新的基督教联盟，从而开创了现代福音派。从狭义上讲，福音派指的就是这种更为具体的20世纪40年代初诞生的神学运动和现象，它是在原有基要派中涌现的一场保守派基督教运动。在福音派看来，基要派在其社会撤离期间，错误地放弃了在社会伦理领域中的领导地位，同时也错误地放弃了在科学与历史领域中的理性探究，而把主流宗派的领导权拱手让给自由派神学拥护者。理性的开放性、社会关注以及宽容和平的精神，使得这一新联盟判然有别于那些继续保持基要派身份的极端团体。

人们可以从以下四个方面来理解福音派与基要派之间的区别。第一，在圣经观上，基要派敌视一切圣经批判观念而严格遵守对《圣经》字面意义的解释；福音派则在谨慎小心的基础上有限地接受圣经批判原则，承认《圣经》中存在文本形式的多样性和某些事实性的失误，由福音派学者从事的圣经学术研究以其丰硕的高质量学术成果也佐证了这一特点。第二，在神学上，基要派遵守的是一套狭隘的教义体系，其中有些教义，比如神定时代论、前千禧年主义等，逐渐被福音派认为是属于边缘性教义而将它们逐出信仰的核心位置。第三，在社会学上，基要派属于一种消极的反文化运动，具有极为严格的成员判定标准与好斗心理，并往往同社会中的"蓝领"阶层或不发达地区具有密切的关系；而福音派则是一种具有极为松散、灵活的自我限定标准的宗教运动或趋势，其成员往往为职业人士或"白领"阶层，福音派抛弃了基要派存在和孕育的蒙昧主义或反理智主义倾向。第四，在文化学上，基要派代表的是一种"基督反对文化"的立场，它在社会行动上采取的是"不合作，不妥协"的原则；而福音派代表的是一种"基督改造文化"的观点，其在行动纲领上遵行的是"合作，但不妥协"的原则。

所以说，现代福音派是20世纪40年代初期在哈罗德·奥肯加、葛培理（William Franklin Graham-Billy）以及卡尔·亨利（Carl F. H. Henry）等人领导下，从基要派内部反叛出来的一种神学运动。在现代社会中，福音派力图在缺少传统性的自由派神学与缺少现代性的基要派神学这两种极端立场之外探索出第三条路径。更准确地讲，福音派是近现代以来主要起源和存在于近现代英语国家和地区并影响及全世界的，一种主要见于基督教新教中的超越传统信仰告白与宗派界限的、既非基要主义亦非自由主义的神学运动或趋势。一个福音派信徒就是一个信仰和宣扬耶稣基督福音的人。这种福音就是指《圣经》见证的有关上帝为世人获得精神与生命救赎，而在基督里并通过基督人格与事工所做救赎的讯息。耶稣基督的道成肉身、赎罪性死亡以及肉体复活构成基督教福音的实质。就福音派的社会组织与教会学特征而言，可以注意到：第一，它是超宗派的；它本身不是基督教的一个宗派，也不局限于某一传统的具体宗派。第二，它是存在于各主流宗派中的一种神学和信仰运动或趋势。第三，它自身就代表着一种普世性运动；不论各自宗派归属如何，在福音派中存在一种超越传统宗派的自然亲和力和归属感。

可见，福音派是站在自由派与基要派之间的一个保守性的基督教信仰群体。而且，对"福音派"一词的刻意使用，就是从基要派与自由派的论战中引申而来的，这就决定了人们应当按照基要派与自由派的序列来理解这一范畴。也就是说，"福音派"比"自由派"要"保守"，却不像"基要派"那么"保守"。它以坚定地维护正统基督教信仰为其特征，以坚实的神学学术研究为其后援，并忠实地信守于福音讯息的社会应用。可以说，福音派是站在自由派与基要派中间的一个保守性信仰群体。它既批判基要派的隔离主义以及对福音的膜拜教派式理解，又批判自由派神学将福音置于时代文化之下的种种标新立异的尝试。福音派正是在对基要派与自由派的双重批判中确立了自己的神学立场。当然，从基要派内部反叛出来的福音派在神学信仰上仍然隶属于保守派阵营，并且由于它在 20 世纪后半叶以及在 21 世纪的迅猛发展、基要派在随后的日趋没落，而逐渐成为基督教保守派阵营的代表性主体势力。

三

既然是"两大阵营"或"两派"之间的对峙或对立，因而这种区分也就具有某种政治与社会的意味。整个新教世界由此分裂成现代派与基要派或者自由派与保守派或者开明派与正统派之间二元对立的局面。以往的以诸宗派和教派为基础的新教模式，转化成由自由派与保守派所组成的两大阵营相对立的新教模式。可以说，自从 19 世纪晚期至 20 世纪初期以来，整个基督新教阵营日益分化成这两个相互对立并处于激烈斗争中的阵营。一方是自由派／主流派的新教，另一方则是基要派／福音派的新教；抑或，一方是主流的、自由派的和开明进步的新教徒，另一方则是保守的、福音派的、灵恩派的与基要派的信徒。人们普遍认为，整个新教世界尤其是在美国，完全分化成这两个判然有别和相互敌视的阵营。这种两极性的分裂，构成整个 20 世纪以来新教发展的主要脉络和架构，进而影响到整个基督教世界的走势。事实上，由基督新教世界演化出来的保守派与自由派这两大阵营相对立的局面，在一定程度上也将整个基督教世界牵扯其中。在这种两极对立模式中，有时就连天主教和东正教或其他独立教会也会被包括或牵涉进来。

在某种意义上，这种两派对立理论已成为大多数学者或研究者描述和理解当代新教世界的一种认知模式和基本共识。美国历史学家马丁·马蒂（Martin Marty）在其于1970年出版的著作《公义的帝国：美国的新教经验》[1]中，率先对这种两派对立的情形做出理论上的概括和表述。他将新教阵营内相互处于对立状态的这两派，分别描述为"私性的新教"与"公性的新教"，认为这两个相互对立的派别主导着美国的宗教世界，就像共和党与民主党主导着美国政治舞台一样。"私性的新教"强调的是个人在此世之外的救赎、与被救赎者相对应的个人道德，以及在将要到来的生命中个人所获得的奖赏或惩罚；而"公性的新教"则更为关注社会秩序和人们的社会命运，更加注重信仰的公共与政治的侧面，因而所追求的也就是一种旨在改变这个世界的社会性的基督教。[2]美国社会学家罗伯特·伍斯诺（Robert Wuthnow）在其极具影响力的《美国宗教的重构》[3]一书中亦指出，自从第二次世界大战以来，在美国新教世界里出现一道巨大的裂隙，美国宗教已经被重构成自由派与保守派两大阵营，而这样一种分裂更多的是"在诸宗派之内"而不是"在诸宗派之间"产生的。伍斯诺所谓的分裂，主要指的是宗教自由主义和保守主义；不过，在道德、文化、社会和政治问题上，这两个阵营也分别持有相应的自由或保守立场。最近，美国宗教社会学家詹姆斯·戴维森·亨特（James Davison Hunter）广泛探讨了美国文化中的这种两极性发展。亨特在《文化战争：界定美国的斗争》和《在开始射击之前：在美国文化战争中探求民主》这两部著作中[4]，将当代美国人看作分裂的两个相互对立的阵营，并且认为这两个阵营之间关键性的分野之处，就在于文化或道德权威的问题。"正统的"一方坚持的是"一种外在的、可界定的和超验的权威"；而"进步的"一方所追随

1　Martin E. Marty, *Righteous Empire: The Protestant Experience in America*, New York: Harper & Row, 1970.

2　Martin E. Marty, *Righteous Empire: The Protestant Experience in America*, New York: Harper & Row, 1970, p.179.

3　Robert Wuthnow, *The Restructuring of American Religion: Society and Faith Since World War II*, Princeton, NJ: Princeton University Press, 1988.

4　James Davison Hunter, *Culture War: The Struggle to Define America*, New York: Basic Books, 1991, pp.44-45. Also see, *Before the Shooting Begins: Searching for Democracy in America's Culture War*, New York: The Free Press, 1994.

的是"当代生活的普遍通行的预设"。

当然，也有一些学者对这种两分法提出不同的见解，认为这种二元对立的图式并不能正确无误地描述近年来在基督新教世界所发生的真实情形，认为这种两派对立的二分法是对极其复杂与多样性事物的一种简单化处理。譬如，美国宾西法尼亚州弥赛亚学院（Messiah College）的道格拉斯·雅各布森（Douglas Jacobsen）等人，在20世纪90年代就进行了一项名为"重新构成核心之方案"[1]的研究，提出在极左与极右这两个极点之间还存在一片广袤的中间地带，亦即存在为数众多的既不属于极端保守阵营又不认同于极端自由派立场的中间势力。

不过本文认为，这种以存在大量中间势力的事实来质疑传统二元对立论的观点，其实只不过是对同一现象做出不同视角的解释而已。与传统两分法相比，这种解释将分属于同一个连续渐变体两端的为数不多的极端分子与处于两个极端之间的中间势力分割开来了，而不是将所有这些立场看作属于同一个连续体上的具有连续渐变性质的模式。前一种立场将介于两个极端之间的中间分子看作一个独立的群体，而后一种见解则将这个中间群体看作或者与极左或者与极右立场相比要较为平和、或者隶属于左派或者隶属于右派阵营的势力。本文认为，雅各布森等人所持有的那种解释尽管也能够勉强讲得通，但与传统二分法相比要显得更为牵强一些，并且在理论和现实中也更为不可信一些。事实上，雅各布森等人所倡导的三元并立模式必须在先前存在的二元对立模式基础上才能获得有效理解。更有甚者，对于西方有些人来说，这种将基督教世界描述为两大阵营对立的观点，也许是对更加复杂多样的现实的一种有些简单化的处理。但对于正在越来越清楚地认识到基督教世界本来面目的中国学术界来说，却有助于打破原来将整个基督教笼统地看作铁板一块的那种理解模式，有助于更深入、更准确地认清当今基督教世界的本来面目和真实状况。

---

[1] Cf. Douglas Jacobsen & William Vance Trollinger, Jr. eds., *Re-Forming the Center: American Protestantism, 1900 to the Present*, ed., by Grand Rapids, Michigan: William B. Eerdmans Publishing Company, 1998.

四

由此，我们就可以为几种主要的基督教流派和运动的神学立场，勾勒出这样一幅平面示意图。[1] 首先可以建立一个所谓"正统""超正统""低于正统"或者"左""中""右"的坐标参照系。亦即，假设在正中间位置上存在一种理想的、标准的、以《圣经》为核心和基础的、当然也是虚拟的基督教"正统"立场；这种所谓的"正统"只能是理论上的假设，因为在现实中或多或少总会产生某种偏离，充其量也只会产生某种近似于正统的立场。那么，以它为起点，在它的左右两侧分别分布着其绝对值逐渐增大的属于它的"自由"与"保守"的或者"左"与"右"的两种表现形式。位于最右端的是极端保守的、"超正统的"基要派神学；位于最左侧的则是过于追求标新立异而不囿于传统束缚的、"低于正统的"现代派或自由派神学。在某种意义上，基要派和自由派都是对基督教正统立场的某种偏离与歪曲，只不过两者偏离的方向正好相反而已。

在这个坐标参照系中，福音派与新正统派神学可以被分别看作对各自极右与极左神学立场的部分否定或修正。换言之，从基要派阵营分化和反叛出来的福音派，是从位于极右端的基要派立场出发，并力图将其神学立场向左拉扯以接近位于正中间的基督教正统立场；而从自由派阵营分化和反叛出来的新正统派神学，则是从位于极左端的自由派神学立场出发，并力图将其神学立场向右拉扯以接近位于正中间的基督教正统立场。福音派神学与新正统派神学在这种意义上彼此有着相似的目标，它们都试图缓和或弱化各自阵营中的极端化倾向。福音派弱化了基要派的保守的蒙昧主义和悲观主义倾向；新正统派则缓和了自由派的天真的自由乐观主义倾向。因而，在福音派与新正统派之间存在一种自然的、显而易见的吸引

---

1 Cf. *The Modern Theologians: An Introduction to Christian Theology in the Twentieth Century*, second ed., ed., by David F. Ford, Blackwell Publishers Ltd., 1997.（参见中译本 [英] 戴维·福特编《现代神学家：20世纪基督教神学导论》，董江阳、陈佐人译，香港道风书社2005年版）

力。不过,福音派在扬弃极右的基要派立场后,自认为基本达到或比较接近位于正中间的规范的基督教正统立场,而新正统派则在扬弃极左的自由派立场后,在向右偏转的过程中,在某些核心问题上可以说算是半途而废,从而仍然隶属于自由派阵营之中。也就是说,就它们各自与理想的或虚拟的基督教正统立场的距离而言,福音派比新正统派要更为接近、更为靠拢。

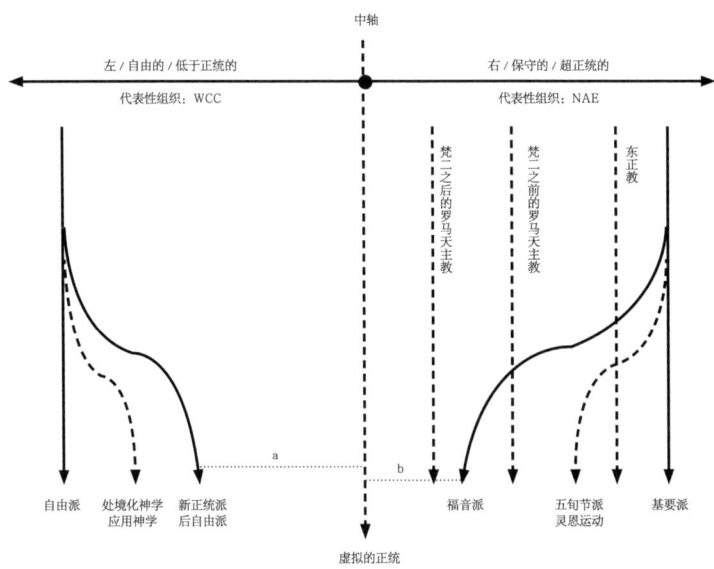

图 1　基督教阵营分组与分野（图注：|a|>|b|）

具体地,在福音派与以卡尔·巴特（Karl Barth）、埃米尔·布龙纳（Emil Brunner）和莱因霍尔德·尼布尔（Reinhold Niebuhr）为代表的新正统派神学之间,乍看之下似乎存在某种相似之处。新正统神学不仅以对那些抛弃或否定传统神学教义的自由派的激烈批判而引人注目,而且"新正统派"这个名称本身就意味着向正统的回归或新正统的出现。面对新正统派神学,如何限定自我身份与界限,在 20 世纪 60 年代中期以前,曾一度是福音派神学建构中的一个重要议题。对于新正统派对自由神学的毁灭性批判与打击,福音派当然是持完全赞成态度的。并且在他们看来,新正统派所做的正是基要派想做而又没有做到的事情。不过,福音派认为，新正统派神学由于在《圣经》权威性问题上采取一种归根结底仍属现代范畴的原则，而导致它在整个走向与性质上与仍然坚持传统《圣经》权威观的福音派神学存在本质性差异或分歧。全面考察双方的神学立场，可以看到福音派与新正统派之间的分歧主要集中在以下四个方面。

第一，在福音派看来，以巴特为代表的新正统派没有完全接受《圣经》的"默示（inspiration）性与权威性"[1]；它在"上帝之道"与"圣经之道"，或者说，它在"上帝启示的道"与"上帝默示的道"之间不恰当地做出了区分。新正统派未能在传统的启示论与默示论之间保持适当的平衡。而且，"巴特将灵感默示理解为先知对启示做见证的意愿性，也很难同圣经有关默示的论断相吻合"[2]。新正统派认为，《圣经》只是对耶稣基督的"见证"，唯有耶稣基督才是教会的权威。而福音派则发现，基督的权威性作为一种教义在内容上太过模糊，而且亦难以将其运用于基督教信仰的具体问题之中。同时，如果真像新正统派神学所主张的那样，耶稣基督的权威是在信仰团体中被识别出来的，那么，到底是哪个时代的哪个团体的基督理解才是真正具有规范性的呢？

第二，福音派认为新正统派特别是巴特神学属于基督一元论，那么它会引发出这样的疑问，即《圣经》内容是否都可予以基督论的解释。与此不同，福音派采取的是基督中心论，认为基督是《圣经》的中心、神学的中心，以及福音的中心。[3]可以说，基督一元论构成基督中心论的极端形式，而采取这种极端化理解就会引发一系列的神学问题。比如对于巴特来说，神与人之间就只有一种恩典的立约，而不是在创造与救赎上的两种立约。这使他必然会将创造置于恩典之下，而对部分旧约内容予以寓言传说式的解释。事实上，新正统派在很大程度上就拒绝"创世纪"第三章所记述的人之堕落的历史性，而将它视为对人之罪的普遍性的神话式描述。这样一来，罪就成了人性中的一种相对缺陷，比如对于布龙纳而言，它就

---

[1] Richard Quebedeaux, *The Young Evangelicals*, Harper & Row, Publishers, 1974, p.13.

[2] Bernard L. Ramm, *The Evangelical Heritage*, Word Books, 1973, p.118.

[3] Bernard L. Ramm, *The Evangelical Heritage*, Word Books, 1973, p.119.

是人的自我中心论；对尼布尔而言，它就是人的过度的骄傲观念。人之所以是罪者，是因为他们选择犯罪，而不再是因为他们从亚当那里继承了某种根本性的弱点。此外，新正统神学还消除了普遍启示概念，进而全面拒斥了自然神学，因为倘若只有一种恩典的立约，那么也就只能存在一种启示即救赎的或特殊的启示，而不可能再有什么普遍性的神性启示。

第三，新正统派回避了福音派尤为看重的灵性皈依问题。尽管他们都同意上帝本质上是超越性的，但福音派很快就指出这样一个事实，即上帝在耶稣基督里并通过耶稣基督来到人间，并且就借着他的灵居住于那些信仰他的人与团体中间。"这不是罗马或英国天主教的道成肉身式的内在论，亦非新自由主义的人格关系式的内在论，而是一种圣灵的内在论。"[1]人的内在生命的更新是福音派灵性生活的重心，而社会性事奉只不过是内在成圣的可以感知的后果。与此不同，许多新正统派神学似乎都降低了圣灵的重要性，仅把圣灵当作由圣父圣子而来的神性力量，而似乎不再是三位一体中一个完整意义上的位格，成为备受忽视冷落的"灰姑娘"。实际上，在新正统派那里，似乎并不把人的悔改与认信福音看作绝对的必要。即使新正统派一再强调与基督的"生存性相遇"也不过是一种模糊而空洞的宗教经验，它缺乏福音派所强调的那种对又真又活的上帝的丰富生动的宗教体验与灵性感悟。

第四，在救赎论上，福音派也无法赞同新正统派所持的近乎普遍救赎论的观点。新正统神学同样也强调十字架上的基督的重要性，但它认为这是对在基督里获得永生的普遍拣选的象征，它象征着世界同上帝已然恢复和好。这样一来，新正统派主张信仰的回应基本上就仅仅是伦理性的，而福音派则受阿明尼乌主义的影响，仍然坚持在救赎论意义上去理解信仰的回应。在福音派看来，如果世界已然同上帝修好如初，那么还有什么必要再去从事个人的福音传教活动呢？福音派坚信，要成为一个真正的基督门徒，个人必须经过灵性的重生，必须经过被圣灵的生命转变；也唯有如

---

[1] Donald F. Bloesch, *The Evangelical Renaissance*, William B. Eerdmans, 1973, p.37.

此，才有可能出现世界与社会精神的真正变革。因而，福音宣教与个体灵性皈依对基督教信仰具有十分重要的意义。

总之，新正统派神学看起来是提供了一种可以信赖的"正统"形式，实际上却采取了自由神学的一般预设和原则。它保留了传统神学教义的框架，却给它填充上一些完全不同的内容，一些核心性概念譬如上帝之道、罪、救赎等，与基督教传统看法相去甚远。福音派发现自己很难再同它携手并进。事实上，缺乏坚固的宗教权威基础以及对福音宣道的忽视，使得新正统派在现实中从来就没有形成一种实际的群众性神学运动。随着20世纪60年代激进神学的出现，新正统派作为一种基督教思想流派也就宣告自己的寿终正寝。

除新正统派神学外，同样地，在这个坐标参照系里，我们还可以确定其他一些主要神学流派与运动的大致位置。譬如，在那根虚拟中轴的左侧，我们还可以发现后自由派神学。以乔治·林德贝克（George Lindbeck）和汉斯·弗雷（Hans Frei）为代表的兴起于20世纪后半叶的后自由派神学，对自由派立场亦构成一种真正的挑战。从后自由派的立场来看（它可能夸大了对手的某些特征），自由主义似乎想要在更广泛的文化规范或普遍的人的经验中，为其真理断言寻求一个基础。但与新正统派一样，后自由派神学也仍然是在自由主义神学框架和预设内建构其神学的。除后自由派神学外，在这一侧，我们还可以看到自由派神学最极端的形式，亦即在20世纪60年代曾经昙花一现的"上帝之死"激进神学运动，它那几乎接近于无神论的极端立场，已经超出这个坐标参照系所能容纳的范围。此外，我们还能够看到其他许多激进神学、处境化神学和应用神学的身影，在此就不一一赘述了。

在这同一个坐标参照系里，位于虚拟中轴的右侧，还分布着同样隶属于保守派阵营的五旬节派（Pentecostalism）。五旬节派运动（包括位于主流教会内的灵恩运动团体）从第二次世界大战以来已经发生显著的变化。而最明显的变化就是它那巨大的增长浪潮，其在20世纪最后几十年间的迅猛增长态势，构成当代基督教世界最为令人瞩目的变化。据估计，目前世界上大约有 5 亿五旬节派信徒，并拥有极其广泛的地理分布。虽然可以说这种运动起源主要位于非洲裔美国人文化中，但它已经在南美、亚洲、非洲和欧洲扎下根基。从信徒人数和宗教活力上讲，五旬节派已经是除罗马天主教之外最为重要的基督教形式和运动。以至于阿利斯特·麦格拉思在其《基督教的未来》一书中断言："最有可能决定未来基督教形态的四种运动就是：罗马天主教、五旬节派、福音派以及东正教。……而主流新教看来极有可能在西方在 21 世纪里无法存活下去，至少按照它现有的形式来说是如此。"[1] 如果要在这个坐标系里更精确地确定五旬节派的具体位置的话，那么，它应当位于福音派的右侧和基要派的左侧。此外，从更大范围看，天主教和东正教也位于那条中轴的右侧。应当说，东正教和"第二届梵蒂冈大公会议"以前的天主教比福音派要保守一些，但"梵二会议"以后的天主教则比福音派更开明和自由一些。

总而言之，通过以上分析可以看到，当今的基督教世界并非铁板一块的现实，也不再囿于传统的宗派或教派划分界线，而是分化成许多新的团体、运动和趋势，这些团体、运动和趋势又进一步分组和集结成两大相互对峙和对立的阵营。其实，"基督教"作为一个统称性指称，在绝大多数具体问题上并没有什么实质性内涵和指涉。[2] 换言之，如果人们以"基督教"作为一个发问与言说的对象——那些站在基督教之外的人和基督教研究的初学者往往喜欢以"基督教怎么怎么样"来进行言说，那么，不论是提出什么核心的信仰与教义问题：譬如说，拿撒勒的耶稣是道成肉身的神吗？被钉死在十字架上的耶稣基督三天后肉身复活了吗？上帝是在六天时间里创造了人和世界万物吗？《圣经》是绝对无误的上帝话语吗？……还是提出什么道德伦理问题：譬如说，基督教应该认可安乐死或同性恋

---

[1] Alister E. McGrath, *The Future of Christianity*, Oxford, UK: Blackwell Publishers Ltd., 2002, p.99.（参见中译本《基督教的未来》，董江阳译，香港道风书社 2005 年版）

[2] Cf. Wilfred Cantwell Smith, *The Meaning and End of Religion*. Macmillan, 1962, chapter 2&3.（参见中译本[加]W. C. 史密斯《宗教的意义与终结》，董江阳译，中国人民大学出版社 2005 年版，第二、三章）

吗？抑或是提出什么社会文化政治问题：譬如说，基督教应该认可某种社会改良方案或某场战争吗？你最终都不可能得到一个所谓的"基督教"答案。充其量，你所得到的只是这一类基督徒或那一类基督徒的看法，只是这一派或那一派基督徒的答案，而不是泛指统称的"基督教"的看法。事实上，几乎面对每一个问题，保守派基督教与自由派基督教这两大阵营，都持有完全不同的看法与立场，甚或往往还是相互对立和截然相反的答案。所以，再笼而统之地谈论和寻求所谓"基督教"的见解、看法和立场，已经没有实质意义了。也就是说，你必须进一步明确你所言说和谈论的，究竟是哪一种基督教和哪一类基督徒。认识到这一点，正是我们面对当今基督教世界，以期获得更真实认识和更深刻理解所必经的一步。

扩展阅读

[英] 阿利斯特·麦格拉斯：《基督教概论》，上海人民出版社 2017 年版。

[美] 布鲁斯·雪莱：《基督教会史》上海人民出版社 2018 年版。

[英] 戴维·福特编：《现代神学家：20 世纪基督教神学导论》，董江阳、陈佐人译，香港道风书社 2005 年版（David F. Ford ed., *The Modern Theologians: An Introduction to Christian Theology in the Twentieth Century*, 2nd ed., Blackwell Publishers Ltd., 1997.）

[美] 胡斯托·冈萨雷斯：《基督教史》（上下卷），上海三联书店 2016 年版。

[美] 罗杰·奥尔森：《基督教神学思想史》，上海人民出版社 2018 年版。

James Davison Hunter, *Evangelicalism: The Coming Generation*, The University of Chicago Press, 1987.

James Davison Hunter, *Culture Wars: The Struggle to Define America.*, New York: BasicBooks, 1991.

Robert Wuthnow, *The Restructuring of American Religion: Society and Faith Since World War II*, Princeton University Press, 1988.

第2讲

主讲人　杨华明

基督教神学辩证法刍议

我们进行基督教研究，无外乎涉及三个领域：一是思想、神学或哲学方面的研究，在这个领域内，辩证法是题中应有之义，任何思想研究都避不开辩证法主题；二是历史、思想史方面的研究，从这个角度说，辩证法是历史发展的基本逻辑与普遍规律；三是实证的，即田野考察与社会分析方面的研究，就此而言，辩证法是其基本的方法论原则。如此看来，辩证法与基督教研究息息相关。一般而言，辩证法不是某种知识的传授，也并非某个现象的描述，它是指一种具有普遍性与客观性的真理，是自然与社会历史发展的必然逻辑，也是人类思维的基本方式。在基督教神学研究领域内，也包含这样一种辩证法，它是贯穿于整个基督教神学发展史中的内在逻辑与客观规律。

通过对辩证法概念的历史溯源与内涵梳理，我们可以将辩证法界定为逻辑的历史与历史的逻辑之统一。而从辩证法出发去认识基督教神学，可以看到基督教神学是一个以上帝内在三位格间的"认同性"为根据，以上帝之于世界的"相关性"为载体，由结构辩证法、内容辩证法（具体分为神圣辩证法与历史辩证法）和方法辩证法三要素共同构建的有机辩证体系。我们就将这个辩证的神学体系称为"基督教神学辩证法"。

一 辩证法概念溯源：
逻辑的历史与历史的逻辑之统一

（一）古希腊哲学辩证法

"辩证法"在西方的源起应追溯至古希腊哲学。我们知道，古希腊哲学最初就源于人们要在纷繁芜杂的世界现象中寻求统一本源的好奇心。在世界的多元现象中趋同求一的逻辑进路中，在寻求世界本原的过程中，哲学家们采用一种悖论的辩论方法展开论证的辩驳技巧或定义方式，逐渐发展成一种逻辑论证的结构体系与方法论原则，这就是辩证法的缘起，辩证法被广泛运用于自然、历史和思维领域当中。接下来，我们可以看一下这个发展过程的大致脉络。

伊奥尼亚学派的赫拉克利特有一个著名的说法："世界秩序（一切皆相同的东西）不是任何神或人所创造的，它过去、现在、未来永远是永恒的活火，在一定分寸上燃烧，在一定分寸上熄灭。"[1] 其中已经包含了辩证法的萌芽。万物都像火一样变动不居，处于永恒的生成变化之中。"在一定分寸上"就是赫拉克利特所说的"逻各斯"，逻各斯在这里的意思是"原则、规律"。万物皆在生成当中，是从自身走向他者的过程，既是自身，又是对自身的否定，而这其中包含的转化、和谐、同一和相对等关系并非随意的，而是以"逻各斯"为原则的。变化与规律相关联，这里就包含了辩证法的源头。

元素派的代表人物恩培多克勒的"同类相知原则"与阿那克萨戈拉

---

[1] 北京大学哲学系外国哲学史教研室编译：《西方哲学原著选读》（上卷），商务印书馆1981年版，第21页。

的"异类相知原则"是辩证法在认识论上的初步运用。前者认为事物与事物相似,因此只有同类事物之间才可以相互沟通,即同类仅为同类认知;而后者则认为事物与事物之间相互对立,只有通过不同于自身的事物才能达到认识。这两种认识原则共同构成了认识论上的辩证法,即事物通过肯定与否定两种方式来达到对他者的认识。而在后来的基督教神学发展过程中,出现过肯定神学与否定神学的类型,就是在这个同类相知和异类相知的认识原则基础上发展出来的。比如,我们在肯定神学中可以看到,人具有上帝的形象,导致我们可以根据存在样式去想象上帝的形象,如奥古斯丁认为人的思想有三个一组的结构——"心灵"(mens)、"知识"(notitia)与"爱"(amor),而由于人具有上帝的形象,这类"三一式"的结构与功能也必然是上帝所具有的,因此可以由人类推到上帝身上的"三一位格"。而否定神学则认为,因为人是有限的存在,他无法认识和把握到无限的上帝,那么就只能从我们是什么来推测上帝不是什么。如我们的能力是有限的、我们的认识是有限的,那么上帝必定是全能、全知的。

在苏格拉底那里,辩证法亦即对话法,成为哲学的基本方法论。苏格拉底有一个著名的比喻,他将对话的方法比作"助产术":在对话的过程中,对话者并不直接给出答案,这正像助产士的工作在于帮助产妇生育,而自己并不生育一样。在对话过程中产生的否定性意见正如临产前的阵痛,这是对话者认识真理的路途中必不可少的一环。否定的结果指向新知识的产生,以及真理的逐步澄明,这恰如新生命的诞生。对话者在对话过程中通过逐步否定的方式最终达到肯定,从而获得真理,这是一个在正与反、是与否的对立统一中获得真理的过程。"辩证"一词的本义,就是通过是与否的"论辩"进行证明,而"辩证法"(dialectic)概念的希腊语原意为谈话或谈论的艺术,原本与对话意义接近,故而对话法即辩证法,对话双方构成对立统一的关系。

柏拉图在对话法的基础上发展出"概念辩证法"。柏拉图认为存在一个独立于感性世界的理念世界,理念是事物的原型。从普遍理念到个别事物是一个包含"两分法"的下降过程:"为了确定一个概念的定义,从包含它的最高概念开始,把它分成两个相互矛盾的概念;撇开其中与所需定义无关的一个,把另一相关概念再分析为相互矛盾的两个概念,……以此类推,逐步下降,直至所需定义出现为止。"[1] 如果说苏格拉底的对话法是一种通过对话、交谈,在对立概念之间寻找合题的方法,是一种"相反者相合"的方法,是一种从低级概念上升到高级概念的方法,是一种实践的方法、综合的方法;那么柏拉图的"两分法"就是一个理论的方法、分别的方法,是在概念领域内通过区分正反、否定概念的对立面而达到概念本身的方法,是一个从上而下的下降方法。

对话法沿用自下而上的路线,两分法沿用自上而下的路线,都是通过对立面的否定来确立真理与概念,是矛盾对立统一的辩证法。黑格尔说:"在柏拉图哲学中,辩证法第一次以自由的科学的形式,亦即以客观的形式出现。"[2] 因此,辩证法在柏拉图那里成为一种具有独立形式的自由科学,是辩证法发展史上的一大进步。

到了亚里士多德那里,辩证法进一步成为一门可以脱离哲学而独立存在的学科,是一种通过训练可以获得的技巧,成为训练人思维的逻辑方法与论辩工具,即逻辑推理。亚里士多德认为推理有两种形式:证明与辩证。辩证推理是在两个矛盾的前提下确立真假的推理方式,"如果从一个前提推出的结论比以另一个前提推出的结论更可信、更确定,那么便达到了为前一个前提的真实性进行论辩的目的"[3]。在亚里士多德那里,辩证推理是一种论辩的艺术,是科学证明的前提与手段。

古希腊时期的辩证法是一种以本体论哲学为基本取向的朴素辩证法,是古代哲学家面对宇宙间变动不居的现象与形色各异的矛盾、寻求世界本原及内在规律过程中遵循的思维方法,其构架乃是矛盾体双方对立统一的

---

[1] 赵敦华:《西方哲学简史》,北京大学出版社2001年版,第51页。
[2] [德]黑格尔:《小逻辑》,贺麟译,商务印书馆1980年版,第178页。
[3] 赵敦华:《西方哲学通史》(第一卷),北京大学出版社1996年版,第179页。

二元结构，因此我们可将这种辩证法归为一种二元辩证法。

（二）从古代辩证法到经院哲学辩证法

新柏拉图主义创始人普罗提诺对基督教"三位一体"思想的形成起至关重要的作用。普罗提诺在其名著《九章集》中提出世界有三个首要本体，分别为太一、理智和灵魂。"太一"是世界的最高本源，是无所不包的统一性。"太一"如同柏拉图哲学中的"善"，是世界的最高原则。"太一"由于自身的充满而向外"流溢"，由此和世界发生关系。理智（即努斯，*nous*）是最先从太一流溢出来的本体，它上达太一之统一性，下及世界之多样性。"如果说太一是绝对的一，理智则是一和多的统一。"[1] 灵魂是第三本体，它从理智中流溢出来，成为万物的内在生命与动力。普罗提诺的这种观点对后来基督教神学的"三一论"有重要影响：

> 用哲学的语言说，神即是一，或是绝对、纯粹的一（太一），或是一和多的统一（理智），或既是多，又是一（灵魂）。就是说，三个本体为同一位神。后来的基督教教父将"本体"译为神的位格，把神作为单一实体，引申出上帝"三位一体"的概念。[2]

在西方中世纪的基督教文化背景下，辩证法成为经院哲学的基本内涵之一。我们可以从"内容"与"形式"两方面来理解。关于辩证法作为经院哲学讨论的内容，主要体现在早期教父关于"三一论"的论证当中。关于辩证法作为经院哲学论辩的形式与操作原则，主要体现在经院哲学论证过程中采用的辩证法、修辞学与逻辑学。前者指涉信仰内容，后者指涉理性原则。

早期的基督教教父如查士丁、克雷芒和奥利金等人，试图把圣父、

---

[1] 赵敦华：《西方哲学简史》，第96页。
[2] 赵敦华：《西方哲学通史》（第一卷），第323页。

圣子和圣灵的概念与希腊哲学中的"绝对同一的存在""逻各斯"和"灵"的概念结合起来，上帝的三个位格有不同的分工：父是世界的创造者，子是世界的拯救者，灵则把上帝与世界联系起来。特别是奥利金，他在新柏拉图主义的影响下，提出只有通过父、子、灵这三个实质才可认识上帝的本体，因此上帝是"三种实质，一个本体"。"三位一体"的正统教义经过尼西亚会议得以确立：圣父、圣子和圣灵是同一本体的三个位格。

"三一论"是基督教辩证法的基本内容，教父时代关于"三一论"的界定与论证离不开希腊哲学概念及其论辩原则。而到了中世纪经院哲学时期，作为逻辑论辩形式与方法的辩证法愈加凸显。辩证法是经院哲学的基本操作原则。亚里士多德的论辩推理成为经院哲学的基本操作原则。"辩证法的基本要求是以一个普遍流行的意见为考察对象，列举赞成和反对这一意见的理由，然后使用辨析词义、区分种属的定义、概念的方法与三段式推理的方法审查正、反两方面的理由，得出肯定或否定的答案。"[1]

11—12世纪，随着辩证法在"七艺"[2]中地位的提高，中世纪哲学中掀起了辩证法与反辩证法之争。争论的关键并非辩证法之必要与否，而主要涉及信仰与理性的关系问题。

贝伦伽尔首先将辩证法用于神学讨论。他认为辩证法适用于包括启示与信仰在内的一切事物，是艺术之艺术，是理性之杰作。达米安则是著名的反辩证法者，他有一句名言："哲学是神学的婢女"，并认为辩证法甚至连做婢女的资格都没有，这是由于辩证法是以理性为内核的独立逻辑原则，它不是来自上帝的启示，因此不能运用于神学当中。

经院哲学之父安瑟伦在其著名的"信仰寻求理性"的口号下，对辩证法采取了中庸的态度，认为辩证法在增强信仰的范围内应予以合理运用。在运用辩证法的推理过程中，教义不是论证之前提，而是有待证明的结论。如果辩证法论证的结果与信仰与教义相违背，需以权威意见为标

---

[1] 赵敦华：《基督教哲学1500年》，人民出版社1994年版，第225页。
[2] "七艺"指语法、修辞、逻辑、算术、几何、音乐、天文七门学科，是经院教育之基本学科。

准,这是解决辩证法与信仰之间矛盾的准则。安瑟伦关于上帝存在的"本体论证明",就是逻辑推理与辩证分析在神学论证中的运用。安瑟伦认为上帝是无与伦比的最伟大的存在者,是绝对真实地存在的,并基于此提出自己关于上帝必然存在的证明。断言每个人心中都具有绝对完善的上帝观念,上帝是我们所能设想的最伟大的实体。这种观念不可能只存在于人们心中,他必然也存在于现实之中,否则他就不是最完善的实体。由此得出上帝既存在于心中,也存在于现实中的结论。

当时最具批判精神的辩证学者阿伯拉尔认为,辩证法的首要任务是探索与批判,而非解释与证明。辩证法中的否定意义与批判精神在阿伯拉尔的论著中凸显出来。辩证法之所以运用于神学,乃在于信仰之不确定性。阿伯拉尔的名著《是与否》则成为"辩证神学"的标准形式。该书列举了一百五十六个神学论题,每个论题都有肯定与否定两种观点,试图通过疑问与论辩的方式来确定信仰。

理性和信仰之争就是辩证法在经院哲学中最突出的表现。事实上,即便是反辩证法者,他们论证的方法也是一种辩证法的逻辑论证。贝伦伽尔、安瑟伦和阿伯拉尔等人共同创建了辩证神学的形式。神学与逻辑、辩证法的结合使神学有了辩证的形式与内容。

如果说希腊哲学的辩证法主要是对话的、开放的,那么基督教经院哲学中的辩证法就主要是逻辑的、系统的;如果说前者更注重内容的、态度的方面,后者就更偏向形式的、逻辑的方面。这是辩证法自身从无序向有序的逐步发展,也是辩证法的必然发展之路。

(三)黑格尔辩证法

近代启蒙运动高举理性主义大旗,推动了逻辑推理、归纳演绎等认识方法的发展,进一步丰富与明确了辩证法的内涵,辩证法大师黑格尔在这一时代背景中应运而生。在黑格尔那里,亚里士多德式的形式逻辑是一种脱离实际内容的论证工具,无视在现实世界中普遍存在的矛盾,只有以现实矛盾为核心的辩证逻辑才是真正的辩证法。受费希特"正题—反题—合题"三段式辩证逻辑的启发,他认为人的主观思维与客观世界都包含正—反—合的逻辑路线:反题是对正题之否定,合题是对反题之否定,同时也是在更高的层次上回到正题,因此这个否定之否定是新的肯定,并成为更高一级的逻辑发展之正题,如此螺旋上升,以致黑格尔所说的"绝对理念"。

黑格尔认为,辩证法包含在全部的主观精神世界与客观自然世界之中,"是现实世界中一切运动、一切生命、一切事业的推动原则。……凡有限之物都是自相矛盾的,并且由于自相矛盾而自己扬弃自己"[1]。

黑格尔的三一论说逻辑和基督教神学之三一论有密不可分的关系。黑格尔认为,概念的运动在基督教教义中已经得到表述:"上帝不仅创造了一个世界,作为一种与之相对立的他物,而且又永恒地曾经产生了一个儿子,而上帝,作为精神,在他的儿子里即是在他本身里。"[2] 上帝、儿子与精神分别指涉父、子、灵,父通过灵在子之中回到自身,这恰恰和黑格尔所说的概念运动相符合。具体说来,就是概念从普遍性到特殊性,最后到达个体性的过程。黑格尔提道:

> 概念本身包含下面三个环节:一、普遍性,这是指它在它的规定性里和它自身有自由的等同性。二、特殊性,亦即规定性,在特殊性中,普遍性纯粹不变地继续和它自身相等同。三、个体性,这是指普遍与特殊两种规定性返回到自身内。这种自身否定的统一性是自在自为的特定东西,并且同时是自身同一体或普遍的东西。[3]

普遍性是概念发展的原初状态,概念在自身之中自满自足,不以任何外物为前提与条件。这就如同拥有完满神性的圣父,他自由自在,无待

---

1 [德]黑格尔:《小逻辑》,第177页。
2 [德]黑格尔:《小逻辑》,第330页。
3 [德]黑格尔:《小逻辑》,第331页。

于他物。《旧约·出埃及记》3:14 中神对摩西说："我是自有永有的。"（I am who I am）其意就是"我是我所是"，我就是我，我谁也不是，我不受任何存在的限制，不以任何他物为自己存在的条件。这里表达的就是那种完全在自身当中的圣父观念。但普遍的概念若不与具体的存在发生关联，它就只能是抽象的，它必然要走向自己的反面——特殊性。特殊性以载体的形式承载着作为大全的普遍性，从而赋予普遍性以具体的现实性。圣子身上兼具全然之神性与个殊之人性，有限的肉身成为无限神性的现实载体。上帝必然要通过具体与现实的个体，才能获得其现实性，才能实现其自身。普遍性与特殊性两种规定相互在对方中实现自身、返回自身，在这种否定性关系中，达到了二者的同一，也就是黑格尔辩证逻辑的第三个环节：个体性。个体既是自在的、普遍的存在，同时又是自为的、个别的存在，那么，它就是具体的自在自为的现实存在。这反映在三一论里，就是上帝进入历史，圣灵进入个体的人当中，实现了人神之契合。

（四）马克思主义辩证法

马克思主义辩证法在我国极具中国特色的马克思主义哲学研究中已经取得了相当的进展与成就。此方面国内研究成果颇丰，笔者此处不打算展开论述。在对辩证法概念的理解上，马克思和恩格斯采纳了黑格尔的定义，并将之应用于他们对社会和经济过程所作的理解与阐释当中。在马克思主义的哲学体系中，辩证法被定义为是和形而上学相对立的世界观和方法论，是关于世界普遍联系和永恒发展的学说和理论，即把世界理解和描绘为普遍联系的整体和永恒发展的过程，把发展理解为事物自身固有的各种矛盾发展的结果。马克思本人的著作有黑格尔辩证法的色彩，《资本论》具有明显的三一辩证特色，其《1844 年经济学哲学手稿》《1857—1858 年经济学手稿》等著作中明显包含三一式人论思想，提出人的生成与发展经历了一个正—反—合的过程，即"人的依赖关系"——"以物的依赖性为基础的人的独立性"——"建立在个人全面发展和他们共同的社会生产能力成为他们的社会财富这一基础上的自由个性"的过程。在马克思成熟时期的唯物史观中，进一步提出了三段式的社会发展理论（原始共产主义、阶级社会，包括奴隶社会、封建社会、资本主义社会，与共产主义社会）的肯定—否定—否定之否定的发展模式。显而易见，马克思的经济学、人学以及唯物史观等思想成果，都是黑格尔辩证法在其经济学理论、哲学理论与社会理论等方面的发展与运用。马克思的辩证法观念基本上延续了黑格尔的三一式路线。到后来，在恩格斯、列宁、斯大林以及毛泽东等人的运用与发展中，辩证法主要地成为阶级斗争的理论与工具，黑格尔辩证法中所凸显的"矛盾"与"否定性"被集中表述于质量互变规律、对立统一规律以及否定之否定规律当中，三一辩证的色彩逐渐暗淡下来，矛盾双方的对立统一关系则成为辩证法涉及的主要内容，这更接近于早期希腊本体论哲学的辩证法。

（五）小结

对辩证法的类型进行划分，有以下几种方式。依照前文，从历史的角度可以将辩证法分为希腊哲学辩证法、经院哲学辩证法、黑格尔辩证法以及后黑格尔时期的辩证法。从辩证法内涵之不同侧重点，则可分为对话辩证法、逻辑辩证法、神学辩证法等。而我们在这里想重点提出二元辩证法与三一辩证法之划分。

古代辩证法在本体论哲学追寻世界本源的取向中，表现出在纷繁芜杂的现象与矛盾中寻求世界本体的特质，这是从对立中求同一的辩证法，矛盾体两极的对立统一是辩证法的基本内涵，所以这种辩证法是一种二元的辩证法。因为人首先面对的是现象世界，并持有对世界开放的视野，这使初期的辩证法成为开放对话的辩证法。中世纪经院哲学的辩证法成为神学论述的基本逻辑，并在形式上逐渐完满，形成了逻辑严密的论证结构，这尤其体现在逻辑学中。逻辑成为论述的修辞与工具，三段式的推理方法得到广泛运用（以有关上帝存在的本体论证明为例）；此外，这一时期的辩证法还应用于神学"三位一体"思想的论证。因此，无论是三段式的逻辑形式，还是"三位一体"的神学内容，都具备了三一辩证法模式。到了黑格尔那里，矛盾的对立统一关系已经不能涵盖辩证法的全部含义，"肯定"与"否定"之间的辩证关系必须有第三方才可以完全实现，矛盾的两极不仅要通过自己的对立面、通过否定自身实现自己，而且是通过对立面、通过否定重新回到自身，当然这是更高一级的自身，是螺旋式的发展与上升。这种辩证法突破了古代矛盾对立统一的"二元式"辩证法，同时继承了中世纪哲学初步形成的三一模式，形成了典型的三一辩证法。它突破了二元辩证法的简单形式，继承了其开放性特质，同时拥有了经院哲学辩证法所强调的严谨的论证逻辑和形式。

综观辩证法发展历史，我们可以看到二元与三一两种形式的辩证法在各自的领域内都发挥了应有的贡献。二元辩证法反映出历史现实中存在的种种矛盾，它更多地体现了共时性的东西，在实践生活中更容易为人们所理解与运用，也会更直接地带来实际效果。比如说"社会发展史就是阶级斗争史"：社会中的两个对抗阶层之间由于物质利益的冲突而产生出社会发展的动力。这样的理论很容易为无产阶级所理解，并很快在社会实践革命中得到运用，有很积极的或者说激进的实践意义。但运用这样的辩证法，世界中复杂的现象被简单化以致僵化为绝对对立的两个因素，只有通过二者之间激进的斗争才可以解决一切对立冲突，这有可能会在社会革命中导致恶果。所以二元辩证法的使用是有一定限度的。如果说二元辩证法更简单明了，有更直接的实践意义，那么三一辩证法则更深刻、更真实地反映了主体与世界历史发展的阶段性，它主要包含了历时性的东西，它是否定的辩证法，它不是如二元辩证法那样，矛盾的一方必须通过消灭对方才能实现自己，而恰恰是通过在对方中否定自身，从而实现自身。

辩证法的含义，就如同这个概念本身要表达的思想一样，是开放性的、否定性的：它彰显矛盾之对立统一关系，它包含三一之发展路径，它揭示论辩之开放逻辑，发扬平等之对话精神，述说神人之悖论关系……即使是在我们对辩证法之历史与内涵进行了粗略梳理之后，也难妄下结论。我们所能看到的只是辩证法的发展本身也是辩证的、开放的、邀请的，这才符合辩证法本身的特质。在黑格尔那里，辩证法不单单是哲学的论说方式或逻辑的证明工具，而就是哲学本身，是逻辑与历史的统一。正如黑格尔那里的"绝对理念"不是抽象的哲学概念，而是涵盖全部哲学发展史的具体概念，故而哲学就是哲学史。那么，辩证法也就是包含了之前辩证法发展史每一个具体环节的辩证法史。辩证法就是辩证法史，谈论辩证法就必须追溯至辩证法的历史渊源，论其历史发展进程的每一个具体环节。辩证法不是某种可以脱离自己发展历史而独立存在的理论形态或思维方法，而是隐含在丰富而具体的哲学史当中的逻辑表达式，若要给它下一个定义，那就是历史的逻辑与逻辑的历史之统一。

二 基督教神学辩证法的内在逻辑：认同性与相关性

基于前文对辩证法概念的历史与内涵之梳理，可得出辩证法是"逻辑的历史"与"历史的逻辑"之统一的结论，而基督教神学是以"道成肉身"的观念为核心的，围绕逻辑（道）与历史（肉身）辩证互动的关系展开，因此，辩证法是基督教神学范畴应有之义。这是一个以上帝内在三位格间的"认同性"为根据，以上帝之于世界的"相关性"为载体，由结构、内容和方法三要素共同构建的辩证体系。"认同性"讲的是上帝三一位格的内在逻辑，"相关性"讲的是这一内在逻辑进入世界的现实历史。认同性与相关性之辩证法的核心就是三一上帝之第二位格、道成肉身、兼具神性与人性的耶稣基督。

我们可以用十字架对此做比喻的解读：一竖即为超验上帝的神圣维度，彰显的是上帝的内在认同；一横即具体现实的历史维度，呈现的是上帝与历史的外在相关。二者交错处即被钉十字架的耶稣，是"道"（认同性）成"肉身"（相关性）的那一位。

让我们继续回到黑格尔关于概念三环节的思想当中，可以将"圣父—圣子—圣灵"和"普遍性—特殊性—个体性"做一个类比。普遍性是概念的原初阶段，即"太初有道，道与神同在"（《约翰福音》1:1）的阶段,概念自在自足、无待于他物、不囿于界限的纯存在,正如太初在灵里与子全然同一的完满的圣父。

特殊性是普遍性的历史载体,是抽象普遍性的现实表达,即"万物是藉着他造的"(《约翰福音》1:3)之阶段,这里的"他"就是道,三一上帝的第二位格圣子。圣父通过口中的话语(道)从无中创造世界,并通过道成肉身实现第二次创造(拯救),这是普遍的神性进入历史、与特殊的人结合的阶段。耶稣的有限肉身成为无限神性的现实载体。耶稣的受难是普遍性(父)与特殊性(子)的离弃,而耶稣的复活则是二者在这种否定性关系中的重新同一,也就是黑格尔概念逻辑的第三个环节——个体性。

个体是自在的普遍存在与自为的特殊存在之合题,是具体的现实存在。这反映在"三一论"里是耶稣基督"个体性"的位格,是包含圣灵的位格。圣灵将普遍的神性逻各斯带入具体的人的存在,和人的生命发生联系,就是"道成了肉身,住在我们中间,充充满满的有恩典有真理"(《约翰福音》1:14)。圣灵进驻个体的人当中,在具体的真理中实现了上帝和人的终末式契合。

概念的普遍性、特殊性和个体性的辩证关系反映出三位一体中圣父、圣子、圣灵从原初的抽象同一、历史中的现实分裂再到终末意义上的具体复和,这是"绝对理念"概念的自我运行,是三一上帝内部身份的自我认同性。这种认同性可以从耶稣基督的特殊位格来认识。

在犹太人那里,基督,即弥赛亚(意为"受膏者")是带领犹太人走出苦难、获得解放的救世主,他是犹太人的领袖和君王,但在《新约》中明确有耶稣"是基督,是永生神的儿子"(《马太福音》16:16)的说法,这就把基督教中的基督和犹太教理解的弥赛亚区分开来,上帝和耶稣之间不是创造主与造物的关系,而是父与子的关系,他不仅仅是上帝从犹太人当中拣选出来的一个特殊人物,耶稣有人的肉身,有人的名字,却又是一个完全神。耶稣身上人性与神性的张力是上帝身份认同性的关键。道成肉身的上帝观拓深了人们对"宗教"概念的理解:有神论说宗教是神与人的关系，无神论说宗教是人与人的关系，而基督教则说，宗教首先是上帝自身之内的关系，是父与子在灵里面的身份认同。

与此同时，"绝对理念"概念的内在运行、上帝的身份认同性与具体的历史相关联，如若离开上帝与世界的关系，即父的创造、子的救赎以及灵在世界当中的运行，"三位一体"的概念就只能停留在抽象的"普遍性"阶段。因此，"相关性"是"认同性"实现自身的必然逻辑走向。作为三一上帝第二位格的"道"，类同希腊哲学中的"逻各斯"与黑格尔哲学中的"绝对精神"，无论是逻各斯还是绝对精神，都不是脱离现实世界与历史的抽象存在。道进入世界采取的是圣灵借着马利亚的肉体孕育、生产出的一个历史之人的方式，他经历了出生、成长、传道、受难的真实生命历程。上帝对世界的认同，不仅是《旧约》中记载的上帝看着自己的创造说"甚好"，更是《新约》福音书中耶稣走向十字架，以完全弃绝神性的方式来接受人的有限性，从而实现对人性的完全认同。

认同性是相关性的根据，相关性是认同性的实现，此二者间的张力支撑起基督教神学辩证法的体系，这是一个由结构、内容与方法之三维构建而成的立体有机体系。具体而言，基督教辩证法是一个由结构辩证法、神圣辩证法、历史辩证法与方法辩证法四个向度围绕"三一论"的内在核心建构而成的有机开放体系。

三　基督教神学辩证法的建构体系：结构、内容与方法

结构、内容与方法是一个"三位一体"的有机辩证体系，从这三个角度来认识基督教神学辩证法，可以看到其中包含结构辩证法、内容辩证法与方法辩证法，其中，内容辩证法从前文"认同性"与"相关性"的辩证关系来认识，又可分为神圣辩证法和历史辩证法。

（一）结构辩证法

基督教神学结构辩证法是指，在整个基督教思想发展的历史以及神学家个人思想的形成与沉淀过程中，总是自觉或不自觉地依照某种逻辑进路展开，从而在体系上形成某种有规律可循的辩证结构。问世于基督教会早期的使徒信经、尼西亚信经，历代神学家写作的各种"神学大全"和"系统神学"便是例证。神学家因其历史处境和研究旨趣之不同在著述上各有侧重，但当论及系统神学的相关主题时，多多少少会依循一条由上帝论、三一论、基督论、创世论、原罪论、救赎论、恩典论、终末论、人论、圣灵论、教会论与圣事论等教义要素共同构建起来的逻辑进路。其中，上帝论、三一论与基督论关涉基督教神学中"上帝是谁"的问题（上帝内在的神圣位格，以圣父为主）；创世论、原罪论、救赎论、恩典论以及终末论则论及"上帝何为"的问题（上帝外在地与世界关联，以圣子为主）；而人论、圣灵论、教会论与圣事论则是有关"人在上帝中如何"的问题（圣灵与人之间的互动）。因此，在神学研究领域中，包含一个"父—子—灵"三一模式的体系建构。

最早的《使徒信经》可以视为后世系统神学的雏形，基本囊括了上述全部神学教义，其内容如下：

> 我信上帝，全能的父，创造天地的主。
>
> 我信我主耶稣基督，上帝的独生子；因着圣灵感孕，从童贞女马利亚所生；在本丢彼拉多手下受难，被钉在十字架上，受死，埋葬；降在阴间；第三天从死里复活；升天，坐在全能父上帝的右边；将来必从那里降临，审判活人，死人。
>
> 我信圣灵；
>
> 我信圣而公之教会；我信圣徒相通；
>
> 我信罪得赦免，
>
> 我信身体复活；

我信永生。阿们。

在12世纪神学家郎巴德编写的神学教材《名言集四编》中，收录了以奥古斯丁作品为代表的教父时期的神学语录，分别以"三一论""罪与创造""道成肉身"和"圣礼与终末"为主题将教父思想进行分类，可谓系统神学的雏形。经院神学家托马斯·阿奎那的《神学大全》以三一论为出发点，论及创造论、人论、道成肉身、救赎论、圣事论、终末论等问题，为后世神学的系统发展开创了基本模式。新教改革家加尔文的《基督教要义》也不例外，按照上帝论、基督论、救赎论和教会论的主题依次展开。华人神学家许志伟面向汉语读者撰写的《基督教神学思想导论》同样采纳了西方系统神学的基本进路，先后论及上帝论、创世论、三一论、人论、原罪论、基督论、救赎论、圣灵论、教会论与末世论；该书"特别关注的是三位一体的神学主题，……'三一'的思想已经融入所有其他非神学课题"[1]。加尔文的《基督教要义》的最后一版（1559年）包括四卷共八十章内容。第一卷论述上帝与启示、创造与人性。第二卷关注的是作为救赎主的上帝，以及他是如何在《旧约》及耶稣基督里先后给我们启示的。第三卷试图说明我们如何凭借圣灵而分享到耶稣基督的恩典和由此结出的果子。最后，第四卷论及恩典的外在工具，即教会和圣礼。

在当代西方新教神学界的代表人物于尔根·莫尔特曼那里，基督教神学结构中包含的辩证线索更为明显。从他完成的"神学三部曲"（《盼望神学》《被钉十字架的上帝》和《在圣灵大能中的教会》）以及他自谦为"神学贡献"的"弥赛亚神学"（包括五部著作：《三一与上帝国》《创造中的上帝》《耶稣基督之路》《生命之灵》和《来临中的上帝》）等著作中，可明显看到一种围绕"父—子—灵"三一位格展开叙事的有机"体系"。莫尔特曼在反思自己的神学三部曲时说："我的神学发展明显地经过了从

---

[1] [加]许志伟：《基督教神学思想导论》，中国社会科学出版社2001年版，"前言"第2页。

复活节与盼望，到受难日与受苦，最后再到圣灵降临节与圣灵的历程。"[1] 莫尔特曼在《盼望神学》中强调了圣父通过终末的应许给人带来希望，在《被钉十字架的上帝》中强调圣子通过在十字架参与世界历史，在《在圣灵大能中的教会》中强调圣灵通过教会在世界中的运行，其神学论述的重心从复活节到受难日，再到圣灵降临节，从圣父到圣子再到圣灵，构成了三一辩证的论说逻辑。

莫尔特曼弥赛亚神学系列著作中的类似三一体系也同样明显。在这五部著作中，首先被论及的是三一中作为创造主的圣父（《三一与上帝国》），接着是上帝的创造活动本身（《创造中的上帝》），然后是通过论述耶稣基督的位格让人认识到上帝通过圣子的拯救活动（《耶稣基督之路》），而后涉及的是圣灵论（《生命之灵》），最后到了终末论（《来临中的上帝》），这恰恰符合了莫尔特曼在《盼望神学》中就为其神学定下的主旋律。基督教神学的基本教义都被囊括在莫尔特曼的这一系列著作当中。之所以说这些著作中间存在着辩证发展逻辑，就是因为它们的顺延关系中贯穿着传统系统神学的论说逻辑，而圣父—创造—圣子—圣灵—终末的顺序也照应了基督教所持有的历史观。因此，从整体论说逻辑上看，弥赛亚神学和神学三部曲一样，内含一条辩证发展路线：如果说神学三部曲是形式上父—子—灵的顺延，那么弥赛亚神学则是在内容上对三一关系的具体展开，并在整体结构上呈现出一个神圣历史的发展线索。

以莫尔特曼神学的论说逻辑和神学结构为例证，我们可以看到，基督教神学叙事中隐藏着一条辩证法的线索，无论神学家自身意识到这一点与否，三一辩证逻辑都贯穿神学叙事始终，甚至在神学家在刻意避免落入传统系统神学的窠臼，如莫尔特曼那般抵制神学系统的建构之际，其思想论说仍不可避免地沿着这一逻辑进路展开，莫尔特曼自己也承认："我是按一定顺序思考和安排这些'神学贡献'的，其逻辑会体现在这一系列

---

[1] Richard Bauckham, *The Theology of Jürgen Moltmann*, T & T Clark, Ltd., 1995. p.3.

当中。"[1]

基督教神学思想的论说结构是由诸教义要素共同构建的有机辩证体系，与基督教神学内容中的关键教义"三一论"相照应，这本身就是一个"结构"与"内容"之间的辩证统一关系。基督教神学"内容"的辩证法包含两个层面，第一个是从基督教上帝内在身份认同的角度得来的"神圣辩证法"；第二个是从上帝进入世界、参与历史的角度得来的"历史辩证法"。

（二）神圣辩证法

基督教神学神圣辩证法是指，基督教神学中的神圣主体三一上帝是神圣启示中的主体与客体之内在统一、道成肉身中的神性与人性之二元张力和三位一体中的"圣父"与"圣子"之对立统一。这是一个关乎"上帝是谁"的辩证法，由启示论之一神论、基督论之二元观和三一论之三一辩证法构建的"道生一，一生二，二生三"的辩证法，彰显出"纯神学"中神圣上帝的内在三一存在形式。

1. 道生一

如果说犹太教通过诫命与律法强化了"除了我以外，你不可有别的神"的一神论根基，那么基督教则是在上帝的自我启示中彰显出上帝的独一性。传统上人们常将重心放在人作为认识主体是如何领受与传播启示的，而忽视了启示的真正发动主体。"启示"的拉丁文 *revelatio* 之意是"揭开帐幕"，即把原本隐藏在帐幕之后的东西揭示出来，意为"上帝本身、上帝的意志和上帝的话语的自我显示和在人间的通传"。[2]

基督教启示论的重心不是认识启示的主体人，而是发出启示的主体上帝。"启示"不仅是上帝与人之间的辩证互动，更是同时作为启示主体

---

[1] Jürgen Moltmann, *The Trinity and the Kingdom of God: the Doctrine of God*, SCM Press, 1981, p.12.
[2] 张庆熊：《基督教神学范畴》，上海人民出版社2003年版，第93页。

与被启示出来的、客体的、上帝自身的内在辩证关系。上帝的启示首先并不是作为人的认识客体出现的,"揭开帐幕"的"启示"之行为主体以及揭开帐幕后所呈现出来的客体非他,而恰恰是上帝本身。

当代神学巨擘卡尔·巴特在其《教会教义学》中如此论述上帝的启示:"上帝启示自己。他通过自己启示自己。他启示自己。"无论是发出启示的主体,还是启示出来的客体,抑或是上帝启示借助的手段,都是独一的上帝本身。上帝的启示首先不是上帝对世界、对人发出的启示,而是他与他自身的内在关系,是上帝向内的、对自己发出的启示,因此,基督教上帝的启示是独一的、上帝在自身之内的"自我启示",是神圣三位一体中的父借着子启示自身,是父生子,是"道生一"。

莫尔特曼指出:"上帝启示'他本身',这使他成为他本身的主体和客体,他和他所启示的自己既作出了区别,也作了认同。"[1] 上帝对人的启示采取了道成肉身的方式,并以耶稣在十字架上受难为标志让父与子、神性与人性发生了全然断裂。耶稣的复活标志着子重新回到父里面,神性对死亡的克服让神圣存在的内在分裂实现了复合。因此,从圣经历史的进路来看,上帝的自我启示是一个在自身之内绝对认同、内在决裂与重新复合的过程,启示的主体和启示出来的内容乃是一致的,"道"与道所生出的"一"亦为同一的,而这体现在三位一体当中,即神圣的圣父上帝(启示的主体)和历史中的圣子耶稣(启示的客体)在本质上是同一的。

2. 一生二

启示论包含上帝借自身向人启示的"道生一"的一神论辩证逻辑,而以"道成肉身"为核心的基督论则体现了"一生二"的二元对立统一的辩证法。

《新约·腓立比书》中对道成肉身的耶稣基督身上的神人二性之并存有如此描述:"他本有神的形象,不以自己与神同等为强夺的,反倒虚己,

---

[1] [德]于尔根·莫尔特曼:《神学思想的经验:基督教神学的进路与形式》,曾念粤译,香港道风书社2004年版,第72页。

取了奴仆的形象,成为人的样式。既有人的样子,就自己卑微,存心顺服,以至于死,且死在十字架上。所以神将他升为至高,又赐给他那超乎万名之上的名。"(《腓立比书》2:6-9)

作为"神的形象"的"道"与作为"人的样式"的"肉身"这两个原本全然相异、对立的因素在耶稣基督身上实现了辩证统一。"道"是希腊哲学中的"逻各斯",也是黑格尔那里的"绝对精神",是纯粹存在与绝对自由,是万物的根源、本质与规律;而肉身则是有限的、自然的、会死的存在。处于神性与人性之两极的"道"和"肉身"在"道成肉身"的上帝之中成为一个叙事:上帝主动进入人类史的"虚己"行为。所谓"虚己"(*Kenosis*),是上帝将自己身上的神性清空,以使自己内在成为虚空,从而让人性进驻上帝的存在获得了空间。上帝将神性向内收敛为人性进驻腾出空间,同时也是一个神性向外进入人类历史空间的过程:"道成了肉身,住在我们中间。"(《约翰福音》1:14)因此,道成肉身,先是一个上帝内部神性主动让渡给人性的过程、是一个让人性住在神性里面的过程,这个逻辑在先才带来了道成肉身的上帝"住在我们中间"的历史后果。神性让渡给人性的"虚己"行为在耶稣被钉死在十字架的事件中得到了最大程度地彰显。

由十字架这个一横一竖构建的"二",包含神性与人性、父与子、死亡与复活多重维度。耶稣在十字架上呼喊"我的神,我的神,为什么离弃我"(《马太福音》27:46),表达出上帝神圣存在的内在割裂。耶稣在十字架上死去,是上帝对神性的全然放弃,是父对子的全然离弃,只有神性完全从耶稣身上退出,只有父舍弃子,才可造成"上帝死了"的结果,神性的完全撤退为存在的界限——虚无与死亡腾挪出空间。如果无限和永恒的上帝都可以受苦与死亡,那么这个无限就是真无限,它包含了以死亡为标志的每一个具体现实的空间界限;这个永恒就是真永恒,它包含了以克服死亡为标志的每一个具体现实的时间界限。耶稣从死里复活是神性对死亡的克服,十字架事件的意义从"复活"中得来。上帝的虚己是自我向内的限制,同时也是向外的解除限制,当他将存在的界限——死亡也包容于自身之内时，就突破了这个最大的界限，从而克服死亡、实现从死里复活。

3. 二生三

"道生一"是父生子，是父与子原初的同一，"太初有道，道与神同在，道就是神"（《约翰福音》1:1）。"一生二"是道成了肉身，是上帝的逻各斯在世界历史中的运行，是十字架上神性让渡于人性、父与子的离弃隔绝，而在耶稣的复活中，无限神性复归耶稣的人类肉身，神人二性的对立实现了统一。道和肉身、神人二性构成了耶稣基督的特殊位格，而这个将上帝与历史关联起来的位格并不仅仅是一个神—人的存在，而首先是一个神圣"三位一体"的存在，是圣父和圣子在第三位格"圣灵"当中的辩证互动关系。因此，从"一生二"到"二生三"是一个必然的逻辑走向。

"三一论"包含三个层面：内在三一、经世三一与社会三一。内在三一即神圣三一，讲的是圣父、圣子与圣灵上帝三位格之间的关系，是一个上帝在自身之内身份认同的问题。经世三一即历史三一，是神圣三一进入世界、与人类历史相关联的问题，包括父对世界的创造、子对世界的救赎和灵与世界的契合等诸种关系，这是一个上帝与世界相关的问题。社会三一是指世界万物之间的关系应依照神圣三一位格之间的社会共寓关系来缔造，这是一个受造世界回应神圣三一关系的问题。内在三一，是上帝内部神圣位格间的内循环，这个内循环在"经世三一"的运行中得到造物世界"社会三一"的回应，从而形成了一个大的外循环，这是一个神圣三一从内向外、将外融于内、形成一种上帝在万物中、万物也在上帝中的"万有在神论"的过程。

内在三一是经世三一与社会三一的根源与模式，上帝神圣三位格之间的关系是上帝与世界关系、世界万物之间关系的基础。在基督教神学发展史上自6世纪就形成了将三一位格关系描述成一种"互渗相寓"（*perichoresis*）关系的传统。*Perichoresis* 一词源于希腊语 *chora*（意为空间、房间）或 *chorein*（意为包含、形成空间），"互渗相寓"表达出父、子、灵在独一的上帝中相互包含、相互内住、相互渗透的关系，耶稣所说"父在我里面，我也在父里面"（《约翰福音》10:38）就是表述这种位格间关系的一个例证。"互渗相寓"是一个动态的空间概念，描述了三位格相互区分又全然同一的关系。"父在子中，子在父中，而他们二者又都在圣灵之中，正如圣灵存在于父与子中一般。通过他们之间的永恒之爱，他们相互寓居程度之如此深入，以致他们成为一体。"[1]

从内在三一的互渗相寓关系可以看到，"位格"不是实体意义上的概念，"三位"之"一体"的重心并非传统意义上的"本质同一"，而在于每一个位格都是另外两个位格的生命空间。因此"三位一体"的一神论便不是保守的一神论，"不是内在封闭的、排他的统一性，而是开放的、邀请的和整合的合一性"[2]。内在三一互渗相寓的关系同样也存在于经世三一和社会三一，如耶稣所说："正如你父在我里面，我在你里面，使他们也在我们里面。……我在他们里面，你在我里面，使他们完完全全地合而为一。"（《约翰福音》17:21-23）子借着圣灵在世人当中，父在子当中，从而让世人实现完全合一，这是一个以父、子、灵三位格间的互渗相寓关系为核心展开的上帝与人、人与人之间的多重复合、相互内住、相互渗透的立体空间网络，是上帝和世界内在自我开放并同时各自向对方开放的辩证关系。

"道生一，一生二，二生三"的辩证逻辑将启示论的一神论、基督论的二元观和三一论的辩证法在上帝的神圣存在内统合成为一个有机开放的体系，构成了基督教神学的神圣辩证法，当这个神圣辩证法进入世界历史，逻各斯附着在历史的维度上，就获得了丰富具体的内涵，构建出一个"三生万物"的历史辩证法。

（三）历史辩证法

基督教神学历史辩证法是指，神圣的三一上帝进入历史，带来历史

---

[1] Jürgen Moltmann, *The Trinity and the Kingdom of God: the Doctrine of God*, pp.174-175.
[2] ［德］于尔根·莫尔特曼:《神学思想的经验：基督教神学的进路与形式》，第349-350页。

进程、方向与意义的质变以及人类历史观的扭转，构建出一个包含上帝创造及世界发展的一维线性史、耶稣基督拯救并打破人类线性历史进程的二维发生史、以神圣三位一体为根据的"三个国度"的三维终末史的有机辩证体系。若说神圣辩证法是一个"道生一，一生二，二生三"的逻辑线索，那么历史辩证法就是一个"三生万物"的生生神学之历史图景。

上帝创造的历史是一个线性发展的历史进程。我们应该明白，上帝创世并不仅仅指上帝用了六天创造世界与人，在第七日休息，创世的过程就结束了。实际上，上帝的创造与护佑贯穿了整个世界历史，可以说在人犯罪后上帝的救赎史也是上帝创世历史的一个重要部分。《圣经》中记载了一个上帝在"起初创造天地"并"照着自己的形象造人"（《创世记》1:1、27）——人因偷食禁果而陷入原罪，"世界在神面前败坏，地上满了强暴"（《创世记》6:11）——道成了肉身，"基督耶稣降世，为要拯救罪人"（《提摩太前书》1:15）——耶稣死而复活，给世人带来"新天新地"盼望的线性历史进程。上帝创造的历史是一个有始有终、包含上帝创世—人类堕落—基督救赎—终末和解等阶段的线性发展过程，但是，这个线性历史并非一般意义上单维横向的人类历史，还是一个包含纵向神圣维度的二维发生史。

《圣经》叙事是一部线性史，同时又是一个线性史与发生史交错融合的辩证进程。《新约》神学家鲁道夫·布尔特曼对福音书中记载的耶稣所行神迹、耶稣死而复活等事件作了"解神话"式的解读，在他看来，神迹不同于客观历史，而只能从"发生史"的角度去理解。所谓"客观史"，是人类对过去所发生历史事件与进程的客观记录与整理，不可否认，客观史为人类认识自己、反思自己提供了重要的参考依据。但在布尔特曼看来，客观史相对于人只是对象式的存在，它并不主动参与人的存在。而"发生史"强调的是事件的发生在当下对个人存在的意义。若从"发生史"的角度理解"十字架事件"，那么关注的重心就不再是论证神迹何以可能，而是它与"我"何干：它不仅是已经发生的事件，更是正在"我"身上发生的事件。

"耶稣的复活乃是'发生之存在',而非仅只是一个历史之发生。"[1]

若说布尔特曼强调了"客观史"与"发生史"的区别,那么德国哲学家卡尔·洛维特则看到了耶稣基督的到来与将来历史之间的区别:"对于基督徒来说,救赎历史的分界线不是一种单纯的将来时,而是一种现在完成时,是已经发生了的主的降临。"十字架事件不仅让人看到未来复活的盼望,而且已经让这种盼望来到当下的生命之中,正是"鉴于这个中心的事件,时间既是向前计算的,也是向后计算的。"[2] 因此,十字架事件成为《新约》叙事的中心,人类历史从此也形成十字交叉的样式:以耶稣基督的生命历程为原点,向前与向后、向上与向下构成了一个完整的二维历史坐标。在横向的延续上,历史被划分为基督前与基督后,在纵向的度量上,有从上帝向人的临到与从人向上帝的仰望。

人类生命的线性历史由此发生质变。十字形的历史发展坐标因其中神性超验的一维而赋予变动不居、无目的性的历史以方向与意义。每个人的生命作为在"历史上"(historical)发生过的事件从此获得了"历史性的"(historic)意义,因为十字架事件在历史的每个世代把"每个人"都和耶稣基督"这一个人"联结起来,让每个人在这个发生过的事件中都能找到自己身上正在发生的历史。发生史纵贯线性史构建起神人相遇的二维历史,上帝内在的三一位格关系进入世界,从而改变了原先的人类历史发展路线,历史也开始沿着三一的辩证发展历程前进。

如前文论及三一论思想,内在三一是经世三一与社会三一的根据与原型,三一上帝进入世界,经由父对世界的创造、子对世界的救赎和灵与世界的契合从而给历史带来的改变,也应追溯至神圣三位格的内在历史。莫尔特曼将上帝的神圣历史描述为这样一个过程,"父通过灵差遣子"——"子在圣灵的大能中从父而来"——"圣灵将人们带入子与父的团契"。这是一个正—反—合的三一过程:上帝在自身之中——上帝走出

---

[1] 刘小枫:《走向十字架上的真》,上海三联书店1995年版,第113页。
[2] [德]卡尔·洛维特:《世界历史与救赎历史:历史哲学的神学前提》,李秋零、田薇译,生活·读书·新知三联书店2002年版,第218-219页。

自身——上帝重回自身。神圣三位一体通过圣灵向世界开放，而通过圣灵发生改变的世界，则使历史的发展迎向上帝的来临，从而参与到上帝内在的三一生命之中，构成一幅"上帝在世界中，世界也在上帝中"的万有在神论的终末图景，上帝与人之间不是泾渭分明的主客关系，而是互动和谐的主体间关系。

一维线性史——二维发生史——三维终末史构建了基督教神学的历史辩证法从一到二、从二到三的逻辑线索，并最终勾画出"万有在神"的图景，从而将神圣辩证法中的"道生一，一生二，二生三"的抽象逻辑现实化、具体化与丰富化，走向了"三生万物"的生生神学。

16 世纪犹太教神秘主义者以撒·卢里亚发展了"上帝临在"的"舍金纳"（Shekinah）教义。舍金纳的希伯来文原意为"上帝的荣耀存留大地"，意指上帝显现时光芒四射之云，在《旧约》中指上帝居住在以色列人当中。卢里亚看到这一概念具有的空间性，用其指称"上帝的临在""上帝的寓居""上帝的内住"，并发展出神圣"自限"（Zimzum）的思想："'自限'意指集结和浓缩，意味着某人自己退回到自己之中。卢里亚采纳了古代犹太舍金纳学说，据此，无限的上帝可以压缩自己的存在，以致他可以居住在圣殿中。但是卢里亚把它用于上帝和创造。上帝以外的世界的存在之所以可能，是由于上帝的回返。这样便腾出了'神秘的原始空间'，上帝——通过从自身流出——可以进入其中，并借以显启自己……创造主并不是宇宙的'不动的推动者'。相反，在创造之前是上帝一方的自我运动，这一运动给被造物自己以存在的空间。上帝退回到自身，以便走出自身。他通过收回他的存在和他的权力，为他的创造物的存在'创造'前提条件……正是上帝自我否定的积极力量，成为创造和拯救中的创造性力量。"[1] 从卢里亚的这一观点出发，上帝从无中创造的"无"是上帝收敛神性腾挪出来的空间，因此在上帝创世以先的那个"虚无"并

---

[1] [德]于尔根·莫尔特曼：《创造中的上帝》，隗仁莲、苏贤贵、宋炳延译，生活·读书·新知三联书店 2002 年版，第 122-123 页。

非从一开始就与上帝并存的,而是上帝"自限"的行为带来的结果。因此,"无"不是对存在的否定,而毋宁说是存在的前提。

上帝的创造首先不是一个向外的行为与关系,而是神圣三位格向内的自我关系。如果说上帝舍金纳的自限行为为创世腾挪出空间,是"父"的清空;那么耶稣基督来到世间,道接纳了肉身的形式也是一种神性收敛,以给人性的进驻创造条件,这是"子"的虚己。耶稣在十字架上的受难是神性的彻底撤出,上帝以接纳死亡的方式完全认同于人性,神性全然的倾空为第二次从无中创造,即创造全新的人性提供了空间,从这个意义上讲耶稣被称为"第二亚当",是上帝创造的全新的人。父的倾空与子的虚己都是神圣"自限"以实现从无中创造,而耶稣死而复活是新创造的实现,神圣"自限"的结果是解除限制、填满虚空,是灵的充满。以灵的充满实现的新创造,是处于父、子、灵互渗相寓关系中的世界,这就是"三生万物"。

三一上帝对万物的创造不是一种单纯向外的行为,而是在自身之内腾挪空间继而创造的行为,如同女性体内的"孕育""生产"一般,可谓之三"生"万物。这种生与被生的关系形成了"万有在神",即万物都在上帝中的场景。不过,万有在神并不等同于万物皆有神性的泛神论观念,因为从神性自限得来的"无"既是造物生存的空间,又是上帝与造物之间的绝对界限。因此,万有在神是一个万物与上帝共寓但又迥异于上帝的辩证法。

基督教神学辩证法是一个以"道生一,一生二,二生三,三生万物"为逻辑线索贯穿而成的内容体系,是一个以上帝内在三一关系的神圣辩证法为逻各斯,以三一上帝进入世界从而现实化、具体化、丰富化的历史辩证法为现实载体的"道成肉身"。通过对"结构"辩证法和"内容"辩证法(包括神圣辩证法和历史辩证法)的考察,可以看到,辩证法是基督教神学构建的方法论原则,而结构、内容与方法本身就构成了一个"三位一体"的辩证法。

（四）方法辩证法

基督教神学方法辩证法是指，辩证法是基督教思想研究的方法论原则，这是一个基于"对话"理论范式之上、以二元辩证法和三一辩证法双重理论模型为架构的辩证方法论体系。

辩证法在希腊哲学诞生之初就与"对话"关系密切。"辩证"源于对话中的问与答，人们通过对话获得确定的知识、达到认识的澄明，因而"辩证的"来源于"对话的"。苏格拉底的"对话法"是在辩论者双方相互诘问的过程中获得真知的言论艺术，为柏拉图与亚里士多德所继承，逐渐发展成辩证的逻辑方法，并运用于中世纪经院哲学。"经院"是师生间平等对话的开放场所，辩证的逻辑形式也日臻完善，辩证法成为一种可以脱离具体学问而独立存在的辩论技巧。对话双方的平等地位、对话者所处的开放空间以及对话中的否定性诘问，使辩证法具有平等、开放以及否定性特质。因而对话是辩证法的基本范式。反过来，辩证法又导致开放对话格局。辩证法包含的否定、开放及平等特质决定了对话是对话双方是在平等的地位上向对方的敞开，在和对方的交谈中否定自身、进入对方，从而使自身获得新的生长点的过程。对话的宗旨是对真理的探求；对话的方式是开放与平等的；而对话的基本逻辑则是否定与辩证的。对话与辩证法之间形成了一种相互产生、相互成就、相互促进的关系，对话的辩证方法是基督教神学辩证法的理论前提，也是其必然的逻辑延伸。

基督教"神学"范畴的内涵是神人间的对话："神学"是人对上帝的言说，也是上帝向人主动说话。我们知道"神学"一词就是由"神"和"逻各斯"构成的，而逻各斯就是"道"，道就是说。人要说神，就得去听神说了什么，所以说神学包含"神说"与"说神"两个内涵。卡尔·巴特对于人要言说上帝的悖论有深刻的描述：作为神学家他要去论说神，而作为人，他却没有能力去论说神，这就是"应该"与"不能"之间的一个两难处境，这也是为什么说基督教神学本身就是一个悖论、就是一个辩证法的原因所在。

基督教思想的诞生是一个对话的过程，它起源于神人间的对话，并在现实的异质宗教、异质文化的对话与交流中发展起来。它是希伯来文化与希腊文化互动交流的产物，这在受希腊哲学影响最深的《新约》经卷《约翰福音》中就已显露端倪（如以"道"，即逻各斯指称第二位格）。基督教神学的发展是在自身内部发生分裂与各种弥合分裂、寻求统一的内在对抗与对话的过程中实现的，包括正统与异端、东方与西方、旧教与新教的二元矛盾之对立统一。基督教文化的扩张是在与各种异质宗教文化疏离与对话的历史中进行的，基督教曾被视为犹太教异端，而伊斯兰教亦曾被视为基督教异端，恰恰是异质文化、不同信仰间的对话与争辩让双方从"藉以界定自身的宗教中学到的东西，远超他们在以自己族群主导的地方从与他们有共同信仰的人身上学到的东西"[1]，这是因为在为自身信仰辩护、维持自身信仰身份认同的过程中所洋溢出来的信仰凝聚力与文化自豪感，比生活于同质宗教文化中的信徒强烈得多。

　　因此，基督教神学的产生与发展正是在基于各种层面对话之上的自我界定与对自我界定的否定、突破过程中实现的。对话辩证成为基督教神学发展史运行的内驱力。对神学家个人来说，其神学思想的形成更是一个"究天人之际，通古今之变，成一家之言"的对话辩证过程，是在与传统和现代神学思想体系演变的继承、吸纳与扬弃中认识神人关系、构建个人神学体系，自觉或不自觉地将个人微观的神学认识融入宏观基督教思想叙事中的过程。

　　以对话为基本范式的基督教神学方法辩证法带来的是神学的开放格局和批判视野。神学不再是某种循环运行于神圣理性领域内的抽象理论，而是在与异质因素交流过程中突破并扬弃自身的具体实践，以自己特有的二元与三一相统一的辩证法为现实世界的变革提供批判性元素。

　　在前文对辩证法概念的历史溯源中能看到辩证法的发展经历了一个

1　See Edited by Miri Rubin and Walter Simons, *The Cambridge History of Christianity (Volume 4): Christianity in Western Europe c.1100-c.1500*, Cambridge University Press, 2009, p.169.

矛盾二元对立统一的古代朴素辩证法，到中世纪凸显三段论逻辑证明的经院辩证法，再到黑格尔正—反—合的三一辩证法的过程。因此，辩证法的发展史中有一条从二元辩证法向三一辩证法运行的逻辑线索。在古代朴素辩证法中，矛盾体两极的对立统一是辩证法的基本内涵。中世纪经院辩证法形成了逻辑严密的论证结构，三段式的推理方法得到广泛运用；此外，这一时期的辩证法还应用于上帝三一论的论证。三段式逻辑形式和三一论神学内容都具备三一的辩证法模式。到黑格尔那里，"肯定"与"否定"之间的辩证关系必须有第三方才可以完全实现，这种辩证法突破了古代矛盾对立统一的二元辩证法，同时继承了中世纪哲学初步形成的三一模式，形成了典型的三一辩证法，兼具二元辩证法的开放特质与经院哲学辩证法的严谨论证逻辑和表达形式。二元辩证法凸显开放对话，三一辩证法强调严谨结构；二元辩证法反应现实表象中正负两极的互动历史，三一辩证法彰显理性反思中逻辑运行的有机系统。

在"道生一，一生二，二生三，三生万物"的基督教神学逻辑线索中，连接"道一"（上帝）与"万物"（世界）的是"二"和"三"，分别指涉二元辩证法和三一辩证法。神圣辩证法之耶稣基督的神人两性说中神性与人性、道与肉身的二元对立与统一，历史辩证法之发生史观中横向历史发展和纵向神圣切入、自然历史与神圣历史的二维构建，都是二元辩证法类型。神圣辩证法中上帝三一位格间的互渗相寓关系，历史辩证法中父国、子国、灵国的历史发展路线，则属于三一辩证法类型。应该指出，这两种辩证法之间也具有一种辩证关系，从二元到三一是一种必然的逻辑走向，二元要素的对立统一关系需要"第三方"的介入才能实现，可以说三一辩证法扬弃包含了二元辩证法，是二元辩证法的更高级、更深层、更全面的形式。不过，这并不意味着三一辩证法可以取代二元辩证法，事实上，二元辩证法在现实中的存在和实践中的应用更为广泛，而矛盾的对立统一也是人的理性更直接认识、更容易理解的辩证法类型。比如，神人两性观是人认识耶稣位格的最明晰的进路，十字架与复活的辩证关系是认识基督教历史观的最直接的接入点。而三一辩证法则需在上帝内在位格的关系中去寻找逻辑线索，往往会让人陷入神秘主义和信仰主义的旋涡当中。

四 结语

基督教神学辩证法是一个由结构、内容与方法三要素共同构建的动态有机体系，它是哲学辩证法在基督教神学领域内的运用与实现，既具备一般辩证法范畴的特征，又有基督教神学特殊的表达语境。神学辩证法以上帝内在三位格间的"认同性"为根据，以上帝之于世界的"相关性"为载体，以"道生一，一生二，二生三，三生万物"的逻辑路径为线索，形成了一个由结构辩证法、神圣辩证法、历史辩证法和方法辩证法构成的辩证法体系。

扩展阅读

［德］黑格尔:《小逻辑》，贺麟译，商务印书馆1980年版。
［德］卡尔·洛维特:《世界历史与救赎历史：历史哲学的神学前提》，李秋零、田薇译，生活·读书·新知三联书店2002年版。
刘小枫:《走向十字架上的真》，上海三联书店1995年版。
［加］许志伟:《基督教神学思想导论》，中国社会科学出版社2001年版。
张庆熊:《基督教神学范畴》，上海人民出版社2003年版。
赵敦华:《西方哲学简史》，北京大学出版社2001年版。
Jürgen Moltmann, *The Trinity and the Kingdom of God: the Doctrine of God*, SCM Press, 1981.

第3讲

主讲人　唐晓峰

不为阳春白雪　转曰下里巴人
——评君士坦丁到公元 600 年的基督教发展史

信仰意义上的上帝意识本无可争辩，全能、全知、全善的上帝怎么可能反复无常呢？哪能由人来评判呢？可事实上，基督教发展史上围绕着上帝及其救赎的观念充满了分歧与龃龉。人类对于无限性的预设也只能从人类自身的有限性发出，而这就决定了"上帝的意识"也只能是人类关于上帝的意识，而非上帝自身生发的评判。既然是人类凭借上帝之名义进行的判断，乃至面对各类神学纷争进行裁决，终免不了其局限性、软弱性、世俗性所诱发的妥协、贪婪与踌躇，如果说早期使徒与教父们还在吟唱着"阳春白雪"，宁愿为纯真且朴实的信仰献上生命，300年后的耶稣信徒们在突如其来的世俗恩宠面前，也就转曰"下里巴人"了。*

本文所关涉的欧洲上古晚期到中古前期300年的历史恰恰是人类对于上帝意识较为关切，也最为活跃的时期，乃至帝国的皇帝们都有足够的热情参与到这种揣测中。如果说在此之前古典时期的哲学试图唤醒人类向内去寻求超越的意识或者与这种意识加以互动的话，那么此时将上帝逐渐

---

* 本文为作者阅读 Augustine Casiday and Frederick W. Norris 所编 *The Cambridge History of Christianity: Constantine to C.600* (Cambridge University Press，2007) 后的读后感，曾以《罗马帝国时期（君士坦丁到公元600年）的基督教发展史及启示》载于拙著《基督教中国化理论研究》，宗教文化出版社2018年版，第56—72页。此次发表有所修改。

外在化、教条化的倾向配合着罗马帝国法典化的历程也就愈发明显。在这种意识中上帝亦离人越来越远，以致只有通过越来越精英化的神职人员、越来越精密化的教义体系，才能得到上帝的"垂怜"。很显然，这个过程并非基督教会一己所能做到的，罗马帝国的政治、经济、文化均交织于其中，构成一幕幕错综复杂的情景剧，乃至之后的中世纪，这种所谓的"上帝意识"强大到各种力量均自食其果，不得不进行自己对自己的抗争，寻求另一种以人为本的自我意识。

这段历史在世界史的分期中虽横跨上古晚期和中古早期，但对于基督教自身的发展来说，却具有非凡的独立意义，我们可以称之为"罗马帝国时期的基督教会"，其自产生经过两百余年的忍辱抗争，终于在这个时期的开始阶段获得了合法身份。在之后的三百年发展中虽历经反复，但最终在罗马世界确立了精神霸权地位，并以得胜者姿态在中世纪的舞台粉墨登场。可以毫不夸张地说，这段历史奠定了基督教在欧洲尤其是西欧社会之后近千年政治、经济、文化发展史中的核心地位，在教义思想上形成了影响至今的神学体系雏形。恩格斯曾经说过，对于一种征服罗马帝国、统治文明人类中的大多数达1800年之久的宗教，简单地说它是骗子凑集而成的无稽之谈，是不能解决问题的。既然"上帝的意识"为人类对于上帝的思考，这种意识的形成与人类的政治抱负、生产生活、文化创造均密不可分。在"上帝意识"与人类信仰实践的不断调适中，基督教会逐渐形成、演化、成长，恰似个体的成长般。

一　教会与政治联姻

无论君士坦丁（Constantine）是否为虔诚的信徒，有一点是肯定的，他认可基督教乃至后来皈依基督教的行为某种程度是出于帝国政治的需求。这不仅是他将耶稣视为为帝国带来胜利的战神形象这么简单，就像在312年他靠十字架的异象在米尔汶桥上打赢对立凯撒马克森狄（Maxentius）的大军所显示的，很明显他认为一个强大的、统一的宗教是有利于帝国统治的，这也是为什么他后来在政治上站稳脚跟，便急于召开主教会议处理阿利乌派（Arian）与亚塔那修（Athanasius of Alexandria）间争论的重要原因。他为赴尼西亚的诸位主教提供四轮马车作为交通工具，提供食物和在途期间住所，要知道这些人在20年前还生活在戴克里先（Diocletian）迫害的恐惧之中。事实上，不止君士坦丁，罗马皇帝君士坦斯（Constans）、狄奥多西（Theodosius I）均热衷于染指教会思想的统一。347年夏，君士坦斯重申禁绝多纳图派（Donatism）教会的指令，多纳图派建筑物与财产均被查抄，拒绝皈依大公教会正统基督教的诸位多纳图派主教被流放。帝国尝试通过强制性的方式实现教会的表面统一。之后狄奥多西成为西部帝国的唯一统治者，他用了十年的时间来消灭异教，并将正统基督教正式确立为国教。这个时期的每位皇帝都不仅仅将自己视为世俗的君主，在宗教议题上，都想留下自己属灵的印记。拿之后大公会议的召开为例，格拉提安（Gratian）和狄奥多西一世这两位皇帝在君士坦丁堡（381年）召开主教会议，除肯定尼西亚信经的主张外，还谴责阿波利拿流（Apollinaris）否认基督是完全的人以及圣灵受造派的主张。狄奥多西二世（Theodosius II）组织以弗所会议来协调亚历山大学派和安提阿学派的神学争执。皇帝马西安（Marcian）决定在卡尔西登召开会议谴责优迪克（Eutyches）的思想，同时达成卡尔西登——尼西亚信经。尽管这次会议一如既往地导致了二性论者、一性论者与卡尔西登主义者更多的辩论，但很明显自君士坦丁以来，罗马皇帝们修和的努力一以贯之。后来在位者芝诺（Zeno）本人尽管支持卡尔西登决议，却十分热衷于缓和与反卡尔西登敌对者的关系，在君士坦丁堡主教阿卡西乌（Acacius）的协助下，芝诺为不同派别之间的修和准备了为人所熟知的《合一法》（482）。一位皇帝企图将基督教培植成帝国信仰根基的企图昭然若揭。之后皇帝查士丁尼（Justinian）在其长时间的统治过程中（527-565年统治）在恢复帝国版图的同时，亦扩大了其精神影响力。529年颁布的《查士丁尼法典》不但为整个中世纪时期西罗马帝国教会教规的发展奠定基础，也堪称拜占庭政教关系的范式。

在拜占庭，教会与政府并非各自独立的权力集团，而是二者共同发挥效力，政府行使民事权利，教会负责信徒灵性层面的信仰需求。政教合一（Caesaropapism）甚至仅仅是对这种相互影响的一种较为薄弱的解释。[1]

553年5月，查士丁尼在圣索菲亚大教堂的大礼堂召开教会会议。会上力图解决两个神学争议：其一，就摩普绥提亚的西奥多（Theodore of Mopsuestia）、西奥多莱（Theodoret of Cyrus）和埃德萨的伊巴斯（Ibas of Edessa）宣称的基督论观点达成共识；其二，围绕亚历山大的奥利金（Origen）的神学思想以及受奥利金影响的作者们进行讨论。毫无疑问，在这一时代的5场会议，即325年的尼西亚会议、381年的君士坦丁堡会议、431年的以弗所会议、451年的卡尔西登会议、553年的君士坦丁堡会议都是在皇帝的影响下召开的，皇帝干教意图明显。

不但强大的罗马帝国的皇帝有个统一的宗教梦，蛮族的皇帝们何尝不是如此。哥特人起初对于阿利乌派情有独钟，他们的宗教在欧洲和北非均占有一席之地。369年后，西哥特部落首领菲列迪根（Fritigern）在哥特人发生内部战争期间向罗马帝国求助，由此菲列迪根接纳了罗马帝国国王的信仰。这些事件在哥特基督教化历史上开辟了新篇章。506年，新成立的日耳曼王国阿拉里克二世（Alaric Ⅱ）召开阿尔勒会议，就是为了实现将尼西亚哥特教会归入他王国的目的。法兰克王国的奠基人克洛维（Clovis）为了其帝国的强大，成为第一位皈依正统基督教的野蛮人首领。当克洛塔尔二世（Chlotar Ⅱ）使高卢再度统一时，便聚集高卢所有的主教在巴黎（614）与克利希（626/7）召开两次教会会议，政教影响可见一斑。汪达尔人、盎格鲁人、撒克逊人、伦巴第人、勃艮第人同样在君王的带领下皈依了基督教。在这一阶段为了政治利益，基督教派系间反目成

---

[1] Augustine Casiday and Frederick W. Norris ed., *The Cambridge History of Christianity: Constantine to C.600*, Cambridge University Press, 2007, p101.

仇，甚至与异教合作的例子屡见不鲜，比如罗马皇帝莫里斯（Maurice）是一位卡尔西登主义的热切拥护者，他强烈抵制在宗教立场上持反卡尔西登主义的加桑人。当他带领军队抵达波斯边境时，加桑领袖阿尔-穆赫德尔（al-Muhdhir）将桥摧毁。莫里斯将其逮捕并流放至塞浦路斯。之后阿尔-穆赫德尔的家人在战争中与波斯联手袭击巴勒斯坦。这相较于7世纪穆斯林的入侵提前了数十年。东罗马帝国在亚美尼亚南部和东南部遭受军事入侵时并未对亚美尼亚施以保护，因此，神学不睦成为亚美尼亚摆脱拜占庭王朝的重要手段。

帝国政策的演变对于教会命运的影响更是毋庸讳言。君士坦丁时期，阿利乌派被定为异端，但他们的儿子们却始终在尼西亚派和阿利乌派间徘徊，导致亚历山大的主教亚塔那修先后被流放至少五次，这与皇位的变更及宫廷教会集团人员结构上的调整不无关系。直到约60年过去，帝国内的大多数基督徒才达成统一的反阿利乌派观点，亚塔那修最终在其主教位上寿终正寝。皇帝尤里安（Julianus）的短暂统治期间（361-363），基督徒面对的局势急转直下，他们的权利被大大加以限制，其中被正统派压抑的多纳图派却得到来自帝国政府的支持。再以伦巴第族为例，早期伦巴第族信奉阿利乌派，6世纪末，巴伐利亚王朝的西奥多琳达（Theodolinda）先嫁给了国王奥塔利（Authari），后嫁给国王阿吉卢尔福（Agilulf）。她是位大公教会信徒，于是伦巴第族诸国王统治的巴伐利亚王朝加速了对伦巴第族阿利乌派的迫害。

在古代世界，宗教更加密切地关涉国家利益和公共生活，宗教仪式是公共的，宗教教义是公共的，宗教节日是公共的，宗教是维持世俗社会稳定的精神核心，统治者试图调整宗教思想间的分裂，其目的无非是控制或左右公众的参与，进而有助于自身的统治，从这个角度说，帝王们不得不虔诚。无论是罗马帝国还是当时的蛮夷王国，皇帝和主教们的示范作用必然带来社会精英的皈依，异教徒逐渐放弃信仰立场，以获得更高的社会名望和地位。在此过程中贵族精英被基督教化，基督教同样正在被贵族化。当百姓们模仿权贵的信仰，迎合他们的好恶时，帝国的基督教化和基督教的帝国化就同时完成了。

二 教理与文化融合

政治的强制推行对于一种思想信念来说，至多只能做到受众在形式上的接受，吸收的至多是那种屈服或趋附权贵的半信徒，基督教要想真正国教化，或在一个社会中和合地存在、传播、发展，不但要获得皇族贵戚们的支持，还必须深入民众底层，使得这一切文化的融入以及诠释实现，而罗马帝国的基督教发展就伴随着这种文化对话、融合的过程。这种对话与融合发生于各个阶层，同知性化、民俗化共存。

文化融合的首个层面是哲学诠释。尽管在此阶段之前，迦太基的德尔图良（Tertullian）便提出了"雅典与耶路撒冷有何相干"的口号，就像这位拉丁教父在诠释他"三位一体"的概念时，不可避免地具有希腊化的影响一样，罗马帝国基督教教义的形成与诠释离不开当时社会流行的哲学观念，虽然此时诺斯替主义、斯多葛主义、犬儒学派已经不像当时影响潘代努（Pantaenus）和他的学生们那样明显，但实力犹存。尼撒的格里高列（Gregory of Nyssa）在《演讲录》43中对自己接受的异教经典教育给予高度评价，哲罗姆（Jerome）的早年生活充分体现了一位皈依基督徒是如何充分利用他异教的修辞术训练的。奥古斯丁（Augustine）、狄奥多莱和凯撒里亚的巴西勒（Basil of Caesarea）对构成他们教育基础的异教文本虽表现出模棱两可的态度，但都吸取其中适合自己的部分。巴西勒曾将此过程比喻为采蜜，蜜蜂既不会同样对待每一朵花，也不会试图把它们停留过的所有花朵中的花蜜都带走，而是只取走适合自己工作的部分。很多基督教作家在犹太、希腊—罗马文化的修辞与哲学基础上对其加以调整，为了神学的目的进行创作，包括对宗教辩护、教牧、圣经注释等方面，有些文学体裁继承了形式，但没有继承内容，例如书信，特别是安慰信。从颂文、文本注解、短论的传统形式中诞生了基督教的混合体。像克里索斯托（John Chrysostom）在4世纪80年代末写的"对话"一样，安布罗斯（Ambrose of Milan）在《论义务》中把西塞罗（Cicero）一篇模仿斯多葛派哲学家帕奈提乌斯（Panaetius of Rhodes）的短论且同名的对话进行改编，用来阐明神职人员和教众的共同理想。此外，早期起于罗马东部的隐修运动非常倚重希腊哲学传统。这种传统的理论支撑起于亚历山大的克雷芒（Clement）和奥利金，他们二人对最早的僧侣领袖，特别是埃及的僧侣领袖，比如大安东尼（Anthony the Great）和埃瓦格里乌斯（Evagrius）都产生过巨大影响。很多修道士被认为是追求哲学生活的人，基督教僧侣文学和异教哲学文学相互影响，例如"沙漠教父语录"以及埃瓦格里乌斯的著作在格言集和修辞教育的训练中都有类似的文本。《圣安东尼传》的一部分是以《毕达哥拉斯传》为模板。隐修运动除吸收了希腊哲学成分外，受犹太教的天启文献和诺斯替文献影响的痕迹也很明显。"我们不仅在埃及僧侣资料中发现与埃及智慧传统之间的明确联系，而且也可能与埃及隐修运动中注重与世隔绝和退回坟墓隐居与更古老的精神生活模式相关。"[1] 同样地，叙利亚古代文本中对于离家修行和荒野生活也极为重视。埃及教会的创造性不仅在于隐修制度，还在于其对传统基督教文献的重新诠释，在此过程中基督教埃及化了：

> 科普特文献使得埃及基督徒把基督教看作是埃及的，是其生存图景和传说中的一部分。从历史编纂（《冈比西斯传奇》(Cambyses legend)，《亚历山大传奇》(Alexander romance)、尼基乌的约翰《编年史》(Chronicle of John of Nikiu)) 到圣经外典（《以撒和雅各的见证》(Testament of Isaac and Jacob)、《约伯的见证》(Testament of Job)；外典行传如《巴多罗买在绿洲城市传道》(The preaching of Bartholomew in the city of the oasis))，科普特文献兴盛起来，直至穆斯林征服的到来。这重新肯定了多个关键历史事件包含着重要的埃及传统，……有时候，

---

[1] Augustine Casiday and Frederick W. Norris ed., *The Cambridge History of Christianity: Constantine to C.600*, Cambridge University Press, 2007, p.640.

他们甚至把福音书中的人物纳入到埃及自身中。……这些故事都使埃及成为基督教宏大历史叙事的中心。[1]

异教信仰是基督教在传入地不得不遇到且发生对抗的首要因素，但事情的结局往往不是敌对那样简单分化，两者之间的互动似乎更应该成为人们关注的主流趋势。随着基督教被宣布为国教，这种将异教因素加以改造融合的信仰实践，无疑促进了基督教的民间化，巩固了群众的信仰根基。这个过程不但发生在罗马帝国的核心罗马城、君士坦丁堡、亚历山大，还体现于早期的野蛮部落。很明显，罗马教会律法用到异教的还愿献祭语言，从而表明某种程度上基督实现了更古老的宗教信仰。在罗马帝国，新受洗的信徒穿着白色亚麻布衣，这种服饰在毕达哥拉斯时代便已盛行，它是异教仪式纯洁的象征。罗马帝国的基督徒在赋予洗礼以宗教意义这方面，一点儿也没有创造性，以净化为目的的仪式性沐浴在库姆兰社会就有了。这些洗礼的要素被我们讨论的这个时代的基督徒保留下来并不断扩充。此外，在罗马 354 年的年鉴里，首次提到 12 月 25 日为圣诞节。这个年鉴本身是根据过去的 336 年日历记载的，它结合了基督教和罗马市民的日常生活。记载里，那天既是基督在伯利恒降生之日，也是罗马纪念太阳神的俗世节日。相对较晚的资料证明，圣诞节是后尼西亚节日，是为了反对和回应皇帝奥勒留（Aurelian）设立庆祝所向披靡的太阳的诞生日而设置的。在罗马帝国的文化中心埃及的亚历山大，祈求者甚至会把两个问题交给祭坛的侍从，一张单子作为圣徒的答复返还。来自埃及几个祭坛的神谕单子通常都是询问生意、婚姻问题、怀孕、将来的旅行、逃亡的奴隶、各种小病以及房产交易等方面的建议。早期埃及的宗教无疑形成了一种宗教共同体，在其中巫术信仰与仪式扮演着重要的角色。利西亚主教尼古拉（Nicholas）将基督教化了的献祭引入乡村教堂中，声称如此献祭

1　Augustine Casiday and Frederick W. Norris ed., *The Cambridge History of Christianity: Constantine to C.600*, Cambridge University Press, 2007, p.179.

是模仿了大卫王的。这些前基督教的仪式包括：安放卧榻、献祭动物、分发饼和酒。凯撒利亚主教巴西勒谴责去求问传神谕者、通灵人和乡村巫师的做法，自己却从事基督教的解梦。他曾经为位居元老院阶层的一位女士解梦，建议她去培养能"真正"看到上帝的眼力。教父们和拉比们都强烈谴责巫术，但他们自己也接纳了巫术思想与仪式的诸多原则。"在巴勒斯坦和巴比伦的犹太人中间，也在拉比中间，巫术广为流行。巫术力量是圣徒魅力的一部分，在沙漠隐修士中也是这样。从埃及、经由巴勒斯坦到巴比伦，咒语、符言、酒杯和纸草都表明了巫术主题与仪式的广泛存在。"[1]

蛮族基督教化过程中的本土宗教影响更加显著。哥特的基督教始于257年哥特族侵略罗马的卡帕多西亚期间绑架的一个基督徒团体。后来他们的信仰逐步与哥特环境和风俗融合，形成了哥特化的基督教，一度影响了欧洲和北非的信仰格局。教宗格里高列（Gregory）曾向英格兰国王请求压制异教的发展并拆除异教圣地，但随后他改变了主意，建议在英格兰传教的圣奥古斯丁采取说服性，而非强迫性的方法作为正确的策略。异教寺庙被改建为教堂，异教的祭献节日改为纪念圣徒与殉道者的节日。新近发现古代晚期米索不达米亚的、写有阿拉姆语的巫术酒杯显著表明，这是基督徒、犹太人、拜火教徒和摩尼教徒的共同做法。

宗教融合、文化借鉴是基督教化的必要部分，而非其副产品。最终，对希腊修辞学和文学形式的借鉴以及对建筑、礼拜仪式、艺术的吸收吸引了上层权贵阶级的注目，这些人通常是根据他们自己的文化来判断新兴宗教的。他们试图从哲学上来论证基督教主张的合法性，这种尝试就把基督教的会话放置在了另一种主流文化当中。同时对于异教和传统文化的吸收及改造，让这种对比变得更加亲切自然。"上有所好，下必甚焉"，权贵们如此，帝国的百姓们也就更无二心了。文化上的融合在我们所讨论的这个时期的结尾已经是不可避免、更是不可逆的，因为这是任何信仰文化得以

---

[1] Augustine Casiday and Frederick W. Norris ed., *The Cambridge History of Christianity: Constantine to C.600*, Cambridge University Press, 2007, p.169

传播、深入的前提和基础。

三 正统与"异端"博弈

接续了早期使徒的虔信与使命，三大使徒教父与早期护教士们、不友好的政治、异教进行激烈抗争，往往以生命的代价彰显信仰，这种热情延续到德尔图良，他的护教不但是对外宣称："殉道者的血是教会的种子"，还不时地清理着内部的杂音，因为他质疑"雅典与耶路撒冷有何相干？"而这种杂音或许从爱任纽（Irenaeus）就开始了，一直到潘代努和他的学生们，他们做着融合希腊哲学与基督教信仰的努力。自此拉丁路线与希腊路线已有分殊。早期神学的争执延续到我们所关注的这个时期，最典型的争执便是关于阿利乌的。他认为神的儿子是神所创造的，不可能是自有的，圣子是一个可以改变的受造者而不是神。他的主张不但获得大量异教徒的支持，还取得当时的首都尼科米底亚主教优西比乌（Eusebius）的赞同。325年的尼西亚会议便是为了解决这一争端召开的。最终反阿利乌派获得胜利，信经被大部分主教签署：

我信独一主耶稣基督，上帝的独生子，在万世以前为父所生，出于神而为神，出于光而为光，出于真神而为真神，受生而非被造，与父一体，万物都是接着他造的；

我信圣灵，赐生命的主，从父和子出来，与父子同受敬拜，同受尊荣，他曾借众先知说话。

但这一切也仅仅是会议上的胜利，如前所述，亚塔那修的命运足以说明阿利乌派仍旧有其存在的空间，甚至偶尔还能得到最高当权者的支持，圣父与圣子之间的本质到底是一致（Homoousios）还是相似（Homoiousios）的争论在此后仍旧持续了半个多世纪之久。直到381年第一次君士坦丁堡会议的召开。此次会议还解决了另外一个神学争议，涉及耶稣的"肉身问题"。老底嘉主教阿波利拿流（Apollinaris of Laodicea）认为基督的神性是完全的，但他的人性却不完全。原因是耶稣虽有人的体和魄，但耶稣的灵是神的灵，故其人性不完全。这次会议批判了阿波利拿流的主张，强调了耶稣的完全人性。那么问题随之而来，这种完全的神性与完全的人性到底是如何结合的，最大的分歧产生于亚历山大派的西里尔（Cyril of Alexandria）和安提阿派的聂斯托利（Nestorius of Constantinople）之间。亚历山大学派强调耶稣的神性，而安提阿学派强调耶稣的人性。亚历山大派早期教父奥利金谈到了"神而人"的概念，在基督里面神和人之间的相遇已经完美地发生了，基督徒必须去努力模仿这种相遇，之后卡帕多西亚教父们发展了这种思想。安提阿派则注重历史的方法来解释《圣经》，强调耶稣福音书中人的身份，他们在耶稣的典范和成就中发现了拯救的美德，道安居在耶稣基督这个人里面。聂斯托利和他安提阿的老师们一样，拒绝承认玛利亚是"生神的人，神之母"。他虽强调完全的神性与人性的合一，但却不是本质的合一，而是一种道德"结合"或"意志"融合。该主张受到西里尔的激烈抨击，狄奥多西二世在431年召开了以弗所会议力图解决这一纷争。然而西里尔在安提阿代表没到场的情况下绝罚了聂斯托利，并获得罗马的支持，狄奥多西二世屈从压力驱逐了聂斯托利。基督合一的位格在此次会议上得到重申。但神学的争论并没有就此完结，君士坦丁堡的优迪克坚持认为基督只有神性，人性与神性在联结的过程中被神性吸收。451年教宗利奥一世（Leo I）和皇帝马西安（Marcian）在卡尔西登召开主教会议，会议除毫无争议地谴责了优迪克外，还修补了尼西亚信经，就此成就了之后历代基督徒信奉的信经典范。其中提到：

> 我们的主耶稣基督为同一位圣子，神性完全，人性亦完全；是真正的神，也是真正的人，……具有两性，不相混乱，不相改变，不能分开，不能离散；二性的区别不因合一而消失，各性的特点反而得以保存，会合于一个位格。

综观上述神学争论，我们大致可以总结出基督教神学思想在早期发展史中的两条基本路径，在神学教义本身，他们坚守一种强调上帝与基督合一所体现出来的绝对超越的救赎观，哪怕耶稣拥有完全的人性，但这种人性亦是与同一位格中的完全的神性结合起来进行讨论的，独立的人性在严格的神性意义上没有任何主观能动性而言。这也是诺斯替主义影响下的基督教神学派别屡屡被打成异端的根本原因，无论是早期的马西昂主义、瓦伦廷主义，还是后来的阿利乌派均难逃此命运。在诺斯替主义的影响下，基督很有可能被加以两分，一个是精神基督；另一个是物质基督的受难躯体，即"肉体"。对此，聂斯托利派也经常因为类似的两分而受到诘难。但对于完全人性的任何质疑或否定也是正统教义所不能认可的，因为如此救赎论也就无法立足，作为一位单独的完全的神来受难很难获得罪人的共鸣。这种神学思路影响到了以后整个教会历史的发展。

值得注意的是，教义思想的讨论与成型有必然，也有偶然，但在坚守信仰的立场、原则上，教会发展的主流却倾向于一种妥协，这却是必然的，这也是本文题为"不为阳春白雪，转曰下里巴人"的真正所指。这点在早期教父时期便已见端倪。公元250年，教会面临最猛烈的迫害，曾经的将军德修（Decius，249-251）当上皇帝，很多基督徒被处死或投入监狱，背教者在有的地区甚至超过四分之三。如何对待这些叛教者，迦太基的主教西普里安（Cyprian）必须做出抉择，他提出"教会之外无拯救"的论断，但这些背教者如何重新进入教会，西普里安提出按照罪过的程度不同制定不同的补赎方案。这一宽容方案遭到罗马的神学家诺瓦提安（Novatianus）的坚决反对，但却受到罗马的长老科尼利厄斯（Cornelius）以及大部分信徒的拥护，他们认为教会是为罪人而非圣徒设立的学校。与此类似，主教梅莱提乌斯（Meletius）号召对那些将教会资料泄露给罗马部队或者在遭受戴克里先逼迫期间向众神献祭者加入教会制定更严格的政策，他任命他的一群追随者为主教以保持教会"无玷污"。时任亚历山大主教的彼得（Peter of Alexandria）随后将梅莱提乌斯以及他任命的新主教们驱逐出教会。这一教派分裂与多纳图派分裂十分相似。这一分裂由311年凯奇良努（Caecilian）被选为迦太基的新主教引发，很多信徒认为他是一个上交者（*traditor*），即在戴克里先迫害期间上交了宗教文献和圣礼用器的人，他所祝圣的神职人员都将影响教会的纯洁性。他们选举多纳图（Donatus）为迦太基的新主教，而多纳图很快赢得了迦太基和努米迪亚的异议信众的支持。然而，罗马主教米太亚得（Miltiades）支持凯奇良努（313），多纳图受到谴责，当权者甚至流放了多纳图派主教，充公其财产。

异端虽然从教会内部来说往往是以标签化的处理方式进行的，比如将一种异端与古代的异教思想或哲学联系起来加以妖魔化，但正如奥古斯丁所说，把任何可疑立场都视为"异端"在教牧上是危险的。这也是他虽批判多纳图派，但拒绝将其视为异端的原因。往往对于异端和异见的不宽容性来自于当权者，他们从政治的稳定着眼，有时比主教们更积极地参与到异端的审判中。"一旦君士坦丁承认基督教的神是对帝国幸福负责的众神之一，他就有责任利用自己权力让这个神以恰当的方式得到它应得的东西。因此，出现了君士坦丁认可的一种高压形式：不是镇压异教徒，而是镇压离经叛道的基督徒、异端分子、臭名昭著的'穿着羊皮的狼'。"而教会内别有用心地觊觎权势的人往往与罗马当权者沆瀣一气，打击异己。

> 要实现教会的统一和教义的清晰，就要对之进行辩护。由此，不断对谬误进行分门别类反映了神学传统的活力，也反映了帝国晚期的罗马生活与思想的普遍法典化。……在这里，异端领袖被视为危险的或反叛性的个人主义的代表，而个人主义不仅威胁着公共的、由主教掌管的正统教义，也威胁着父权制社会自身的各个结构。[1]

---

1 Augustine Casiday and Frederick W. Norris ed., *The Cambridge History of Christianity: Constantine to C.600*, Cambridge University Press, 2007, p.298.

四 信仰与经济互益

起初教会沉浸在获得合法权益的喜悦中，君士坦丁不但承认了基督教在罗马主流社会中的地位，还赐予土地与资财。在罗马，他赠予教堂的土地遍布全国，每年租金超过 400 磅黄金，他用银器、金吊灯和斑岩石柱把教堂内部装饰得金碧辉煌。皇帝一旦如此行为，就不再只是个案，一种社会风气油然而生。部分皇室成员在此之前就有着隐匿的信徒身份，如今可更加公开地将自己的虔诚以他们自己所最擅长的优势奉献给教会。他们手头拥有的除权势外，还有财富、土地。狄奥多莱告诉我们尼西亚会议之后，君士坦丁指示省级政府官员，"指明供养资金应该派发到每个城市的守贞女和寡妇手中，派发到那些把自己奉献给神的事业的人"（《教会史》1.10）。还有权贵家族的奉献，包括主教本人在内的一些私人捐助者同样慷慨。尼撒的格里高列把自己大多数财产留给家族在卡帕多西亚家乡的教堂；女继承人小梅拉尼娅（Melania the Younger）把大片土地捐给北非的塔伽斯特。通过遗赠和礼物，教堂不断获得财产。到了 6 世纪，一些大教区年收入已经相当可观，其中很多由主教自由支配。有史料记载，在阿纳斯塔西城这个加拉太地区的小城市，主教的年收入为五磅金子。他的收入超过语法学家、修辞学家和医生的工资，与省都督的工资持平。个人和家庭的馈赠一方面出于宗教信仰虔诚；另一方面也与帝国对于宗教特权的推崇有关，这体现在社会地位、税收等多个方面。当这些土地所有者管理其土地时，经常难以区分他们是作为教士、还是作为土地所有者在行事。7 世纪早期，创建修道院可以成为确立永久精英地位的一种捷径。一旦建立了修道院，土地就成为教会土地，从而不受皇家干预。到了我们所论述的这个时代晚期，有声望的信徒已经成为拥有法人地位的个体，可以接受经济和其他捐赠，可以合法地拥有自己的教堂、土地财产。

自 370 年起直至 5 世纪末期是罗马基督教募捐（euergetism）的

黄金时期,这得益于贵族阶级基督徒的慷慨捐赠已取代了来自帝国的资助。此时期建立的礼拜堂中不但拥有宗教仪式所用的器皿[例如:祭服(vestments)和敬拜时所用的器皿],更重要的是还得到了在罗马境内及周围地区、意大利、西西里岛甚至远至北非和伊里利库姆地区的土地所有权。在5、6世纪教会管理的艰难时期,这些成为罗马教会私有财产(patrimonium)的开端。礼拜堂里的资金用以支付诸多建筑物的维修费用,并作为神职人员的薪金。在达马苏斯任职期间,异教贵族成员嘲讽道,圣职是诱人的职业选择。[1]

起初主教们对此亦乐见其成,他们不断强化此方面的神学教导。克里索斯托在他的讲道词中始终强调施舍的义务。但问题很快凸显,经过长时期的发展,教徒们忘记了一个世纪以前加诸在其身上的迫害,更对于"以血作为教会发展种子"的境遇无所体会。他们远远不满足于自己所拥有的合法身份,他们还要借着自己的信仰占有财富、土地,并将其尽可能转化为话语权。在非洲,主教实际上成为拜占庭市镇主要的世俗官员。奥古斯丁曾批判多纳图派主教克里斯庞努斯从皇帝那里租赁大片土地,不但就此增加教会财产,还增加该派信众的数量。考古学证据表明,从6世纪末开始,教堂与商品生产之间的关联变得更加紧密。很多教堂拥有橄榄油压榨作坊或从事手工业生产。一些教会中的有识之士开始提请教会注意到这些不良的倾向,在北非一些主教会议所制定的法令中乃至《狄奥多西法典》中,教士被要求远离房产管理或代理,并严禁过度参加市场经营行为。帝国亦对此有所警觉,从4世纪70年代起,几项帝国法令都想要限制僧侣运动。有些法令直接针对那些被批评是为了获得财富而为富人服务的修道士。

---

[1] Augustine Casiday and Frederick W. Norris ed., *The Cambridge History of Christianity: Constantine to C.600*, Cambridge University Press,2007, p.25.

五　社会认同与政治抗衡

教会所获得的政治认同、地位提升以及日益壮大的经济实力，让这个群体的社会认同度显著提升。基督教教会法规规定他们须关照贫穷人以及在发生饥荒时期发放粮食。苦修价值观也促使慈善组织的成立，主教的驻地往往成为主要场所。当教会拿出部分资财倾注于公共建设或弱势人群的救济时，其社会影响力逐步扩大，甚至一度成为穷人们得以依靠的物质和精神中心。很多主教因为为穷人提供帮助而声名鹊起，他们建立或管理救济院和医院，分派现金和食物。巴西勒在他家族的土地上修建了一座修道院、一座教堂以及一座救济院。起初这座救济院作为朝圣者的休憩站，为他们提供住所、食物，并为处于困境的人们预备所需的医疗救助。在3世纪70年代此地发生的一次大规模严重的饥荒中，这座救济院成为医院。诺拉主教保利努斯（Paulinus of Nola）临终时仍记得要捐赠衣物给穷人。5世纪初，加沙主教波菲利（Porphyry of Gaza）为所有穷人，无论公民还是陌生人维持日常生活提供帮助。贝南蒂乌斯·福图内特斯（Venantius Fortunatus）对主教科洛捏的卡伦提乌斯（Carentius of Cologne）的赞辞为："你是穷苦人的食物。"亚历山大教会登记册记载有7500名接受过慈善帮助的人。在高卢，教会也保留有从教堂得到过帮助的穷人的记录。基督教的这种救济工作非常成功，乃至当时的非基督徒也深受感动。4世纪中期，当皇帝尤里安试图恢复罗马传统宗教的信仰时，就曾建议异教的神职要效仿基督徒为陌生人建立临时收容所，他来提供粮食和酒。

随着教会政治地位、经济实力及社会声誉的与日俱增，主教们的特权日益膨胀，主教除被授予包括在教堂里释放奴隶，审断基督徒与非基督徒的纠纷这样的权利外，自主教达玛苏斯（Damasus of Rome）起，罗马的主教甚至拥有了免于城市掌管司法管辖的权利。异教徒元老普莱特克斯塔图斯（Vettius Agorius Praetextatus）就嘲讽罗马主教达玛苏斯说:"让我当罗马主教,我就立即成为基督徒。"在4世纪晚期之前,罗马主教职位的拥有者就具有了如此声望,以至于历史学家马色林努(Marcellinus)评论说,赢得这一职位的人"肯定会因为贵族妇女的馈赠而变得富有,出行乘坐舒适的车子,穿着光彩华丽,享受的丰盛筵席堪比君王"。[1] 随着教会势力的膨胀,政教间的和谐关系尤其是西部教会与罗马皇帝之间的合作关系偶尔也会受到一些挑战。这与帝国首都东迁、西部政治真空的现实局面不无关系。与政治抗衡最典型案例发生在安布罗斯身上,他曾经作为米兰的执政官,后来被祝圣成为主教。他在教会中的地位堪比世俗地位,甚至有过之无不及。他因迫使皇帝狄奥多西为在390年帖撒罗尼迦对平民的屠杀做公开的忏悔而享誉一时。在与米兰的阿利乌团体的冲突以及双方争夺主要教堂使用权的斗争中,安布罗斯也是力克皇室成员,占得上风。由于这些冲突,狄奥多西与米兰的安布罗斯矛盾重重,但即便如此,皇帝最后也不得不承认主教的至高权力。如安布罗斯回忆皇帝临终时的情景说:"他用尽最后一口气,要求见我。"这可视为主教权利逐渐从政治掌控中脱颖而出的重要标志。

到了5世纪后期,教会的权利甚至影响到了帝国的政治和军事。西罗马主教利奥甚至担负起了帝王宫廷才应该承担的政治任务,他与哥特人、匈人、汪达尔人进行了多次谈判,让罗马免遭屠戮之祸。至此,西罗马的主教们开始按照自己的思路来建构新的社会秩序,欧洲的中世纪真正来临了。

六 结语

梳理完这段基督教史,我们将视线移回我开始提出的命题,即教会的"上帝意识"与教会在世俗社会的实践两者的互动关系。很明显在上述

---

[1] Augustine Casiday and Frederick W. Norris ed., *The Cambridge History of Christianity: Constantine to C.600*, Cambridge University Press, p.216.

梳理过程中，我们发现两条不一样的线索：一个关涉教会在世俗社会中的处境化路线；另一个关涉教会的教义神学发展路线。教会在世俗社会中受到政治的护佑、支持，乃至后来甚至一度出现与政治抗衡的倾向；在文化上也出现对话、融合、成全的发展样态；在经济上逐渐积累壮大的财富乃至借此开展的众多公益慈善事业，扩大了其社会影响力，教会最终在世俗社会中不但站稳脚跟，而且深刻影响其日后的发展格局及秩序。如果说大公教会时期教会面临的最大挑战是面对异教和政权的迫害来证明自身信仰的优越性及合法身份，那么这里所谈论的罗马帝国时期基督教会面临的最大的挑战则来自于作为一种不但合法而且处于优势地位的信仰形态如何与政治、文化、社会之间加以互动、协调。在此过程中，政治形势、文化样态、经济因素参与到教会的形成发展中，皇权的干涉、文化诠释乃至个人好恶均对教会发展形态产生或多或少的影响，教会如同个体必须作为社会网络中的一分子一样，它在社会发展过程中亦非独立个体，不像基督徒们所宣称的"教会作为基督的身体"那样简单。教会必须是社会网络中的教会，是由"罪人"构成的团体，这决定了罗马帝国时期的教会总是寻找一条中间的妥协路线，以期生存与发展，科尼利厄斯对诺瓦提安的表面胜利充分说明了这一点，之后北非梅莱派、多纳图派的命运更是一个有力的脚注。强硬的信仰实践立场是无法让当权者满意的，是不符合人类本性的软弱的，更无法让教会在世俗社会中稳定发展、获取权益，这便是基督教会所拥有的"原罪"。

　　教会在世俗社会中的发展如同社会中的个体一样是有软弱性的，同样是自己无法救赎自己的，他们将一切赋予上帝，赋予基督，基督是全能的、超越的神，他具有救赎一切的大能；基督又是完全的人，所以他的受难能够实现对人类完全救赎的内涵。两个条件整合于一处，缺一不可。历次大公会议所最终形成的尼西亚—卡尔西登信经便以此为核心。这是教会在教义神学方面与在世俗社会中完全不同的发展倾向。从逻辑上说，正因为教会的这种有限性，其教义神学才反其道行之，往往在信仰立场上否定在救赎过程中独立人性的重要作用，乃至最大可能将救赎的主动权归于上帝、基督。上帝的预定、恩典理论愈发较人的自由意志占据上风，德尔图良、奥古斯丁一系的拉丁教父思想在教会中广为流行的根本原因或也在于此。与此对照，对于人类自由意志的不恰当强调以及对于基督人神两性的区分，往往成为教会历史上异端思想的重要来源，但却成为人文主义的重要思想源泉，早期拉丁教父与希腊教父的分殊大致也在这个地方。

  跳出教会本身及其社会属性研究的视野，如果我们将基督教信仰理解为一种意识形态，本文所考察的内容亦印证了马克思主义经典作家关于社会存在与社会意识辩证关系的理论，不是人们的意识决定社会的存在，相反，是人们的社会存在决定人们的意识。那些法律的、政治的、宗教的、艺术的或哲学的形态必须从物质生活的矛盾中，从社会生产力和生产关系之间的现存冲突中去解释。[1] 同时，我们不能否认在历史中起作用的各种意识形态有其独立的历史发展脉络，不能把原因和结果非辩证地看作僵硬对立的两极，完全忘记了相互作用。"一种历史因素一旦被其他的、归根到底是经济的原因造成了，它也就起作用，就能够对它的环境，甚至对产生它的原因发生反作用。"[2] 我们在探讨基督教发展史时，应该将其置于整个罗马社会政治、经济、文化发展的大背景中进行历史辩证的理解，同时也应该看到基督教信仰作为意识形态的一部分对于当时及日后罗马帝国的发展所产生的深远影响。

---

[1] 《马克思恩格斯全集》（第31卷），人民出版社1998年版，第412-413页。
[2] [德]恩格斯:《恩格斯致弗兰茨·梅林》（1893年7月14日），载《马克思恩格斯文集》（第10卷），人民出版社2009年版，第659页。

扩展阅读

[美]奥尔森:《基督教神学思想史》,吴瑞诚、徐成德译,北京大学出版社2003年版。

[美]布鲁斯·L.雪莱:《基督教会史》,刘平译,上海人民出版社2012年版。

林荣洪:《基督教神学发展史》,译林出版社2013年版。

王美秀、段琦等:《基督教史》,江苏人民出版社2006年版。

[美]威利斯顿·沃尔克:《基督教会史》,孙善玲等译,中国社会科学出版社1991年版。

Augustine Casiday and Frederick W. Norris ed., *The Cambridge History of Christianity: Constantine to C.600*, Cambridge University Press, 2007.

第4讲

主讲人　刘国鹏

从教会法角度试析罗马教廷的古今之变

罗马教廷在拉丁文和英文中分别被表述为 *Romana Curia* 和 Roman Curia，简称"教廷"，为普世天主教会的中央行政机构，系罗马教宗为履行其对于整个天主教会至高无上、完整和直接的权力而设立的辅助机构。后者以教宗的名义和权力，为促进整个天主教会的发展和服务于神圣牧职而履行其职责。*

一　罗马教廷的教会法地位及功能

"罗马教廷"和"圣座"（意大利文：Santa Sede；英文：Holy See）是一对既相互联系，又彼此有别的概念，为了深入理解罗马教廷的内涵和外延，有必要首先对二者的关系进行一番考察。

首先，一般而言，"圣座"有广义与狭义之分。狭义的圣座仅指教宗；而广义的圣座则指教宗与罗马教廷，但值得注意的是，教宗不需要与罗马教廷关联在一起才能自称圣座，但罗马教廷则不可脱离教宗，单独自称圣座。

---

* 本文部分内容曾以《罗马教廷的教会法地位、历史演变及当今变革》为题发表于《世界宗教文化》2017年第1期。

其次，罗马教廷在以圣座的名义对全球天主教会施行治理和管理时，其发挥作用的方式乃是教宗的代权机构，而非以其本权履行上述功能。

最后，圣座具有国际主权，享有国际法人主体地位，因此可与他国开展外交往来；而罗马教廷作为普世天主教会的中枢机构，并不具有国际主权，因此，当罗马教廷国务院下属的各国事务部与他国进行外交往来，诸如互派外交使节时，乃是以圣座的名义，而非以罗马教廷的名义。

明白了罗马教廷和圣座之间的概念区分，我们再来深入了解一下《天主教法典》及"梵二"大公会议文献中有关罗马教廷法律地位及功能的定性和描述。罗马教廷"是教宗通常用以处理普世教会事务者，即以教宗名义和权力任职，促进全教会的利益并为之服务，它包含国务院或教宗事务院，教会公共事务委员会、圣部、法庭以及其他机构，其组织和权限皆由个别法律规定之"[1]。

如果说，《天主教法典》中有关罗马教廷的规定尚嫌简略的话，那么，"梵二"大公会议文献——《主教在教会内牧灵职务法令》(*Decretum De Pastorali Episcoporum Munere In Ecclesia Christus Dominus*, CD)中，则有更加明确的定位：

> 9 罗马教宗利用罗马教廷各圣部对整个教会，执行最高、完整和直接的权力，各圣部以教宗之名义及权力尽其职务，为谋教会的益处，并为主教们效劳。
>
> 然而神圣大公会议的教长，希望那些曾为罗马教宗及教区主教有过伟大贡献的圣部，应加以新的部署，使与时代、地区及礼仪结合，特别关于圣部的数目、名称、职权、处理事务的方式及彼此间工作的配合，均应重新调整。大公会议教长们亦希望顾及主教之本有牧灵职务，而详细规定教宗使节之职务。
>
> 10 此外，圣部既为整个教会的利益而设立，希望其部员、职员

---

[1] 参见《天主教法典》(拉丁文－中文版)，1985年，第175页。

及顾问，与罗马教宗的使节，在可能范围内，由教会各地选择，务使教会中枢之部门及机构，实际上有普遍性，并希望在圣部之部员中，亦有几位主教，尤其教区主教，他们更能向教宗报告整个教会之意见、期望与需要。

最后，大公会议之教长，以为圣部如能多听德学经验兼优的教友之意见，也非常有益，使他们对教会事务，亦参加适合自己的一份。[1]

结合《天主教法典》与"梵二"大公会议文献，不难看出，罗马教廷作为教宗行使普世训导权的辅助机构和普世天主教会的中央机构，其功能和定位大致包括如下几个方面：

1. 一方面，罗马教廷的国务院、圣部及其他所属机构，以教宗之名义及权力，协助其处理普世教会事务，而非以罗马教廷自身固有的权威，自行处理普世教会事务；另一方面，它又被要求谋求整个天主教会的益处，并为主教们效力和服务。

2. 各圣部的组织架构应该与时俱进，因形势、环境之变化，及时做出因应和调整。教宗使节（含教廷大使、宗座代表）的选派，要考虑到地方主教的牧灵需要。

3. 罗马教廷以及教宗使节的人选、任命，要面向整个普世教会进行选择，使其具有普遍性。

4. 在罗马教廷的人事任命中，要适当保留一定的位置给地方教会的教区主教，以便他们能向教宗汇报地方教会的具体情况与诉求。

5. 鉴于"梵二"大公会议对于平信徒的重视，在罗马教廷中，也要适当听取德性和学养兼优的平信徒的意见，并使得他们能够参与到教廷的具体事务当中。

---

1 参见《天主教梵蒂冈第二届大公会议文献》，天主教上海教区光启社，河北信德社，2012年5月，第240-241页。

二　罗马教廷的历史演变

今天的罗马教廷作为普世天主教会的中央管理机构，功能完备，组织严密，分工明确，人员众多，作为圣座的必要的组成部分以及教宗的代权机构，代行着教宗在管理普世天主教会时所享有的全权。但是，就其作为一个历史产物而言，罗马教廷并非一开始就具有如此复杂、完备的形态，而是历经近 2000 年的时间，逐步形成今天的规模的。

（一）罗马教廷的起源与草创：教会初期至中世纪之前

在教会发展初期，教会并未形成一个统一的整体，虽然罗马主教的首席作用已经日渐凸显出来，但各地方教会基本上处于自治状态。罗马教廷的出现，首先与罗马主教所牧职的罗马教区自身的行政管理机构有关。从无到有，由小到大，从萌芽到发展，逐渐形成一整套富有教会特色的管理制度及机构，并在很大程度上得到其他地方教会的效仿。

罗马教区的行政管理萌芽，可以说由三个要素构成：七执事制的设立、公证员制度和保护人团体。

在初教会时期，罗马教会被划分为七个管理区域，并在每个地区各设立了一位执事（*diacoia*）[1]，以便进行管理。这一做法大约始于罗马主教法比亚努斯（*Fabianus*，236-250 年任罗马主教）时期。这些地区性的执事职位的设立可视为教会管理机构的雏形。罗马教会设立七个执事职位的做法，据说最早可追溯至宗徒时代的耶路撒冷教会，而《使徒行传》（或译《宗徒大事录》）6:1-6、8:1，均提及这一情形[2]。

与此同时，罗马教会中也设立公证员（notaio）以处理基督徒中的殉

---

[1] José Orlandis, *Le istituzioni della Chiesa cattolica. Storia, diritto, attualita*, dell' editore San Paolo Edizioni, Cinisello Balsamo (Milano), 2005, p.44

[2] 参见毕尔麦尔（Bihlmeyer）等编著《古代教会史》，雷立柏（L. Leeb）译，宗教文化出版社 2009 年版，第 65—66、69 页。

道事件。从 5 世纪开始，公证员开始形成一合作团体（*collegium*），其负责人称为首席公证员（*primicerius notariorum*）。

早期罗马教会官僚机构的另一核心，乃是所谓的"保护人团体"（*collegio dei difensori*），他们由平信徒出身的官员组成，其角色乃处理司法问题并担任教宗分派的职务。

除上述三个要素或三种行政管理职务的设立之外，从 4 世纪上半叶开始，罗马教会还出现了一种专门负责管理教会财产的机构。在此基础上，教宗格拉西乌斯一世（*Gelasius I*, 492-496）对罗马教会的收入按四分法进行分配，第一部分归主教所有，第二部分属于司铎，第三部分分给穷人，第四部分用于满足教会自身需要。受其影响，这一分配原则同时也在很多其他教会当中得以施行。

在早期教会当中，罗马教会还收到来自众多地方教会的重要捐赠，这些捐赠被称为"圣彼得（伯多禄）的遗产"（Patrimonio di San Pietro），并成为圣座世俗财产的基础。教宗大格列高利（大额我略）（*Gregorius Magnus*, 590-604）重组了早期宗座官僚机构，创设了新的办事机构，其主要目的在于处理教会的经济活动，它们被称为出纳员和会计（*arcarius et sacellarium*），负责教会的开支与花销。

（二）第二阶段：中世纪时期的罗马教廷

9 世纪时期，罗马教会内部出现了一新生事物——"拉特朗宫"（Palazzo Laternense），这一名称包含两个意思：其一，该宫殿为教宗的办公地点，毗邻罗马主教座堂——拉特朗大教堂；其二，为教会政府中协助教宗处理教会事务的高级官员和普通官员的统称。在后者当中值得注意的是，其中所谓的"拉特朗宫法院"（*iudices palatini*），其公证员团体负责为教宗起草文件，其最高负责人被称为首席公证员，其助理和代理被称为第二公证员（*secundicerius*）。上述头衔逐渐被文书和副文书（*cancelliere e vice cancelliere*）所代替。

此外，拉特朗宫还设立了档案馆，其负责人被称为档案员（*protoscrini-*

arius），该档案馆负责起草教宗敕书（rescritti），即对圣座收到的来自各方面的请求和咨询进行回复。

在中世纪早期，还成立了特别的教宗金融机构，最初，它被称作"金库"（*fiscus*），该名称来自古罗马行政机构中一度存在的"凯撒的金库"（*fiscus Caesaris*）这一古老说法。然而，到了11世纪初期，"金库"更名为"财务室"（*camera*），其最高负责人称为"出纳员"（*arcarius*），各类花销则归文书（*cancellarius*）负责，而对捐款捐赠事务进行管理的则是"宣告员"（*nomenculator*）。

随着时间的推移，宗座管理机构的发展，使得宗座官员的职业化问题被提上日程，于是，便出现了专门培训此类官员和办事人员的相关学校，授课地点设在"演奏学校"（*schola cantorum*）和教宗的私人宅邸——教宗起居室（*cubiculum*）。预备进入罗马教会中央行政机构服务的人员，一般被称作教宗官服务生（*cubicularii*），他们当中既有平信徒，也有僧侣，端赖其未来从事的职责而定。[1]

到11世纪下半期，尤其是教宗格里高利七世（Gregorio Ⅶ，1073-1085）执政时期，教会的中央集权化达到前所未有的程度。教宗格里高利七世在教宗首席权、教会和世俗国家地位方面的最主要观点是：将教宗首席权推到史无前例的高度，坚持在教宗控制下创建基督教共和国，按照这一理念，教会和国家平等的观念被取消，属灵权力被明确宣称高于世俗权力。[2] 教宗格里高利七世由此成为中世纪教会改革最声名卓著的捍卫者。

随着教会地位的显著提升和中央集权化的持续加强，教会的中央行政机构——罗马教廷也由此确立了其具有中世纪的基督教特点，三种主要的机构由此建立起来：枢机会议（concistoro）、宗座办公室（uffici）和教会法庭（tribunali）。

---

[1] 以上从初教会到中世纪教廷的发展演变过程，详见 José Orlandis, *Le istituzioni della Chiesa cattolica. Storia, diritto, attualita*, Edizioni San Paolo, 2005, pp.44-46.

[2] [美]布鲁斯·雪莱（Bruce Shelley）:《基督教会史》，刘平译，北京大学出版社2004年版，第199-201页。

1. 枢机会议

格里高利时期教会的高度中央集权化造成了教会政府系统的日益复杂化。旧有的拉特朗宫开始逐步向罗马教廷过渡，后者在 12 世纪得到迅速发展。来自欧洲各基督教国家的日益增多的问题，使得教会中央政府的组织化在技术层面上保持了同步的复杂化，这些问题多涉及税收、俸禄、诉讼案件等。

枢机会议是教宗对教会进行管理的最为直接、最经常的舞台，并由其亲自担任主持。枢机会议分为两种形式：隆重的公共性枢机会议（concistori pubblici solenni）和非公开的枢密会议（concistori segreti）。前者参加的成员除了枢机主教，还包括其他级别的教士以及平信徒；而后者仅限于枢机主教。

枢机会议负责对教会内的重大事务进行商议，并协助教宗管理教会的中央行政机构，其功能属于咨询性质。教宗则针对所要处理的议题确定会议日程。

枢机会议替代了传统的主教会议，或者说古代教会晚期和中世纪早期的罗马教区会议。在中世纪基督教会的力量达到顶峰时期，即从 13 世纪到宗教改革之初，枢机会议成为教会内部最为重要的机构。到了近代，枢机会议失去了其作为教会政府机构的重要性，但并没有因此而全然消失，在很长一段时间内，其实际的功能下降为一种礼仪性角色。其原因在于随后所发生的一系列教廷改革，导致其功能被形形色色的圣部（congregazioni）所代替，教会内数量繁多的问题改由各圣部负责人和教宗直接商议。到了教宗若望·保禄二世牧职时期，为了强调教会的集体性原则，促成了一项最为重要的改革，即世界主教会议（il sinodo dei vescovi）的成立，这一制度的建立，赋予了传统的枢机会议以新的活力。[1]

2. 宗座办公室

中世纪时期，罗马教会出现了三个重要的宗座办公室，尽管在随后

---

[1] José Orlandis, *Le istituzioni della Chiesa cattolica. Storia, diritto, attualitą*, Edizioni San Paolo, 2005, pp.47-48.

的历史中其角色和功能迭经变化，但却一直延续到 20 世纪，直到 20 世纪下半叶，由于教廷内部的一系列改革，上述三个重要办公室才最终消失。它们分别是：文书院（la Cancelleria）、宗座财产管理局（la Camera aposotlica）和薪俸管理处（la Dataria）。

（1）文书院

文书院出现于 11 世纪初，其负责人为文书（Cancelliere），位居由宗座公证员、文书和图书馆员所组成的庞大班子之首。到了 12 世纪末，文书一职保留于教宗名下，而之前的文书则改任副文书。文书院的权限在罗马教宗的"阿维农之囚"时期（1305-1377）到达顶点，并且具有了某种真正意义上的"宫廷风格"。

从 15 世纪开始，随着其功能逐渐分流到其他的宗座办公室，文书院的地位开始衰落，但并未因此而遭到裁撤。并继续负责起草、发布教廷最具权威性的官方文件，如枢机主教的任命、枢机会议俸禄的安排，宣福和封圣法令等。

在保禄六世 1968 年 8 月 15 日发布宪谕《普世教会治理》(*Regimini Ecclesiae Universae*) 进行教会改革之前，文书院的最高负责人仍然以副文书的头衔履行其职务。1973 年，文书院被裁撤，其功能由国务院（Segreteria di Stato）取而代之。[1]

（2）宗座财产管理局

在中世纪晚期，宗座财产管理局扮演着至关重要的角色，那时，它负责管理圣座的财产和对外借贷事务。教宗国的管理工作，以及教宗造币厂也在其职能范围内。其负责人称为总务枢机（il cardinale camerlengo），麾下可供调遣的人员众多，并拥有自身的专属法院。到了近代，由于负责教宗国行政管理工作的各种小的圣部的成立，宗座财产管理局的职能被削减，但在名义上仍然保留着教会财产最高管理部门的地位。在教宗出缺时期，宗座财产管理局的作用显得尤为重要，因为，在这一特殊时期，其他

---

[1] José Orlandis, *Le istituzioni della Chiesa cattolica. Storia, diritto, attualità*, Edizioni San Paolo, 2005, pp.48-49.

各个部门皆无法正常运转,而罗马圣座的财产管理工作便落到了总务枢机的头上。

1870年,当教宗国随着意大利统一进程的势如破竹而最终灰飞烟灭之时,宗座财产管理局的历史使命也随之寿终正寝。其职能被其他的教廷机构所接管,其中包括老的宗教事务银行(Istituto per le opera di religione),即今天圣座经济事务公署(Prefettura per gli affairi economici della Santa Sede)的前身,以及1967年由教宗保禄六世宣布成立的宗座遗产管理处(Amministrazione del Patrimonio della Sede Apostolica, APSA),前者由一枢机委员会集体管理;后者由某一枢机长官全权负责。教宗若望·保禄二世时期,圣座每年向外界公布其财政预算开始成为一种新的惯例。

现如今,山穷水尽的宗座财产管理局仅限于总务枢机一人的角色,其职责在于教宗出缺时,负责证实教宗的去世并向外界宣告这一消息,负责接管宗徒官(Palazzo Apostolico),了解圣座的全部经济状况并负责即将召开的选举教宗的枢密会议(Concalve)的准备工作。[1]

(3)薪俸管理处

这一办公部门围绕着薪俸管理枢机(*cardinale datario*)的出现而特别设立。不过,这一部门的最初功能与后来的名称差异殊大。这一管理职务的限定语datario,按照字面义,同意大利语data(日期)同根,顾名思义,该枢机负责为教宗的敕令,尤其是那些施行赦免的敕令注明日期。

随着时间的推移,尤其是到了近代,在教宗本笃十四世时期(Benedetto XIV, 1740-1758),该机构负责管理除枢机会议之外的财产捐献,以及和教会外署法庭(il foro esterno),即民事法庭职权范围内的诉讼有关的特许赦免事宜。由于其和教宗的亲密关系,薪俸管理枢机由此成为罗马教廷最炙手可热的人物之一。

薪俸管理宫(il Palazzo della Dataria)毗邻16-19世纪作为教宗官邸

---

[1] José Orlandis, *Le istituzioni della Chiesa cattolica. Storia, diritto, attualitq*, Edizioni San Paolo, 2005 pp.49-50.

的奎利纳尔宫（Quirinale）[1]，两栋建筑物之间以天桥相连接。这样，每天，有一段时期则是每周数次，教宗所接见的第一个人就是薪俸管理枢机。教宗遂以此种方式开始其每天的日常工作，即施行由薪俸管理枢机所陈请的赦免。1967年，该管理处被教宗保禄六世予以正式撤销。[2]

3. 三个法院

自教宗格里高利七世对罗马教廷施行改革以来，随着教宗所接受的诉讼案件（包括一审和上诉）和良心问题日益增多，成立相关法院便显得恰如其分，下面将要论述的三个法院：圣轮法院、宗座最高法院和圣赦法院，作为罗马教廷的中央机构，今天依然在正常运转。

（1）圣轮法院（Tribunale della Rota）

圣轮法院亦称为"宗座亲审法院"（La〈Audientia Sacri Palatti〉）。

在13世纪之前，教宗通常以召集枢机会议的方式处理教会内的重大争议和分歧。然而，随着教会内诉讼案件的日益增多，教宗便委任数名"预审官"（*auditores*）[3]负责预审案件，并向教宗呈递预审报告。

到了13世纪，预审官的身份开始专门化，头衔也相对固定，在此基础上组成了预审团，并正式成立了"宗座亲审法院"。"宗座亲审法院"负责解决教会所有民事诉讼中的上诉案件。但重大诉讼和选举问题不在此列，后者通常委托一名枢机主教或一枢机委员会负责处理。

"圣轮"法院的来历，历来众说纷纭，一种说法是陪审员们听取诉讼的房间为圆形[4]；另一种说法源于陪审员的轮值方式：陪审员们除节假日外，每天集会听取预审报告，每位预审员按日期轮流提交预审报告，其余预审员在听取报告后发表各自的意见，最后的结论则成为法院的判决结果[5]。

---

1 今天为意大利共和国总统府。——作者注
2 José Orlandis, *Le istituzioni della Chiesa cattolica. Storia, diritto, attualitą*, Edizioni San Paolo, 2005 pp.50-51.
3 Auditors，1983年版《天主教法典》作"豫审官"，恐翻译之讹误。参见《天主教法典》（拉丁文－中文版），1985年，第543页。
4 http://www.canonlaw.info/personal_rotademo.htm.
5 José Orlandis, *Le istituzioni della Chiesa cattolica. Storia, diritto, attualitą*, Edizioni San Paolo, 2005, p.52.

预审员的数量增长显著，由 13 世纪末期的最初 5 名，增加到 14 世纪中期的 30 名左右。

进入当代之后，圣轮法院逐渐失去其普世意义上的重要性。1908 年，庇护十世颁布宪谕《睿智的建议》（Sapiento consilio），推行教廷改革，从而赋予了圣轮法院新的合理性。随后，在 1917 年、1983 年颁布的《天主教法典》中，均保留了圣轮法院固有的功能。现在，圣轮法院由 20 名来自不同国家、地区的陪审员组成，每次的庭审由三名成员组成，全体成员按顺序轮流值班。圣轮法院负责处理所有的婚姻诉讼，其判例具有特别重要的意义。判决定期发布于多卷本的《裁决》（Decisiones）上，后者是一部宝贵的教令大全。[1]

（2）宗座最高法院（La Segnatura apostolica）

宗座最高法院，又称"宗徒签署法院"。其出现较圣轮法院为晚，知名度也不如后者。其出现与 13 世纪中期的"审核官"（referendari）有关。到 14 世纪末，教宗西斯托四世（Sisto Ⅳ，1471–1484）组建了一支审核官队伍，教宗亚历山大六世（Alessandro Ⅵ，1492–1503）正式成立宗座最高法院。准确地说，法院分为两个部分：圣宠法院（Segnatura di grazia）和司法法院（Segnatura di giustizia）。前者由教宗领导，处理针对教宗国内任职的枢机主教所做判决的上诉问题，解决罗马教廷各圣部的职权纠纷；后者是真正意义上的最高法院（tribunale di cassazione）。

1816 年，教宗庇护七世对宗座最高法院下设的司法法院的职权进行了重新调整，使其转而处理教宗国内的世俗纠纷，并最终在 1870 年军队占领罗马时得以终结其历史使命。1908 年，庇护十世颁布宪谕《睿智的建议》（Sapiento consilio），该部遂得以恢复，但其名称和职权范围有所变更。

总体而言，宗座最高法院负责处理三个方面的诉讼和纷争：

首先，司法层面，履行教会最高法院的职权；

---

[1] José Orlandis, *Le istituzioni della Chiesa cattolica. Storia, diritto, attualita*, Edizioni San Paolo, 2005, p.52.f.

其次，在审理因教会行政权而发生的纷争方面，其效力和国务院的决议同等；

最后，同时，最高法院也扮演罗马天主教会司法部的角色，保障教会所有司法权的实施。[1]

宗座最高法院由 12 名法官组成，既有枢机，也有主教，其中设最高法官一名，为该法院之院长并施行管理之责。

（3）圣赦法院（La Penitenzieria）

圣赦法院的出现与请求教宗特许事宜的日益增多有关，12 世纪末，随着天主教会中央集权程度的日益强化，教宗开始给予某些听告罪神功的神职人员以豁免罪过和惩处的特权。不久，听告罪神功的神职人员正式成立一圣赦团体，其最高领导称为大圣赦枢机（cardinale penitenziere maggiore）。

圣赦法院对于教会的内署法庭（Foro interno）[2]，即有关良心问题享有广泛的管辖权。不过，没过多久，圣赦法院的管辖范围被收窄，开始转向有关教会财产问题的教会外署法庭（Foro esterno）。这一限制导致圣赦法院在 16 世纪经历了一次深刻的修正。教宗庇护五世（San Pius V, 1556-1572）在 1569 年颁布了宪谕《因着善》（Ut bonus），正式确定了圣赦法院一人负责制（unipersonale）的基础，即由大圣赦枢机一人负责，并重新强调之前的原则，即圣赦法院对于教会法庭外庭的判决和处理缺乏效力。

在随后的几个世纪当中，圣赦法院经常会逾越其教会法庭内庭的阈限，从而引起了多位教宗的干预，其中尤其值得一提的是教宗本笃十四世（Benedetto XIV, 1740-1758），他重新改组了圣赦法院，明确了其职权范围。该法院直接受大圣赦枢机的领导，由一名"摄政"（reggente）从旁协助。大圣赦枢机一经任命，任职终身，其权威涉及罗马城各大教堂的听告罪神功的神父和听特别告解的神父。

---

1 有关宗座最高法院的职权范围，可参见《天主教法典》（拉丁文－中文版），1985 年，第 549-550 页。
2 一译"良心内署领域"。

（三）第三阶段：近现代的罗马教廷

近现代的罗马教廷较之中世纪出现了重大的变化，其最突出的表现即各个圣部（congregazione）的出现，这一变革可以视作对马丁·路德所发动的新教改革运动的应激反应以及特利腾大公会议[1]（il Concilio di Trento, 1543-1565）的间接成果。如教宗保罗三世（Paul Ⅲ, 1534-1549）出于对信仰正统性的强调而成立的由6位枢机组成的特别机构，即日后圣职部（Sanctum Officium）的前身[2]，该机构的功能就是对新教改革时期天主教会内部的异端信仰进行调查和处理。

这一时期罗马教廷改革的主要目标，是优化教廷的效能，细分主要机构和从属机构的功能。1588年1月22日，教宗西斯托五世颁布诏书《永恒无限的》（*Immensa aeterni*）[3]，从而启动了对罗马教廷的一揽子重组，成立了6个圣部以代理教宗国（Stato Pontificio）的行政事务，8个圣部负责普世天主教会的政府管理工作，在后者当中，神圣裁判部（Congregatio pro Sancta Inquisitione）、禁书目录部（Indice）、特利腾大公会议部（Congregazione del Concilio）和主教咨议部（Consulta dei vescovi）这4个圣部早在教宗保禄三世时期就已草创，并在特利腾公会议之后得以巩固和加强，其余4个圣部为礼仪部（Congregazione dei Riti）、大学研究部（Congregazione degli Studi）、规章咨议部（Congregazione della Consulta dei regolari）和枢机议事部（Congregazione degli Affari Concistoriali）。

教宗西斯托五世成立的14个圣部在数量上存在一定争议，有学者，

---

1 特利腾公会议，一译脱里腾公会议、特兰托公会议等，此处从辅仁大学《神学词语汇编》之成译，参见《神学词语汇编》，台湾光启文化事业出版社2005年版，第1158-1159页。

2 参见毕尔麦尔（Bihlmeyer）等编著《近代教会史》，雷立柏（L. Leeb）译，宗教文化出版社2011年版，第74页。

3 这一诏书的名称似乎不够完整，有学者表述为 *Immensa aeterni Dei*（《永恒无限的天主／上帝》），参见 Niccolò del Re, *La Curia Romana, Lineamenti Storico-Giuridici*, Libreria Editrice Vaticana, Città del Vaticano 1998, p.33。

如尼克洛（Niccolò Del Re）按照教宗诏书中所列的圣部及其顺序，认为其共包括 15 个圣部：

　　a. 圣职部

　　b. 教宗署名恩典部（Congregatio pro Signatura Gratiae）

　　c. 地方教会创设及枢机议事津贴部（Congregatio pro Eretione Ecclesiarum et Provisionibus consistorialibus）

　　d. 粮食供应部（Congregatio pro ubertate Annonae Status Ecclesiastica）

　　e. 圣事礼仪部（Congregatio pro sacris ritibus et caeremoniis）

　　f. 海军部（Congregatio pro classe paranda et servanda ad Status Ecclesiastici defensionem）

　　g. 禁书目录部（Congregatio pro Indice librorum prohibitorum）

　　h. 特利腾公会议部（Congregatio pro exsecutione et interpretation Concilii Tridentini）

　　i. 教宗国薄赋部（Congregatio pro Status Ecclesiastici Gravaminibus sublevandis）

　　j. 罗马大学学习部（Congregatio pro Universitate Studii Romani）

　　k. 规章咨议部（Congregatio pro Consultationibus Regularium）

　　l. 主教及高级教士部（Congregatio pro Consultationibus Episcoporum et aliorum Praelatorum）

　　m. 道路、桥梁和供水部（Congregatio pro Viis, Pontibus et Aquis curandis）

　　n. 梵蒂冈印刷部（Congregatio pro Typographia Vaticana）

　　o. 教宗国咨议部（Congregatio pro Concultationibus negociorum Status Ecclesiastici）[1]

　　到了 17 世纪，又成立了 5 个新的圣部，分别是：主教审查部（Con-

---

[1] 参见 Niccolò del Re, *La Curia Romana, Lineamenti Storico-Giuridici*, Libreria Editrice Vaticana, Città del Vaticano 1998, pp.34-36。

gregazione per l' esame dei vescovi）、传信部（Congregazi della Propaganda Fide）、豁免部（Congregazione dell' Immunita'）、大赦部（Congregazione delle Indulgenze）和教宗国规章部（Congregazione dello Stato dei regolari）。

到了 18 世纪，上述圣部经历了重组和拆分，有些则予以取消。

在受制于教宗裁判权的教会事务管理方面，圣部具有极其重要的功能。圣部的产生促进了教会中央官僚机构的快速发展，并使得那些在各个圣部任职的高级教士的重要性有增无已，其中，最值得关注的，则是担任各个圣部部长的枢机们，不过，圣职部和枢机议事部的情况有些例外，上述两部的部长由教宗本人担任，对应于各部部长职位的枢机只能担任秘书长一职。

三 罗马教廷的当今变革

在 20 世纪，罗马教廷共经历过三次较为显著的改革，它们分别在教宗庇护十世、教宗保禄六世、教宗若望·保禄二世时期得以施行。到了 21 世纪，现任教宗方济各一上台，就着手对罗马教廷进行三新进式改革，到现在为止，改革仍处于一种尚未完结的动态过程。

其中，教宗庇护十世的改革在 1917 年颁布的《天主教法典》第 242 条得到了体现，即罗马教廷由三大部门组成：教廷各圣部、教廷法院和教廷办公室。1967 年，教宗保禄六世又在当年举行的改革中，在上述三大部门之外，增加了第四个部门：教廷国务院。1988 年，教宗若望·保禄二世在改革中重申，上述四大部门并不改变教宗庇护十世以来所确立的教廷三大职能分工：行政、司法和执法。而教宗方济各则希望借着改革，能使机构调整后的罗马教廷以更加积极、灵活、开放的姿态面对现代世界。

（一）教宗庇护十世时期的改革

庇护十世在其牧职内，或许是特利腾大公会议之后历任教宗中对天主教会内部管理机构改革最力的教宗。[1] 其对罗马教廷的改革和教会法典的修订给后人留下了醒目的印象。

1. 对部分圣部的裁撤与合并

1903年9月1日，废止了已过时的特别圣部：主教遴选部（De eligendis epicopis），该部成立于本笃十四世时期，1878年教宗列奥十三世时期曾有过调整。对于那些非传信部管辖范围的国家，或与罗马圣座未签署政教协议的国家内的主教任命问题，改由圣职部直接负责。

1906年5月26日，废止了两个较晚成立的新圣部：高级规训部（Super disciplina regulari）和会规章程部（De statu regularium），与之相关的修会成员的相关事务集中于主教与规章部（Congregation of Bishops and Regulars）。

2. 更为广泛的改革

围绕在时任文书院副文书的阿利阿尔蒂枢机（Cardinal Agliardi，1903-1908年担任文书院副文书一职）身边的一批高级神职人员对推动更广泛的教廷改革的呼声甚高，以求应对教廷所面临的极端批评，这些批评集中于教廷是否能够发挥充分的功能，并认为其已构成横亘在教宗和教会内其他主教的障碍。

1907年夏天，庇护十世任命咨议部秘书长德·莱枢机（Gaetano De Lai）出面组建一个具体负责改革的枢机委员会。德·莱枢机为此次改革的主要支持者之一。按照教宗起草的个人指导意见，此次教廷改革的主要目标如下：

> 根据形势发展的需要，废除多余的办公室和事务局，并代之以新的机构；
>
> 将行政权和司法权明确分开；
>
> 对各个圣部的权责进行清晰、理性的定位，对全体事务进行分

---

[1] Hubert Jedin(edited), *Histroy of the Church, Abridged Edition*, Volume 3: *The Church in the Modern World*, The Crossroad Publishing Company, New York, 1993, p.591.

工，以提高效率；

任命一定数量的顾问，提供建议和解决方案；

在照顾个体分工差异的同时，尽可能对教廷官员的薪水、花费提出一个标准。

1908 年 6 月 29 日[1]，教宗庇护十世发布宪谕《睿智的建议》(*Sapiento consilio*)，罗马教廷由此被划分为三个部分：11 个圣部、3 个法院和 5 个办公机构。

11 个圣部中，新成立了圣事部（Congregation of Sacraments）；原有的公会议部（Congregation of the Council）被大规模重组，当初成立时，其使命是监督特利腾公会议法令的执行与解释；重组后，其目标被调整为针对神职人员和信仰的一般规训。枢机会议部的职权范围得以进一步扩大，甚至负责对于修道院的监管工作[2]。传信部的管辖范围受到限制，仅负责那些有传教区的国家，与此同时，有关平信徒婚姻的仲裁被移交圣轮法院处理，而涉及圣事的相关问题则让渡给圣事部。

3 个法院中，圣轮法院和作为上诉法院的最高法院负责处理外署法庭诉讼，而圣赦法院则负责内署法庭事务。

5 个办公机构中，包括了宗徒文书院（Apostolic Chancery）、宗徒掌玺院（Apostolic Datary）、教廷财务院（Apostolic Camera）、宗座文告秘书处（Secretariat of Briefs），以及最为重要的教廷国务院（Secretariat of State）。

教宗庇护十世所推行的教廷改革，证明了他是一位具有革命性的教宗而非人们惯常认为的一位保守的教宗。就整体状况而言，教廷改革可以

---

[1] 在著名教会史家 Hubert Jedin 编纂的 *Histroy of the Church* 缩编本第 3 卷中，宪谕《睿智的建议》(*Sapiento consilio*) 颁布的日期为 1906 年 6 月 29 日，有误。参见 Hubert Jedin(edited), *Histroy of the Church*, Abridged Edition, Volume 3: *The Church in the Modern World*, The Crossroad Publishing Company, New York, 1993, p.593.

[2] 1915 年，教宗本笃十五世将对修院的监管工作移交给学习研究部（Congregation of Studies），由后者全权负责普世教会的神学院教育。

说收到了满意的效果，但是一些遗留问题仍无法回避，各圣部和教廷法院的管辖职权仍常常互相侵扰，如圣轮法院自称它有权处理婚姻问题，但是，其他一些圣部也一仍其旧地通过行政渠道在其他领域处理婚姻纠纷，甚至惩罚事宜。

尽管存在着上述问题和不足，甚至教宗西斯托五世所构建的教廷基本架构并没有被撼动，但是，16世纪以来，罗马教廷第一次在全然理性的原则上被重组却始自教宗庇护十世。[1]

（二）教宗保禄六世时期的改革

教宗保禄六世对罗马教廷的事务非常熟悉，因其在1922-1954年之间曾有在此工作之经历。保禄六世对教廷施行的改革并非一蹴而就，而是采取渐进方式。

在1963年9月29日，步武前教宗若望二十三世接续召开梵蒂冈第二届大公会议之前，教会内对于罗马教廷改革的呼声极为高涨。在这一呼声面前，教廷高层官员的立场因其一贯的保守而变得越来越像一个少数派，这些立场包括：对教宗首席权和一系列特权的维护，保留拉丁语和经院哲学，抵制普世主义、宗教自由以及同犹太人对话等开放主张。

对此，诸如安提阿宗主教马克西莫斯四世（Antiochia Maximos Ⅳ）等对于罗马教廷和枢机主教团的原则提出严厉的批评。1963年11月8日，力主教廷改革的德国科隆总主教弗里斯（Frings）枢机和教廷官员奥塔维亚尼（Ottaviani）枢机曾围绕教廷圣职部和其他罗马圣部的运作展开激烈的论战。[2] 由此可见，教廷的改革已如箭在弦上，不得不发。

为了实施教廷改革，保禄六世特别成立了一个枢机委员会。首批改革多少具有象征性，目标直指1542年成立的神圣裁判部或宗教裁判所

---

1 上述有关教宗庇护十世改革的内容，详参 Hubert Jedin(edited), *Histroy of the Church*, Abridged Edition, Volume 3: *The Church in the Modern World*, The Crossroad Publishing Company, New York, 1993, pp.591-595。

2 Philippe Chenaux, *Il Concilio Vaticano Ⅱ*, Carocci editore, 2012, p.125.

（Sacra Congregazione dell'Inquisizione）。1908年，宗教裁判所已更名为圣职部，在此基础上，1965年12月7日，保禄六世颁布自发敕令（*motu proprio*）《服务之整合》（*Integrae servandae*），将圣职部再度更名为信理部（Congregazione per la dottrina della fede），新成立的圣部失去了迫害异端的特性，而更侧重于对信理的促进。

除了更新名称，保禄六世还注重各圣部工作方法的改进。1966年6月14日，1559年以来由天主教会持续修订的《禁书目录》（*Indice dei libri proibiti*）被一纸通知彻底废除。

值得一提的是，围绕着"梵二"大公会议的召开，一类新的机构得以成立，如1964年5月19日成立的非基督徒秘书处（Segretariato per i non cristiani）、1965年4月7日成立的非信徒秘书处（Segretariato per i non credenti），以及1967年1月6日成立的平信徒理事会（Consiglio per i laici）和正义与和平委员会（Commissione Giustizia e Pace）。

1967年8月15日所颁布的《普世教会治理》宪章，代表着由保禄六世所推行的教廷改革迎来了高潮，该宪章颁布的目的是实现罗马教廷的现代化，以适应时代和教会自身业已发生的变化。

此次改革的基本特征可概括为：简政、分权和国际化。在一系列措施当中，最值得关注的是教廷机构的三分：办公室、法院和秘书处；地方主教在教廷任职；教廷工作人员的国际化；各机构负责人的任期为5年。

改革之后的国务院，在罗马教廷中拥有举足轻重的地位，在某种意义上，成为教宗的秘书处，负责协调各机构的全部工作。而国务秘书（Segretario id Stato）则俨然成了国务卿（un primo ministro）。而成立于1814年，相当于教廷外交部的特别教务部（Congregazione per gli affairi ecclesiastici straordinari）则成为一个自治机构——教会公共事务理事会（Consiglio per gli affair pubblici della Chiesa）。

另一项重大改革则关乎选举教宗的枢密会议（conclave），首先，年龄超过80岁的枢机主教无选举教宗的权利；其次，有权选举教宗的枢机人数被限定为120名。通过上述措施，保禄六世确立了枢机主教团所特有的权力。[1]

(三)教宗若望·保禄二世时期的改革

距教宗保禄六世全面改革罗马教廷之后 20 年，教宗若望·保禄二世再次对罗马教廷施行了大刀阔斧的改革。

1988 年 6 月 28 日，教宗若望·保禄二世发布《善牧》(*Pastor Bonus*) 宪章，对罗马教廷推行一揽子重组方案。在保留前教宗保禄六世的基本框架的前提下，改革了其中不合乎时代需要的环节，其中的具体改革内容包括：

第一，将国务院细分为两个部门，即一般事务部（Sezione degli affairi generali）和各国关系部（Sezione degli affairi generali），后者接替了之前的教会公共事务理事会；

第二，将医护工作者牧养委员会（Commissione per la Pastorale degli Operatori Sanitari）、移民牧养和观光委员会（Commissione per la Pastorale delle Migrazioni e del Turismo）、社会交流委员会（Commissione per le Comunicazioni Sociali）三个隶属于其他圣部的委员会独立出来；

第三，对现有的 12 个宗座理事会（*Pontifici Consigli*）进行整合，赋予其与各圣部平起平坐的地位；

第四，将神圣敬礼部（Congregazione per il Culto Divino）与圣事规训部（Congregazione della Disciplina dei Sacramenti）加以合并；将修会与世俗修院部（Congregazione per I Religiosi e gli Istituti Secolari）更名为献身生活会及使徒生活团部（Congregazione per gli Istituti di Vita Consacrata e le Societa' di Vita Apostolica），而修院及研究机构部则更名为天主教教育部或公教教育部（Congregazione per l' Educazione Cattolica）。

除了 1988 年的第一波改革，1993 年 3 月 25 日，教宗若望·保禄二世发布自发敕令《自履职以来》(*Inde a Pontificatus*)，将宗座文化委员会和

---

[1] Philippe Chenaux, *Il Concilio Vaticano II*, Carocci editore, pp.123-127.

非信徒对话委员会合二为一——宗座文化委员会，但将其细分为两个部门，分别是"信仰与文化处"和"文化对话处"。同时，使宗座公教艺术与历史遗产保护委员会（Pontificia Commissione per la Conservazione del Patrimonio Artistico e Storico della Chiesa）和修士部脱钩，并更名为宗座教会文化遗产委员会（Pontificia Commissione per I Beni Culturali della Chiesa）。

（四）现任教宗方济各上台以来所推行改革

2013年，现教宗方济各（Papa Francesco）上台后，对罗马教廷进行了一次全方位的改革，其目的是让作为普世天主教会最高行政和教务管理机构的罗马教廷革除旧弊，从而以新的活力更好地面对现代世界。在上台之初的2013年4月13日，教宗就宣布成立特别的枢机咨议会（Council of Cardinals / Council of Cardinal Advisers），并于当年9月8日正式成立。枢机咨议会起先由9人组成，后因人事变动缩减为7人。截止到2020年10月，枢机咨议会先后召开了34次会议，向教宗方济各建言献策，供教宗持续、渐进地以之作为罗马教廷机构改革的充分依据。教宗若望·保禄二世时期推行教廷改革的指导性原则为《善牧》宗座宪章，因此，现任教宗也在积极制订新的宗座宪章，以之作为推动、落实改革的指导性原则。

由现任教宗主导的这一改革截至目前尚未完全结束，而就现有的改革成果而言，教廷内部大的机构调整主要体现在如下几个方面：

1. 在原有的国务院下面增设了新的部门：圣座外交人员部；

2. 成立了3个新的部会（Dicasteri）："平信徒、家庭和生命部会""促进全人发展部会""传播部会"；

3. 原有的9个宗座理事会被裁撤、合并、调整为5个，其余的或升格为新的部会，如原有的"圣座平信徒理事会"和"宗座家庭理事会"被合并为新的"平信徒、家庭和生命部会"。而新成立的"促进全人发展部会"则取代了之前的4个圣座理事会：正义与和平理事会、一心理事会、移民与无定居者理事会，以及医疗人员牧灵理事会。

4.增加了2个新的秘书处：经济秘书处和传播秘书处。前者一开始与国务院并列，因为国务院的本意乃是"国务秘书处"（Segreteria di Stato），后被作为宗座办公室的下属机构[1]；后者于2018年升格为新的"传播部会"。

5.针对罗马教廷不断爆发的经济和金融丑闻，现任教宗特别就教廷的经济和金融管理部门进行了大刀阔斧的改革。不仅同时成立了经济秘书处、经济理事会；将宗座遗产管理局（APSP）逐步提升为管理教廷全部财产的重要部门，使之成为罗马教廷的中心银行。此举势必影响被俗称为梵蒂冈银行的"宗教事务银行"（IOR）的地位和作用。[2] 2020年12月28日，教宗更特别颁布自发敕令《更好的组织》（*Un migliore Organizzazione*），成为目前为止对于教廷在经济、金融领域所推行的最为大胆和醒目的改革举措。按照自发敕令的内容，自2021年1月1起，保留于国务院名下的基金和银行账户、动产和不动产，包括股权投资和投资基金公司的所有权，将被转移到宗座遗产管理局的名下，并负责其管理和行政工作，将受到经济秘书处的特别监督，该秘书处今后也将在经济和金融事务方面发挥教宗秘书处（Segreteria Papale）的作用。在2021年2月4日前，国务院要将其在宗教事务银行（IOR）或外国银行所开设的现金账户的积存现金，尽快转移到宗座遗产管理局的相关账户名下。[3]

经过长达7年多的渐进式改革，机构调整后的罗马教廷主要包括如下机构：

---

[1] 参见梵蒂冈官方网站最新调整后的机构安排，http://www.vatican.va/content/romancuria/it/uffici/segreteria-per-leconomia.index.html。

[2] 梵蒂冈银行，本名"宗教事务银行"（Istituto per le Opere di Religione, IOR），是一家由教宗庇护十二世于1942年下令组建的私人银行。因其长期以来近乎完全不透明的资本运作方式，故被称为世界上最神秘的金融机构。

[3] 参见《罗马观察家报》对于该自发敕令的内容转载，https://www.osservatoreromano.va/it/news/2020-12/quo-297/una-migliore-organizzazione.html。

国务院：下设三个部门，分别为一般事务部（Affari generali）；各国关系部（Rapporti con gli Stati），又称"外交部"，主管与各国关系事宜；以及圣座外交人员部（Personale di ruolo diplomatico della Santa Sede）。[1] 其中，圣座外交人员部为现任教宗上台后新成立的部门。

9个圣部：信理部、主教部、圣事礼仪部、神职部、修会及在俗团体部、万民福音传播部、册封圣人部、天主教教育部、东方教会部。

3个新成立的部会："平信徒、家庭和生命部会"（Dicastero per i Laici, la Famiglia e la Vita）[2]、"促进全人发展部会"（il Dicastero per il Servizio dello Sviluppo Umano Integrale）[3]、"传播部会"（Dicastero per la Comunicazione）。[4]

3个宗座法院：宗座圣赦法院、宗座亲署最高法院和罗马圣轮法院。

5个宗座理事会：宗座促进基督徒合一理事会、宗座立法条文诠释理事会、宗座跨宗教对话理事会、宗座文化理事会、宗座新福传促进理事会。

5个宗座办公室：宗座财务院（Camera Apostolica）、经济理事会（Consiglio per l'Economia）[5]、经济秘书处（Segreteria per l'Economia）[6]、

---

[1] 2017年11月21日以国务院公告的形式成立。

[2] 教宗方济各采纳枢机咨议会的提议，于2016年8月15日颁布自发敕令《殷勤的母亲》（Sedula Mater），宣布正式成立圣座平信徒、家庭和生命部（Dicastero per i Laici, la famiglia e la vita），根据自发敕令的规定，自2016年9月1日起，平信徒、家庭和生命部会将取代之前的圣座平信徒理事会和宗座家庭理事会。届时，上述两个理事会将停止运作并不复存在。

[3] 2016年8月16日，教宗方济各颁布自发敕令《全人发展》（Humanam progressionem），以此成立"促进全人发展部会"，以取代之前的4个圣座理事会：正义与和平理事会、一心理事会、移民与无定居者理事会，以及医疗人员牧灵理事会。新的部会已从2017年元旦开始正式运作，与此同时，上述4个理事会亦随之被撤销。参见 https://www.humandevelopment.va/it/il-dicastero/motu-proprio.html。

[4] 传播部会，教宗方济各于2015年6月27日以自发敕令形式颁布的宗座信函《当前的大众传播》（L'attuale contesto comunicativo）成立传播秘书处（Segreteria di Comunicazione）。该秘书处于2018年6月23日升格为罗马教廷的部会。

[5] 2014年2月24日，教宗方济各颁布自发敕令《忠信及精明的管家》（Fidelis et dispensator prudens），宣布成立经济理事会，以订定由经济秘书处执行的监督方针。小组由15名对经济管理有专才和经验者组成，分别由来自全球教会的8位枢机或主教以及7位平信徒专家组成。

[6] 2014年2月24日，教宗方济各颁布自发敕令《忠信及精明的管家》，宣布成立经济秘书处。新的秘书处负责监督圣座和梵蒂冈城国的所有经济活动，并将定期审计的报告直接提交给教宗。

宗座遗产管理局（Amministrazione del patrimonio della Sede Apostolica）、总审计办公室（Ufficio del Revisore Generale）[1]。

2个其他机构：宗座宫廷管理公署（Preffettura della Casa Pontificia）、教宗礼仪处（Ufficio delle celebrazioni liturgiche del sommo pontefice）。

4个非常设性的宗座委员会：宗座圣经委员会（Pontificia Commissione Biblica）、宗座考古委员会（Pontificia Commissione di Archeologia Sacra）[2]、宗座未成年人保护委员会（Pontificia Commisione per la Tutela dei Minori）[3]、宗座教会公法人卫生领域活动委员会（Pontificia Commissione per le attività del settore sanitario delle persone giuridiche pubbliche della Chiesa）[4]。

3个其他委员会：国际神学委员会（Commissione Teologica Internazionale）、宗座国际圣体大会委员会（Pontificio Comitato per i Congressi Eucaristici Internazionali）、宗座历史学委员会（Pontificio Comitato di Scienze Storiche）。

1个宗座瑞士卫队。

1个宗座骑士团：耶路撒冷圣墓骑士团。

4个与圣座相关的机构：宗徒施赈所（Elemosineria Apostolica）、

---

[1] 2014年2月24日，教宗方济各颁布自发敕令《忠信及精明的管家》，宣布成立总审计办公室。该办公室受教宗之委托，对罗马教廷各部会、圣座关联机构或与之相关之机构，以及梵蒂冈城国政府进行审计。

[2] 1852年由罗马教宗庇护九世宣布成立，其目的是促进和指导对罗马地下墓穴和其他感兴趣的基督教古迹进行挖掘，并保护在这些挖掘过程中所发现的物品。1925年，教宗庇护十一世宣布该委员会为宗座级别的委员会，其权限亦得到了详细的界定。

[3] 2014年3月22日由教宗方济各下令成立。该委员会被认为是现任教宗针对天主教会内未成年人性虐待丑闻所做的努力的一部分。它的唯一目的是提出可以保护儿童免受教会恋童癖者伤害的倡议。该委员会最重要的提议是建立梵蒂冈内部法庭，审判被控未能保护受害者的主教，该提议得到方济各的批准，但尚未付诸实施。

[4] 2015年12月12日，教宗方济各以覆文（*Rescritto*）的形式，委托教廷国务卿帕罗林枢机成立宗座教会公法人卫生领域活动委员会。新委员会意在促进更有效的运作管理和财产保护，保持并发扬教会团体创始人的神恩。覆文指出，成立教会公法人卫生领域活动宗座委员会是为了应对从事卫生相关活动的教会公法人所面临的特殊困难。委员会将由1位主席和6位在卫生、不动产、经营、经济管理和金融行业的专家组成。此外，委员会可以将自己的部分职能委托给一位或多位成员，并设置一个秘书处。委员会将直接向国务卿汇报工作，有权采取一切能有效和正确完成自身使命的法律和金融行动。

圣座教会大学与学院品质评估与促进社（Agenzia della Santa Sede per la Valutazione e la Promozione della Qualità delle Università e Facoltà Ecclesiastiche, AVEPRO）、金融监管及信息局（Autorità di Supervisione e Informazione Finanziaria, ASIF）、保健护理基金会（Fondo Assistenza Sanitaria）

11个宗座科学院：宗座科学院、宗座社会科学院、宗座生命科学院、宗座圣托马斯科学院、宗座神学院、宗座国际圣母学院、宗座美术学院、宗座罗马考古学院、宗座殉道科学院（Pontificia Accademia Cultorum Martyrum）、宗座教会科学院、宗座拉丁科学院。

结　论

本文首先从1983年颁布的《天主教法典》和"梵二"大公会议文献——《主教在教会内牧灵职务法令》出发，对作为罗马教宗行使普世训导权的辅助机构和普世天主教会的中枢机构的罗马教廷的教会法定位进行了清晰的界定。

进而从教会史的角度，分别考察了古代、中世纪和现当代等不同历史阶段，罗马教廷从无到有、从简单到复杂、从粗糙到完备，其间所发生的巨大变迁。最后，着重强调了20世纪以来罗马教廷所经历的几次重大改革，以及现任教宗方济各上台后所推行的、尚未完结的改革举措，不难看出，近代以来的罗马教廷的内部结构及其安排基本上仍延续了原教宗西斯托五世所建立的基本框架，并逐渐结合时代的需要和挑战，不断损益而形成的结果和面貌。

罗马教廷作为教宗针对普世天主教会施行牧职的代权机构和教会中枢机构，以及作为圣座的必要组成部分，其地位和作用无疑是举足轻重的，从罗马教廷的历史演变以及当今变革，亦能看出天主教会在历史发展中所面临的具体处境、困难、挑战以及灵活多变的姿态和手段。

扩展阅读

[德]毕尔麦尔（Bihlmeyer）等编著:《教会史》（三卷本），雷立柏（L. Leeb）译，宗教文化出版社2009年版。

[美]布鲁斯·雪莱（Bruce Shelley）:《基督教会史》，刘平译，北京大学出版社2004年版。

Hubert Jedin(edited), *Histroy of the Church*, Abridged Edition, Volume 3: *The Church in the Modern World*, The Crossroad Publishing Company, New York, 1993.

José Orlandis, *Le Istituzioni della Chiesa Cattolica, Storia, diritto, attualita',* Edizioni San Paolo, 2005.

Niccolò del Re, *La Curia Romana, Lineamenti Storico-Giuridici*, Libreria Editrice Vaticana, Città del Vaticano, 1998.

Philippe Chenaux, *Il Concilio Vaticano II*, Carocci editore, 2012.

第5讲

主讲人　刘国鹏

教宗首席权：来源、合法性及功能

教宗首席权（意大利文：Primato del Pontefice，英文：Papal primacy），是天主教会圣统制的重要组成部分或建基性要素，教宗首席权的合法性来自圣伯多禄的宗徒之长职位，这一点在《天主教法典》和"梵二"大公会议文件中均有明确表述。*

教宗首席权在1983年版的《天主教法典》中被概括如下："罗马教会主教享有主单独赐给宗徒之长伯铎的职位，此职位亦应传递于其继承人，因此教宗为世界主教团的首领、基督的代表、普世教会在现世的牧人；因此由于此职位，他在普世教会内享有最高的、完全的、直接的职权，且得经常自由行使之。"[1] 也就是说，教宗是因为继承了伯多禄之职位而获得了此职位，作为首席职位，它是与罗马主教的职位紧密相连：罗马主教的职位与普世教会的首席职位同为一个且不可分离。[2]

而在"梵二"大公会议文件《教会宪章》（*Lumen gentium*）中，则重点强调了教宗首席权与伯多禄之作为宗徒团之首领之内在传承性和一致性：

---

* 本文部分内容曾以《从教会史和教会法双重视角考察教宗首席权的形成及演变》为题发表于《世界宗教文化》2019年第3期。

1 圣座：《天主教法典》（拉丁文－中文版），台湾地区天主教教团译，1985年，第160-161页。
2 *Daniel Cenalmor & Jorge Miras, Il Diritto della Chiesa, Corso di Diritto Canonico,* Edusc, 2014, pp.238-239.

耶稣把这些宗徒们组成了一个团体，就是一个固定的集合体的形式，从他们中选择了伯多禄作这个团体的首领、由于主的规定，圣伯多禄及其他宗徒们组成一个宗徒团，基于同等的理由，继承伯多禄的罗马教宗和继承宗徒们的主教们，彼此也联结在一起[1]。

从法律形式层面来看，教宗首席权可分为三个不同的领域，这三个领域源自三种不同职能的：其一，作为首席职务的领衔者，教宗担负着管理包括所有牧人和信众在内的整个教会的真正主教的牧灵职务；其二，作为罗马的主教，伯多禄的继承人是罗马教区固有的牧人，他通常借着固定的代理主教履行这一职务，实际上却以广泛的独立性管理着该教区；其三，作为主教团的首领，除了促进主教团的合一职能，还扮演着在大公会议和非大公会议（extra-conciliare）中确定集体行使权力的方式的角色。[2]

现行《天主教法典》、"梵二"大公会议文献中对于教宗首席权的规定和描述只是教宗首席权在当代的充分表达，事实上，教宗首席权在历史发展中所呈现的样貌经历过复杂的演变和在不同时代得到加强或削弱的现象。下面，笔者将从文献依据、教会法规定、历史变迁等诸方面对于教宗首席权的衍变进行学理勾勒。

一 《圣经》文献中有关伯多禄宗徒之长职位的记载和表述

既然教宗首席权和伯多禄的宗徒之长职位或首席权紧密相连，那么《圣经》文献中是如何记载并确认有关伯多禄宗徒之长职位的合法性的呢？

---

[1] 参见《教会宪章》（LM）第19条、22条，载《天主教梵蒂冈第二届大公会议文献》，天主教上海教区光启社，河北信德社，2012年，第20–25页。

[2] Juan Ignacio Arrieta, *Diritto dell'organizzazione ecclesiastica*, Giuffrè Editore, 1997, p.221.

西班牙著名教会法专家奥尔兰迪斯（José Orlandis）认为，《圣经》文献中有关伯多禄首席权的记载包含明显有别的三个时刻[1]，从这三个时刻可以引申出日后教宗首席权的不同面向。

第一个时刻乃《新约·玛窦福音》中所记载的："约纳的儿子西满，你是有福的，因为不是肉和血启示了你，而是我在天之父。我再给你说：你是伯多禄（磐石），在这磐石上，我要建立我的教会，阴间的门决不能战胜她。我要将天国的钥匙交给你：凡你在地上所束缚的，在天上也要被束缚；凡你在地上所释放的，在天上也要被释放。"[2]

第二个时刻为圣周四下午，耶稣前往客西马尼花园祈祷之前，曾预言伯多禄当天夜里将三次不认主，但与此同时，耶稣也承诺其信德的不丧失（indefettibilità della fede）："西满……我已为你祈求了，为叫你的信德不至丧失，待你回头以后，要坚固你的兄弟。"[3] 伯多禄的信德不丧失，是因为耶稣特别为他进行了祈祷，此外，这一"信德的不丧失"，作为"无误"（infallibilità）的本质性元素，预备了未来天主教会的超越使命。奥尔兰迪斯认为，日后，所有的信徒们都从耶稣给予伯多禄的特权中获益，因为伯多禄的信德是所有时代基督徒的坚贞、真理和正统性的保障。

第三个时刻为耶稣复活后，在提庇黎雅海边向多位门徒显现，并三次问及伯多禄是否爱他，而伯多禄也三次回答说："主，是的，你知道我爱你。"耶稣和伯多禄之间三次重复性的问答，意味着在客西马尼花园之夜，对于伯多禄三次不认主的抵消；而伯多禄的三次回答之后都紧接着耶稣的三次声明："你喂养我的羔羊""你放牧我的羊群""你喂养我的羊群"。[4] 奥尔兰迪斯认为，伯多禄在十二宗徒中的首席权至此得以最终确认。[5]

除了上述三个关键性的时刻，在四福音书和保罗书信中，还多次

---

1 José Orlandis, *Le Istituzioni della Chiesa Cattolica, Storia, diritto, attualità*, Edizioni San Paolo, 2005, p.7.
2 参见思高本《玛窦福音》16:17-19。
3 参见思高本《路加福音》22:32。
4 参见思高本《若望福音》21:15-17。
5 José Orlandis, *Le Istituzioni della Chiesa Cattolica, Storia, diritto, attualità*, Edizioni San Paolo, 2005, pp.7-9.

提及伯多禄在十二宗徒中的特殊地位，这一特殊地位充分表现为唯一性（singolarità）和优先地位（posizione primaziale）。[1]

而《宗徒大事录》（《使徒行传》）的记载向我们透露了初期教会时期伯多禄施行首席权的某些具体情形。在公元30-44年间，由宗徒们组成的教会团体居住并在圣城耶路撒冷活动，在此期间，伯多禄被视为无可争辩的团体首领，下面我们将根据本部经书中记载的事例来展现伯多禄施行首席权的具体情形。

首先，在拣选玛蒂亚（马提亚）代替犹达斯（犹大）为宗徒的活动中，当着构成耶路撒冷早期教会的核心成员——一百二十位信众的面，伯多禄主持了整个活动，提议了拣选的议案，并促成了整个的活动。[2]

其次，在五旬节的早晨，当信众受圣神（圣灵）感召，纷纷说起外方话（方言），也是伯多禄站起来面向非信徒解释奇迹的含义，而在他的解释之后，有三千人皈依了信仰。而在治愈胎生的瘸子后令信众增加到五千人，在被捕后当着犹太人的首领、长老和经师为耶稣作见证方面，伯多禄都显示了自己作为早期基督徒团体首领的特殊地位。

再次，伯多禄在早期教会施行首席权的典型事例还表现在接纳外邦人、黑落德（希律）迫害教会和耶路撒冷宗徒会议等重大事件中。[3]

通过上述基于经文的记述，不难看出，在初期教会时期，从教会团体的构建、重大事件的处理与应对、见证信仰、施行奇迹并牧养团体方面而言，伯多禄都可谓扮演着举足轻重、独一无二的领袖角色。

二　伯多禄职位与教宗首席权的内在一致性

如上所述，按照天主教的教义和传统，耶稣基督作为教会的奠基人，赋予了伯多禄在十二宗徒中的优先地位，即成为教会的磐石（基础），管

---

[1] José Orlandis, *Le Istituzioni della Chiesa Cattolica, Storia, diritto, attualità*, Edizioni San Paolo, 2005, pp.9-10.

[2] 参见思高本《宗徒大事录》1:15-26。

[3] 参见思高本《宗徒大事录》11:18、12:1-4、15:6-11。

理钥匙并成为教会的牧者,这一点可明显诉诸《圣经新约》福音书中的相关记载,但是,要证明伯多禄的首席权和日后天主教会历代罗马教宗的首席权之间的内在一致性,就不得不考虑两个基本要素:(1)如何理解伯多禄的首席权在神学上的含义?(2)伯多禄和罗马的关系,即他是否是罗马的第一任主教?

其一,对于伯多禄的首席权在神学上的含义,在天主教会和基督新教那里存在着截然有别的两种态度,后者所发起的宗教改革的主要内容之一,便是反对天主教会的圣统制,基督新教显然并不认为在伯多禄的首席权和日后的罗马教宗的首席权之间存在一种天然延续的关系,即耶稣基督赋予伯多禄的首席权是不可转让的,甚至只具有某种象征含义。而天主教会的理解显然与此相反,认为伯多禄的首席权和后续罗马历任教宗的首席权之间存在一种天然延续的关系。那么,这一分歧的关键点就在于后者认为伯多禄并不能简单地被理解为一个肉体可以消亡的历史人物,而是要从神学维度去深化福音书中耶稣基督所赋予的伯多禄在十二宗徒中的优先权的含义。[1] 具体而言,教会在其奠基人耶稣基督那里是注定要延续到时间的终结,并最终战胜"地狱之门"的攻击和诱惑。既然教会是始终存在的,那么作为教会建基于其上的磐石的伯多禄的首席权也将持续存在,这一点被强化和明确为天主教会的基本教义:"伯多禄及其他宗徒的这个牧民服务,构成了教会的基础,将由主教们在教宗的首席权下延续下去。"[2]

其二,证明在伯多禄的首席权和天主教会历代罗马教宗的首席权之间的内在一致性的另一关键因素,是伯多禄在罗马的传教活动及殉道事迹,因为,假如伯多禄是在安提阿[3]殉道的,那么,就很难确保伯多禄的首席权和天主教会历代罗马教宗的首席权有什么内在相关性。根据文献的记载和考古证据,目前已经能够明确的是,伯多禄约于公元42-67年生

---

1 José Orlandis, *Le Istituzioni della Chiesa Cattolica, Storia, diritto, attualita',* Edizioni San Paolo, 2005, pp.11-12.
2 参见《天主教教理》第9条、第881条。
3 根据教会的传统说法,伯多禄曾是安提阿教会主教制的创立者。参见毕尔麦尔(Bihlmeyer)等编著《古代教会史》,雷立柏(L. Leeb)译,宗教文化出版社2009年版,第29页。

活于罗马,并和另一位重要的宗徒保禄均殉道于罗马皇帝统治时期所发起的针对基督教的第一次大迫害期间,具体时间是公元 67 年 6 月 29 日,伯多禄是被头朝下倒吊十字架而迫害致死,具体行刑地点在今天圣伯多禄广场中心的方尖碑附近¹,而伯多禄的坟墓则位于日后以其名字命名的圣伯多禄大教堂祭坛的下方²。根据目前所能看到的最早的文献记载,即罗马主教克雷芒(Clemens,89-97)约于公元 96 年写给哥林多(格林多)教会的第一封信中,其第 5 章明确提及伯多禄和保禄因为邪恶的嫉妒,被迫害致死,并前往光荣之所(the place of glory)。³ 在该书信的第 42、44 章中,则明确提及当时的主教和执事之职乃源自宗徒们的委派,由此来看,至少在克雷芒的书信及当时的教会观念中,罗马主教虽然相比其他教会有某种优越性,但是,尚未出现一种过度强调伯多禄的首席权的现象,在某种意义上,罗马主教的权威并不仅仅来自于伯多禄,也来自于另一位重要的宗徒保禄,因为二者都在罗马殉道,且在早期教会时期常常并提;也未出现日后天主教会在教义上所刻意强调的在伯多禄的首席权和历代罗马教宗的首席权之间存在着天然联系和内在一致性的说法。这一点在有着天主教信仰背景的学者所撰写的著作中也可以看到类似的表述:"罗马教会的优先权并没有一开始就完全清楚地突显出来,但它根据时代的需要一步一步发展、成长。"⁴ 同样,有着新教背景的学者也认为在伯多禄和罗马主教克雷芒之间还没有出现罗马主教独掌大权的局面,但是,却承认至少在 2 世纪中叶以前,由使徒(宗徒)传下来的独掌大权的主教制已出现,而且这一主教制对于日后教会对付各种异端的斗争,可以说起到了关键作用。⁵

---

1 Francesco Clementi, *Citta' del Vaticano*, il Mulino, Bologna, 2009, p.20.
2 *The Cambridge History of Christianity, Orignis to Costantine*, Edited by Margeret M. Mitchel & Frances M. Young, Cambridge University Press, 2008 , p.402.
3 Clement of Rome, *The 1st Epsitle of Clement to the Corinthians*, GodSounds, Inc., 2016, pp.6-7.
4 参见毕尔麦尔(Bihlmeyer)等编著《古代教会史》,雷立柏(L. Leeb)译,宗教文化出版社 2009 年版,第 71 页。
5 [美]威利斯顿·沃尔克:《基督教会史》,孙善玲、段琦、朱代强译,朱代强校,中国社会科学出版社 1991 年版,第 51 页。

那么，如果我们将上述两个关键因素并置来看，就会发现二者之间有一些差异，前者更为强调抽象的原则和罗马主教首席权的合法来源，因此，支持者多为教会法学家和神学家，后者则偏重强调历史发展的实际情形，以可靠的文献和考古实物为证据支撑，因此，由不同的视角聚焦同一个对象，则难免出现理解上的差异。

三 中世纪之前罗马主教首席权的形成与强化

毫无疑问，在最初几个世纪，罗马教会以及罗马主教的权威性是一个不争的事实，但是，直到3世纪早期才开始发展出有关罗马主教首席权的教导和理论，不过，这一优先权只能视为中世纪教宗首席权的一个预备阶段。当时，各个教会团体基本上仍处于自治阶段，罗马主教的角色，更主要体现在维护教会的合一方面，其头衔仍只保留罗马主教的称谓[1]，尚没有日后教宗的荣誉称号。

3世纪中叶，罗马主教斯德望一世（Stephanus I, 254-257）同北非迦太基主教西普里安（Thascius Caecilius Cyprianus, 一译居普安，210-258）发生过争执，这一争执的解决显示出罗马主教所具有的更为广泛和权威的影响力和威望。西普里安的著作《论教会的合一》（*De unitate Ecclesiae*）中，已明确表达了罗马主教的首席权："在他（伯多禄）之上，（主）建立了教会，委派他牧养羊群之职。尽管（主）给了全体宗徒同样的权力，但却只设立了一个尊位，因为合一的理由和来源构成了它（教会）的合一。赋予其他的宗徒们的权力正如赋予伯多禄的权力，但是，只有伯多禄被赋予了首席权……"[2]

不过，即便如此，西普里安也并没有认为罗马主教有一种统治全教

1　参见毕尔麦尔（Bihlmeyer）等编著《古代教会史》，雷立柏（L. Leeb）译，宗教文化出版社2009年版，第73页。

2　José Orlandis, *Le Istituzioni della Chiesa Cattolica, Storia, diritto*, attualita', Edizioni San Paolo, 2005, p.15.

会的权力或为全教会宣布某些规定的权威。[1]313年《米兰敕令》的颁布，代表着罗马帝国进入一个基督教化的渐进过程，这一时期直至第一个千年终了，是教宗首席权逐渐成形、确立并不断得到强化的过程。

　　从313年到700年左右，罗马主教的首席权在东西方教会中得到了普遍而明确的承认。可以说，这一时期罗马主教所享有的特殊地位，是由于政治的期待、神学上的争论、教会管理的期许均需要一个最高宗教首脑来作为教会秩序的代言人和仲裁者的角色。西部教会于343年召开的撒尔迪卡主教会议（Council of Serdica）所颁布的会议文献第3-5条就承认"罗马教会为全世界教会的最高法律权威"[2]，并且规定，如果一个教区主教会议罢免一个主教，这个主教可以向罗马的主教上诉，而罗马的主教有权利反对当地教区的决定或请临近教区介入调查或最终决定此事，这意味着教宗的首席权首次在法律层面得以确认。[3]381年召开的君士坦丁堡大公会议（Council of Constantinople）所形成的《信经》第3条，以及451年召开的卡尔西顿公会议（Council of Chalcedon）所形成的信经第28条，都明确规定君士坦丁堡主教拥有仅次于罗马主教的地位，这也从一个侧面间接肯定了罗马主教在整个东西方教会中的首席权。[4]

　　罗马主教达玛苏一世（Damasus I，366-384）是历史上第一个正式将"宗座"（Sede Apostolica）之名保留于罗马主教的教宗，而他的这一创举也得到了罗马皇帝格拉济亚努斯（Gratianus，367-383）的明确支持，后者于378年颁布敕令称：达玛苏教宗对于整个西部地区的大主教们都有审判权。值得一提的是，应教宗达玛苏一世的请求，圣哲罗姆（一译热罗尼莫，Eusebius Sophronius Hieronymus，340-420）将《圣经》

---

[1] 参见毕尔麦尔（Bihlmeyer）等编著《古代教会史》，雷立柏（L. Leeb）译，宗教文化出版社2009年版，第73页。

[2] 参见毕尔麦尔（Bihlmeyer）等编著《古代教会史》，雷立柏（L. Leeb）译，宗教文化出版社2009年版，第180页。

[3] José Orlandis, *Le Istituzioni della Chiesa Cattolica, Storia, diritto, attualita'*, Edizioni San Paolo, 2005, p.20.

[4] 参见毕尔麦尔（Bihlmeyer）等编著《古代教会史》，雷立柏（L. Leeb）译，宗教文化出版社2009年版，第244页。以及 G. Filoramo e D. Menozzi (a cura di), *Storia del Cristianesimo, L' antichita'*, Editori Laterza, 2001, p.351。

翻译为通俗拉丁语，在客观上为教宗制提供了将西部教会统一起来的宝贵资源，并促进了教宗在西部教会的普遍权威。[1]

达玛苏一世的继任者西利斯（Siricius，384-399）是第一个颁布教宗谕旨的罗马主教，而且也是最早使用"Papa"这一称呼的人，该词的本义为"父亲"，采纳这一称呼意味着将其他主教全部视为"儿子"，因此这一称呼具有极其重要的意义。[2] 上述事件值得关注的地方在于，自此以后，罗马主教所发布的文件，不仅具有灵性上的教牧性质，也具有教会法的性质，并且这样的文件中多采用了罗马皇帝的敕令一类的语言风格。罗马主教良一世（Leo I，440-451）为从教义上确立罗马主教的首席权扮演了举足轻重的角色，从他开始，罗马主教由此成为伯多禄的继承人和代理人（*vicarius Petri*）[3]。良一世在理论上建立了"教宗是全世界的主教"的概念，并在整个教会的实际生活中实践了这一原则，在这一方面他远超之前的所有罗马主教们。[4]

到了5世纪末期，在格拉修斯一世教宗（Gelasius I，492-496）时期，继教宗良一世采纳"伯多禄的代理人"这一称谓之后，他首次采用了"基督的代理人"（*vicarious Christi*）这一更大胆的称谓。为了解决当时东西方教会的第一次大分裂——阿迦修分裂（scisma acaciano, scisma di Acacio），于494年致函东罗马皇帝阿那斯塔西乌斯一世（Anastasius I，491-518），提出了著名的双重权力和精神权力优越论的教义，他说：有两种力量统治着这个世界——教宗的神圣权威和皇帝的权力，在两种权威中，前者的权威更优越，因为在最后审判的时候，神职人员不仅要在上帝面前为自己交账，还要为国王们交账。反过来，在公共秩序方面，即世俗事务方面，宗教领袖们也必须服从皇帝的法律。他还补充说：没有人比教

1　Edward Norman, *The Roman Catholic Church, An Illustrated History*, Thames & Hudson, 2007，p.39.
2　J. Derek Holmes, Bernard W. Bickers 著：《天主教简史》，王薇佳译，上智编译馆2008年版，内部出版，第30页。
3　José Orlandis, *Le Istituzioni della Chiesa Cattolica, Storia, diritto, attualita'*, Edizioni San Paolo, 2005, pp.16-17.
4　参见毕尔麦尔（Bihlmeyer）等编著《古代教会史》，雷立柏（L. Leeb）译，宗教文化出版社2009年版，第248页。

宗更为优越，他将基督自身的话语安放在所有人的（心灵）上空，整个可敬的教会已承认他的首席权。

格拉修斯一世教宗提出的双重权威说在后世一再得到教会法学家的征引，被用于解决中世纪的教权、王权之争。格拉修斯一世以教宗名义颁布的文献被汇编为《格拉修斯法令》(*Decretum Gelasianum*)。[1] 今天的教会法学家们认为，格拉修斯一世教宗向罗马皇帝所要求的对于精神信仰问题的尊重，以及精神权力和世俗权力二者应相互尊重的表述，成为日后"圣座"主权在教义上首次精致化的表述。[2]

此外，值得一提的是，作为6世纪末最伟大的教宗，额我略（Gregorius Magnus，590-601）任职期间使得教宗职得到了很大的发展。从他开始，西方教会开始在其相对于东方教会的差异性上逐渐显现出自己的特性。在政治上，他成功地绕过君士坦丁堡皇帝设在意大利拉文纳的总督，一方面，在592年、593年单独与当时对意大利半岛和罗马城形成巨大威胁的伦巴第人缔结了和平条约；另一方面，则在旧罗马的废墟上，主动担负起罗马城自治的政治责任，负责税收、粮食供给和日常行政管理事务，而该地域上的家庭和居民则通过馈赠土地、收入等换取教宗的庇护，并使得该地域的面积大大扩大，这些馈赠的土地被称为"伯多禄的遗产"（*patrimonia Petri*），并为日后"教宗国"的出现奠定了最初的基础。此外，他还成功地派遣传教士奥斯丁（St. Augustine of Canterbury，？－604）前往不列颠群岛，并使得那里的传教活动取得了良好的成就，如此做的目的，是通过向那些对拜占庭帝国鲜有或没有兴趣的西方地区传播福

---

[1] José Orlandis, *Le Istituzioni della Chiesa Cattolica, Storia, diritto, attualita'*, Edizioni San Paolo, 2005, p.17；毕尔麦尔（Bihlmeyer）等编著：《古代教会史》，雷立柏（L. Leeb）译，宗教文化出版社2009年版，第208-209、249页；耿永顺：《天主教教宗简史》，比利时希诺集团出版社（Sinocc Group Belgium）2013年版，第25页。

[2] [西]阿雷塔：《圣座与梵蒂冈城国》，刘国鹏译，载《基督宗教研究》第23辑，宗教文化出版社2018年版，第4-5页。

音，从而争取对罗马教宗效忠的全新民众。[1]

教宗额我略的成就是多方面的，包括他对西部教会隐修制度的鼓励和推广，对拉丁教会礼仪的改革，在牧灵神学和解经学方面的贡献等，他自称为"上主众仆之仆"（*Servus Servorum Dei*），这一称谓不仅是他个人圣德的写照，也成为日后保留于教宗的特有的固定称谓之一，如在《宗座年鉴》中，教宗首要保留的几个固定称谓依次为："基督在世的代表""宗徒之长的继承人""普世教会的最高牧首""意大利首席主教""罗马教省的总主教与都主教""梵蒂冈城国的君主""上主众仆之仆"。[2]

四 中世纪的教宗首席权

在教宗额我略去世后的一个世纪，当时的大公教会经历了巨大的时代震荡，在一个多世纪中，就走马灯似地出现了 20 多位教宗[3]。这一引起巨大震荡的时代背景，主要由三波入侵构成，分别是：穆斯林强有力的崛起和入侵，极大地改变了基督教世界的结构；伦巴第人对于意大利半岛的入侵，使得罗马和东罗马帝国在西部的总督驻所——拉文纳成为文明孤岛；斯拉夫人对于巴尔干半岛的入侵，使得当地的拉丁语和拉丁教会随之消失，而后者曾经在地中海的拉丁和希腊世界末端之间充当双向的双语和双文化中介，从而形成了一个双向渗透的薄膜。[4]

由于受到当时伦巴第人的入侵，以及出于对拜占庭帝国的破坏圣像

---

[1] 参见 J. Derek Holmes, Bernard W. Bickers：《天主教简史》，王薇佳译，上智编译馆 2008 年版，内部出版，第 38-44 页；毕尔麦尔（Bihlmeyer）等编著《古代教会史》，雷立柏（L. Leeb）译，宗教文化出版社 2009 年版，第 251-252 页；邹保禄《历代教宗简史》，碧岳学社文化事业有限公司 2015 年版，第 61-64 页。

[2] 这几个首要称谓的意大利语分别为：Vicario di Gesu' Cristo, Successore del Principale degli Apostoli, Sommo Pontefice della Chiesa Universale, Primate d' Italia, Arcivescovo e Metropolita della Provincia Romana, Sovrano dello Stato della Citta' del Vaticano, Servo degli Servi di Dio. 参见 *Annuario Pontificio per l' Anno 2017*, Citta' del Vaticano, Libreria Editrice Vaticana 2017, p.24。

[3] Francesco Clementi, *Citta' del Vaticano*, Il Mulino, 2009, p.23.

[4] *The Cambridge History of Christianity, Early Medieval Christianities c.600-c.1100*, Edited by Thomas F.X. Noble & Julia M.H. Smith, Cambridge University Press, 2008, pp.214-215.

运动的抵制，罗马教宗开始向当时迅速崛起的法兰克人求助。751年，教宗匝加利一世（Zacharius I, 741-752）的代表在苏瓦松（Soissons）为法兰克墨洛温王朝的宫相查理·马特（Charles Martel）之子"矮子"丕平（Pépin le Bref）施行涂油礼，承认其为法兰克人的国王[1]。公元800年，教宗利奥三世（Leo Ⅲ, 795-816）在罗马为丕平之子查理曼（Charlemagne）加冕，承认其为"罗马人的皇帝"。这两次涂油和加冕事件象征着法兰克人所缔造的加洛林王朝与教宗的联盟，这一联盟将对日后西欧的未来产生深远的影响。[2] 与前者相关联的直接后果是，756年，法兰克国王丕平出兵意大利，在击败伦巴第人之后，将占领下的意大利中部地区归还给当时的罗马教宗斯提芬二世（Stephen Ⅱ, 752-757），从而奠定了日后长达千年之久的"教宗国"（Stato della Chiesa）的基础，而丕平的加冕则象征着其由事实上的统治者变成了真正的、合法的统治者。[3] 而与后者相关联的直接后果是，查理曼的加冕则标志着继西罗马帝国灭亡后，一个新的西方帝国的诞生，它被视为新的罗马帝国，并成为东部的拜占庭帝国的威胁与挑战。法兰克的皇帝们成为了和平的维护者和天主教会的保卫者[4]，从查理曼开始的加洛林王朝把欧洲作为一个基督教帝国的设想在后来一直主宰着中世纪的政治理论和政治实践。[5] 这一时期西欧多民族的基督教社会在治理上服从着两个首脑：作为最高精神领袖的教宗和作为最高世俗权力首脑的皇帝，两个最高治权之间的协调均衡，以及互补的观念理应致力于实现基督教政治的理想，即致力于民众的福祉，并为达至一

---

1 公元754年，教宗斯德望三世（Stephen Ⅲ, 752-757年在位）亲自在法兰克的圣德尼斯修道院给丕平施以涂油礼，并为其加冕，从而为加洛林王朝提供了宗教保障。[美]朱迪斯·M.本内特、C.沃伦·霍利斯特：《欧洲中世纪史》，杨宁、李韵译，上海社会科学院出版社2007年版，第108页。

2 J. Derek Holmes, Bernard W. Bickers：《天主教简史》，王薇佳译，上智编译馆2008年版，内部出版，第46-47页。

3 Thomas J. Reese, *Inside the Vatican, The Politics and Organization of the Catholic Church*, Havard University Press, 2003, p.17.

4 Francesco Clementi, *Citta' del Vaticano*, il Mulino, 2009, p.25.

5 [美]朱迪斯·M.本内特、C.沃伦·霍利斯特：《欧洲中世纪史》，杨宁、李韵译，上海社会科学院出版社2007年版，第108页。

个兼顾世俗与永恒的整合性目的创造条件。

中世纪西欧基督教体系自身具有一种危险，即教宗首席权经常逾越作为普世教会最高牧首的伯多禄的继承人被赋予的神圣使命这一本质层面[1]，比如，在稍后兴起的神圣罗马帝国时期，帝国的皇帝通常要在罗马被教宗加冕，这一做法无疑强化了教宗的权威和将西方各个民族联结在一起的罗马教会的权威。此外，皇帝也常常忍不住插手教会的事务，如查理曼大帝作为新帝国的第一位君主，就常常以教会的保卫者自居，从而热诚地插手教会事务，如颁布《哈德良教规汇编》(Hadriana Collectio) 作为教会法典，推广拉丁礼仪，以《本笃会规》作为教士隐修生活的唯一规则，统一了《讲道书》(Book of Homilies)，甚至在帝国行政管理中任用神职人员，并常常参与教义问题的争论，如当时西班牙的"嗣子说"(Adozionismo) 和卡尔西顿公会议《信经》中的"和子句"(Filioque) 等，从而将教会和基督教社会置于其阴影之下。

在继加洛林王朝衰落之后兴起的日耳曼王朝的奥托大帝（Otto I, 936-973）当政时期，皇帝和教宗的关系继续上演了昔日查理曼大帝的一幕，奥托大帝对包括教会在内的帝国生活的各个方面都施行严格的控制，使得当时的教宗几乎失去了任何实际领导权。[2]

上述中世纪西欧基督教所呈现出的独特的"权力双轨制"，在事实上造成了教宗和皇帝之间的竞争，即始终存在着到底应该由教会统治国家，还是应该由国家控制教会的竞争和紧张局面，这一竞争贯穿于整个中世纪，体现在当时的各个领域。[3]

上述皇帝对于教宗权力的干预，以及随着封建制的深化所引发的国家与教会之间的"叙爵权之争"(Investiture Controversy) 和部

---

[1] José Orlandis, *Le Istituzioni della Chiesa Cattolica, Storia, diritto, attualita'*, Edizioni San Paolo, 2005, p.21.

[2] J. Derek Holmes, Bernard W. Bickers:《天主教简史》，王薇佳译，上智编译馆 2008 年版，内部出版，第 50-52 页。

[3] [美] 布鲁斯·雪莱（Bruce Shelley）:《基督教会史》，刘平译，北京大学出版社 2005 年版，第 196 页。

分罗马贵族如泰奥菲拉蒂（Teofilatti）、克里申齐（Crescenzi）、图斯古拉尼（Tusculani）等家族对于教宗职的干预，使得中世纪最为著名的教宗制改革——额我略改革（Riforma gregoriana）被迫提上了日程。

在额我略改革之前，仅有一名教宗抓住了历史的机遇，利用查理曼大帝到奥托大帝之间长达一个世纪的帝国政治权力的丧失和虚弱，使得教会免于世俗权力的干预。这位教宗便是尼古拉一世（Sanctus Nicholaus I，858-867）。尼古拉一世认为圣座乃伯多禄所首创，因而拥有至高无上的权威，主教和普世大公会议的一切权利都来源于基督赋予伯多禄的权力，从他开始，还制定了一条后来常被引用的规则"任何人没有得到教宗的同意，都无权召开宗教会议"[1]。

"额我略改革"，顾名思义，其名称源于教宗额我略七世（Gregorius Ⅶ，1073-1085）所发动的教会改革，其改革的主旨，在于强化罗马教宗的首席权威。改革的内容主要包括如下三个方针：第一，将教会从形形色色的世俗权力的干预下解放出来；第二，强化教会的中央集权，教会内的重大事务（causae maiores）的审判权保留于圣座名下，教宗使节在西欧各个国家巡视，负责召开主教会议，强制执行教会教规及礼仪；第三，教宗首席权在整个基督教世界具有至高无上的地位，这一方针被体现在由27个命题组成的《教宗训令》（Dictatus papae），从而成为推行整个教会改革运动的总方针。[2]《教宗训令》将教会高于国家的原则发展到了顶点，肯定教宗是教会的首脑，其权力来自上帝，不仅在教会内有其至高无上的权力，而且其地位超过世俗统治者，甚至是最高统治者。但是，额我略教宗的改革思想，在后世教会史家看来，乃是根据封建原则建立起来的神权国家，在那里，教宗作为上帝的代理人，居于最高统治地位。[3]

---

1 [美]G.F.穆尔：《基督教简史》，商务印书馆1996年版，第166页。
2 José Orlandis, *Le Istituzioni della Chiesa Cattolica, Storia, diritto, attualita'*, Edizioni San Paolo, 2005, p.23.
3 [美]G.F.穆尔：《基督教简史》，商务印书馆1996年版，第170-171页。

不过，教宗额我略七世虽然是"额我略改革"的奠基者，但他的努力和最终的命运却以惨败告终。初期教会时期保留于几位基督教君主的"基督的代理人"（*vivarius Christi*）的称号要到教宗英诺森三世（*Innocentius PP. III*，1198-1216）时期才被重新采用，英诺森三世认为，自己作为圣伯多禄的继承人，并不是"伯多禄的代理人"（*vicarious Petri*），而是"基督的代理人"，从他开始，直至13世纪末，教会的权力才真正达到了巅峰。也就是说，12世纪的教宗及其支持者将之前额我略七世视宗座为伯多禄继承人的热切认同，转变为自视为基督代理人的教宗英诺森三世，这就使得宗座高于除上帝之外的一切人。[1] 这一时期的教会也因为教宗拥有管理圣俗两界的全权（*plenitude potestatis*）而成为名副其实的神权教宗（*teocrazia pontificia*）。[2]

后续的教宗英诺森四世（*Innocentius PP. IV*，1243-1254）时期，以及著名教会法学家如埃吉迪奥·科隆纳（Egdio di Roma，1243-1316）、奥斯丁·特里奥夫（Agostino Trionfo，1243-1328）等人将教宗所拥有的绝对权力加以理论化和程式化：在教会当中，一切有赖于教宗，因为他是这一奥体的头，也就是说其权力并不来自组成该奥体的各个肢体的权威，而是来自他自身，作为头脑，他不停地在各肢体中灌输自身。教宗权力至上在这一时期的象征乃教宗卜尼法斯八世（*Bonifacius PP. VIII*，约1235-1303）于1302年5月18日发布的诏书《独一至圣》（*Unam sanctam*），该文件被认为或许是历史上处理政教关系的最著名的教宗文件，尽管教宗卜尼法斯八世任职期间，教宗的权力呈现出自教宗英诺森三世以来最严重的衰退。[3]

教宗首席权之所以在13世纪末陷入深重的危机之中，其原因一方面

---

[1] *The Cambridge History of Christianity, Christianity in Western Europe c1100-c.1500*, Edited by Miri Rubin & Walter Simons, Cambridge University Press, 2008, p.23.
[2] José Orlandis, *Le Istituzioni della Chiesa Cattolica, Storia, diritto, attualita'*, Edizioni San Paolo, 2005, pp.23-24.
[3] J. Derek Holmes, Bernard W. Bickers:《天主教简史》，王薇佳译，上智编译馆2008年版，内部出版，第95-97页。

源于教权至上越来越不能满足普通民众的精神需求；另一方面，则是世俗君主长期以来对一个希望统治全基督教界的教宗怀有深厚的敌意，无论是神圣罗马帝国，还是完成了中央集权转变的、迅速崛起的英国和法国[1]，因此之故，其在现实上的反映就是接踵而来的延续近 70 年的教宗及其罗马教廷的"阿维农之囚"，和 1378-1417 年间长达近 40 年的西方教会大分裂（Lo scisma d' Occidente）[2]，不仅使教宗制，而且也使中世纪基督教王国的概念深陷危机之中。与此同时，从思想和观念上使教宗首席权也频频遭受挑战的则是英国的奥卡姆的威廉（William of Ockham/Occam，约 1285-1349）和意大利帕多瓦的马尔西略（Marsilio di Padova），两人都反对教宗权力至高无上的说法，认为普世大公会议享有教会内的最高权威。[3]

  现实和思想上的挑战，促使中世纪后期大公主义至上理论的兴起，为了有效解决西方教会大分裂，1414-1418 年神圣罗马皇帝西吉斯蒙德（Sigismund，1411-1437）召开了康斯坦茨大公会议（Council of Constance）。此次会议成功选出了新的教宗玛尔定五世（Martin V，1417-1431），废黜了三位同时并存的教宗，罗马的额我略十二世（Gregory XII，1406-1415）、法国阿维尼翁的本笃十三世（Benedict XIII，1394-1417）、比萨的若望廿三世（Johannes XXIII，1410-1415），结束了西方教会的大分裂局面。同时，会议颁布了两个法令：《惟此为圣》（*Haec Sancta*）、《惟常》（*Frequens*）。前者确立了大公会议至上理论，认为大公会议乃教会的最高权力机构，其权力直接来源于基督，任何人，无论其来自何等阶级、地位、身份，即使是教宗，均须遵从；后者关涉信仰、结束教会分裂，和对

---

1 [美] 朱迪斯·M. 本内特、C. 沃伦·霍利斯特：《欧洲中世纪史》，杨宁、李韵译，上海社会科学院出版社 2007 年版，第 284-287 页。

2 其英文表述为 "Great Western Schism"，有中文译本翻译为 "教宗制大分裂"，显然不确切。参见 [美] 布鲁斯·雪莱（Bruce Shelley）《基督教会史》，刘平译，北京大学出版社 2005 年版，第 248 页。

3 [美] G.F. 穆尔：《基督教简史》，商务印书馆 1996 年版，第 176-177 页。赵敦华：《基督教哲学 1500 年》，人民出版社 1994 年版，第 522-523 页。

教会自上而下的全面改革等方面。此举等于从三个方面否认了此前的教宗首席制：其一，否认教宗权力神授说；其二，否认教宗的全权；其三，以大公会议的代议制来代替教宗专制。通过后者，宣布了定期召开大公会议和促进教会改革的诉求。[1]

康斯坦茨大公会议解决了旧的问题，却引出了另一个更大、更深刻、更富争论性的问题，即教宗首席权与大公会议至上主义（conciliarism）之间的对立。

1438 年，教宗尤金四世（Eugunius PP. Ⅳ，1383-1447）在意大利的费拉拉召开公会议，以对抗当时在瑞士巴塞尔召开、拥护此前康斯坦茨大公会议所确立的大公会议至上主义的公会议，在费拉拉召开的公会议后来迁至佛罗伦萨举行。[2]1446 年，教宗尤金四世肯定了康斯坦茨大公会议的法令，前提是"不得损害宗座的权利、尊严和优先性"，如此一来，教宗首席权便通过这一公会议重新得以奠定，大公会议至上主义遂告终结。[3]但是，在某种意义上，大公会议至上主义却为 16 世纪的宗教改革带来了动力和希望。[4]

五　近代的教宗首席权

作为近代教会历史上最为深刻的事件，新教改革打破了西方天主教

1　[美]G.F.穆尔：《基督教简史》，商务印书馆 1996 年版，第 178-180 页；J. Derek Holmes, Bernard W. Bickers：《天主教简史》，王薇佳译，上智编译馆 2008 年版，内部出版，第 105-109 页；邹保禄：《历代教宗简史》，碧岳社文化事业有限公司 2015 年版，第 46 页。

2　在巴塞尔、费拉拉和佛罗伦萨召开的系列公会议在历史上被合称为"佛罗伦萨大公会议"，为天主教会历史上第 17 次大公会议，会议按时间分为三个阶段，分别是：巴塞尔阶段（1431-1437 年）、费拉拉阶段（1438 年）和佛罗伦萨阶段（1439-1445 年），参见辅仁神学著作编译会《基督宗教外语汉语神学词语汇编》，台北光启文化事业出版社 2005 年版，第 1157 页。

3　[美]G.F.穆尔：《基督教简史》，商务印书馆 1996 年版，第 181 页。

4　[美]迈克尔·格拉茨、莫妮卡·海威格编：《现代天主教百科全书》，赵建敏主编译，宗教文化出版社 2012 年版，第 379 页。

会的合一与独一领导权[1],使得西欧很大一部分人口脱离了教宗的权威。此后,天主教会也发起了自身的革新运动,特利腾公会议(Il concilio di Trento,1545-1563)则是一系列革新运动的核心事件,此次公会议虽然没能达成教会在西方的重新统一,但促成了一系列的教会体制革新,其中的首要结果就是强化了教宗以及天主教会的中央机构——罗马教廷的权威。[2]

有学者将宗教改革分为前后三个阶段:第一阶段,从1517年到特利腾公会议,天主教和新教都认为自己代表了真正大公的基督教会,敌人则代表了这种教会的错误版本;第二阶段,天主教和新教痛苦地发现,双方谁也不能消灭对方,冲突陷入僵局;第三阶段,以完全接纳某个民族内部的宗教多样性为特征的宗教宽容开始出现。[3]第二、三阶段的标志性事件为发生在德国的三十年战争和《威斯特伐利亚和约》的签订,后两个阶段使得教宗的威望受到了显著的削弱。

从宗教改革后期到启蒙运动阶段,教宗的职权受到了来自欧洲各个国家君主们的限制,其中最显著的是法国的高卢主义(gallicanism)和德国的费布若尼乌斯主义(*Febronianismus*)。

作为法国的王权至上论,高卢主义的首次公开表达可以追溯至1438年法国国王查理七世(Charles Ⅶ,1422-1461)的"布尔日国事诏书"(Pragmatique Sanction de Bourges),将佛罗伦萨公会议的巴塞尔阶段所企图采取的改革措施在法国落实为法律,确保了法国教会被纳入王权的控制之下,从而使得法国摆脱了教宗极其沉重的赋税和干涉。[4]高卢主义的大宪章乃法王路易十四在1682年法国神职人员全国大会上所颁布的

---

[1] 参见毕尔麦尔(Bihlmeyer)等编著:《近代教会史》,雷立柏(L. Leeb)译,宗教文化出版社2009年版,第2页。

[2] José Orlandis, *Le Istituzioni della Chiesa Cattolica, Storia, diritto, attualita',* Edizioni San Paolo, 2005, p.26.

[3] [美]布鲁斯·雪莱(Bruce Shelley):《基督教会史》,刘平译,北京大学出版社2005年版,第314-315页。

[4] [美]威利斯顿·沃尔克:《基督教会史》,孙善玲、段琦、朱代强译、朱代强校,中国社会科学出版社1991年版,第355页。

《法国神职人员关于教会权利的宣言》(*Declaratio cleri Gallicani de ecclesiastica potestate*),其中的四条至为关键,史称"高卢主义四条"(Déclaration des Quatre articles)[1]。内容是:教宗从上帝那里得到的只是灵性权力而非世俗权力;康斯坦茨公会议的法令依然充分有效;教宗权力的实施必须符合法兰西王国的习俗和制度;如果教宗的决定不符合整个教会的共识,那么,他的决定就并非不可改变。[2]

18世纪,王权至上论又加上了反基督教精神的启蒙主义。欧洲各国施行开明专制的统治者对圣座采取公开的敌视态度,并为了限制教宗的权力而采取了不遗余力的努力,为此,波旁王朝和葡萄牙王室通过镇压忠诚于教宗的耶稣会,进而达到限制教宗的目的。法国的高卢主义在1790年7月12日通过的《神职人员公民法》(*Constitution civile du clergé*)达到了巅峰,该项法令将1682年高卢主义四条中的一些极端原则付诸实施,法令规定,法国国内的所有罗马天主教教堂都隶属于法国政府,其目的是促成一个独立于普世天主教会权限的国家教会。与此同时,《神职人员公民法》承认教宗首席权是出于尊重,而非出于权威或权限,但对于"信仰的一致,以及维持与普世教会首脑的联系方面没有偏见",这样就等于在事实上剥夺了教宗对于法国教会的裁判权。[3]

---

[1] 参见毕尔麦尔(Bihlmeyer)等编著《近代教会史》,雷立柏(L. Leeb)译,宗教文化出版社2009年版,第180-181页;[美]威利斯顿·沃尔克《基督教会史》,孙善玲、段琦、朱代强译,朱代强校,中国社会科学出版社1991年版,第651页;《剑桥基督教史》第7卷将"高卢主义四条"称之为"the Gallican Articles",cf. *The Cambridge History of Christianity, Enlightenment, Reawakening and Revolution 1660-1815,* edited by Stewart J. Brown and Timothy Tackett, Cambridge University Press, 2008, p.22.

[2] José Orlandis, *Le Istituzioni della Chiesa Cattolica, Storia, diritto, attualita',* Edizioni San Paolo, 2005, pp.26-27.

[3] Cf. Edward Norman, *The Roman Catholic Church, An Illustrated History,* Thames & Hudson, 2007, pp.139-140. 毕尔麦尔(Bihlmeyer)等编著:《近代教会史》,雷立柏(L. Leeb)译,宗教文化出版社2009年版,第222-225页;J. Derek Holmes, Bernard W. Bickers:《天主教简史》,王薇佳译,上智编译馆2008年版,内部出版,第212-217页。

在德国,这一努力表现为"约瑟夫主义"[1]。此外,主教主义(Episkopalismus)[2]、费布若尼乌斯主义[3]、1786年召开的意大利皮斯托亚主教会议(il sinodo di Pistoia)[4]以及1786年8月25日部分德国主教提出的旨在服务于德国宗教改革的《埃姆斯纲领》(Emser Punktuation)[5],都仅仅在名誉上承认教宗首席权,却在实质上肯定之前康斯坦茨大公会议的决议,并否定中世纪教宗对于各国主教的绝对控制权。

同18世纪反基督宗教的启蒙主义相比,天主教会在19世纪所面对的挑战性思潮则显得更为多元,这是由理性实证主义、黑格尔的唯心主义、政治自由主义、浪漫主义,以马克思主义为标志的唯物主义所组成的以自由主义为基调的五颜六色的光束。与此同时,19世纪民族主义的兴起,在意大利则激发了全国统一运动,并直接威胁到长达上千年之久的教宗国的存亡问题。在重重思潮、问题风起云涌的时代背景下,好不容易

---

[1] "约瑟夫主义",英文为Josephinism,德文为Josephinismus,意大利文为giuseppinismo,是指哈布斯堡王朝皇帝约瑟夫二世执政(Joseph Ⅱ,1765-1790年在位)期间,所施行的一系列宗教改革,以此作为其改革与控制帝国政治、经济机构的重要一环。其采取的宗教改革措施有:限制教宗在本国的影响力;实行宗教宽容原则;教会财产国有化;重建教区级神学院;试图取缔迷信习俗及赎罪券;限制圣祭、游行甚至蜡烛的数量等。详见J. Derek Holmes, Bernard W. Bickers《天主教简史》,王薇佳译,上智编译馆2008年版,内部出版,第175-176页。

[2] 主教主义(Episkopalismus),指18世纪中晚期德意志地区部分主教主张削弱教宗的权力,同时强化主教权利的一种立场。

[3] 费布若尼乌斯主义(Febronianismus),1763年,德国特里尔辅理主教约翰·尼古拉斯·冯·亨特海姆(Johann Nikolaus von Hontheim)以笔名费布若尼乌斯(Justinus Febronius)发表了《尤斯丁·费布若尼乌斯的"论教会的制度和罗马教宗的合法权利"》(Justini Febronii De statu Ecclesiae et legitima potestate Romani Pontificis liber singularis)一书,以研究德国问题与整个天主教会制度的关系。其基本的思想在于重新界定罗马教宗的首席权,认为教宗并非无谬误的,对整个教会也没有一种专制的、无条件的管理权,这一无条件的管理权应当属于主教们或大公会议。

[4] 哈布斯堡王朝皇帝约瑟夫二世的兄弟利奥波德(Leopold Ⅱ)继任其兄皇位(1790-1792年在位)之前,曾是意大利托斯卡纳大公国的公爵,在他的指导下,托斯卡纳公国属下的皮斯托亚教区会议在1786年9月通过了一系列的彻底改革措施,共85条,其基本立场是接受和强调1682年的"高卢主义四条"。

[5] 1786年,德国科隆、特里尔和美因茨的总主教以及萨尔茨堡的主教,在神圣罗马皇帝约瑟夫二世的鼓励下,在埃姆斯(Bad Ems)召开了一次小型主教会议,目的是编写一份有关德国天主教会改革的纲领,以便重新确立德国天主教会与罗马圣座的关系。《埃姆斯纲领》的主旨与费布若尼乌斯主义和约瑟夫主义一脉相承,呈现出某种"德国国教论"的色彩,其目的是削弱教宗对于德国教会的控制权,强化并提升德国主教的自主性。

从 18 世纪的王权至上论和大革命运动中加强了宗座权威的教宗，感到有必要抨击错误思潮，以重申教会的传统教义并寻求强化教宗的权威。前者的努力表现在 1864 年教宗庇护九世（Pius IX, 1846-1878）发布的《何等操心》(*Quanta cura*)[1] 通谕以及该通谕后面所附录的著名的《谬说提要》(*Syllabus errorum*)。而教会真正的回应则集中在 1869 年 12 月 8 日召开的梵蒂冈第一届大公会议上。该大公会议是继特里腾公会议召开三百年来的第一次，在教会史上，人们常常将此次公会议视为保守主义者的胜利，实则有过于简单化之嫌。大公会议发表的两个文献中的第一个《天主之子》(*Dei Filius*)，表现出同当时的思想界展开严肃对话的努力。事实上，从早期教会的大公会议以来，天主教会开始将目光投向教会以外、更为广阔的思想界，这无论如何都是破天荒的第一次。[2]

不过，梵蒂冈第一届大公会议 1870 年 7 月 18 日发表的第二个文献——《永恒牧人》(*Pastor aeternus*) 则更为引人注目，其中的核心议题乃"教宗无谬误"(*L' infallibilità*)。《永恒牧人》教义宪章共由四章组成，分别是教宗职权的创立、持续存在、意义和本质，以及教宗的无谬误。在第三章中，教宗的权力被规定为直接的、最高的司法权，该权力针对整个教会，包括信仰、道德、纪律与教会管理等问题，这样一来，就在事实上否定了高卢主义和费布若尼乌斯主义。而作为第四章的"教宗无谬误"是指，教宗凡"以宗座名义"(*ex cathedra*)，即以全体基督徒的牧人与导师之身份行使职责时，其所宣布的有关信仰和道德方面的教义都是无谬误的，这是由于教宗自己的权威，而非出于教会的共识，因此，教宗的正式规定也是不可改变的，这被视为上主所启示的信条。[3] "教宗无谬误"议案的通过，意味着高卢主义、费布若尼乌斯主义及公会议至上主义得到了终

---

[1] *Quanta cura*，一般天主教类译作翻译为《以多么大的操心》，嫌其不雅，故翻译为《何等操心》。参见辅仁神学著作编译会《基督宗教外语汉语神学词语汇编》，台北光启文化事业出版社 2005 年版，第 1147 页。

[2] Norman P. Tanner, *I Concili della Chiesa*, Editoriale Jaca Book SpA, Milano, 1999, p.99.

[3] Norman P. Tanner, *I Concili della Chiesa*, Editoriale Jaca Book SpA, Milano, 1999, p.102. José Orlandis, *Le Istituzioni della Chiesa Cattolica, Storia, diritto, attualita'*, Edizioni San Paolo, 2005, p.29.

极性的否定。在表决有关"教宗无谬误"的议案时，共有535位代表投票，其中533位代表投了同意票，两位投了反对票[1]，但后者很快接受了多数人的意见。由于次日普法战争的爆发，很多与会主教被迫回家，大会遂告中止。9月20日，意大利军队攻占罗马，一个月后，罗马及其附近地区被并入意大利版图，教宗国遂告覆亡。10月20日，教宗庇护九世宣布会议无限期延期。

"教宗无谬误"的决议引起了深刻的影响，一方面，以德国和瑞士为主，相当多的神职人员和平信徒，因反对该决议而成立老派天主教会（Old Catholic Church）[2]；另一方面，该决议加剧了罗马圣座与欧洲部分国家政教关系的紧张，奥地利、普鲁士及瑞士的某些州，都因此采取很严厉的措施来镇压教会。[3]

六　当代有关教宗首席权理解的新维度

由于梵蒂冈第一届大公会议的意外中断，有关教会管理中与教宗一道的主教们的职务与使命问题，则要等到梵蒂冈第二次大公会议（简称"梵二"大公会议，1962-1965）的召开，才真正得以明确和解决。在"梵二"大公会议所公布的《教会宪章》（Lumen gentium）中，明确规定主教们是宗徒们的继承人，除管理各自的地方教会以外，他们还按照"普世主教团体性"（Collegialità episcopale）[4]的原则，组成一个团体。普世教会的最高权力，一方面属于与其首领——教宗共融的主教团（collegio episcopale）；另一方面也单独属于教宗，也就是说，教宗可以单独施行最

---

[1] 沃尔克的著作中认为522位代表投了赞成票，不正确。参见[美]威利斯顿·沃尔克《基督教会史》，孙善玲、段琦、朱代强译，朱代强校，中国社会科学出版社1991年版，第656页。

[2] [美]迈克尔·格拉茨、莫妮卡·海威格编：《现代天主教百科全书》，赵建敏主译编，宗教文化出版社2012年版，第451页；辅仁神学著作编译会：《基督宗教外语汉语神学词语汇编》，台北光启文化事业出版社2005年版，第749页。

[3] 毕尔麦尔（Bihlmeyer）等编著：《近代教会史》，雷立柏（L. Leeb）译，宗教文化出版社2009年版，第296-297页。

[4] 一译"主教共治"。

高治权。[1]

主教团行使权力的方式有两种,一种是大公会议,这是主教团行使权力最隆重的方式,既是主教团在教会内具体化的一种法律组织形式,也是教会最高权力以集体的方式所呈现出来的建制性表达。此外,还包括大公会议以外的方式:主教团的集体权力,也可以由散居在普世各地的主教们和教宗一起施行,惟需要主教团的首领邀请他们作集体行动,或者最低限度,由教宗批准或自动接受散居的主教们的联合行动,才算是真正的集体行为。有教会法学家认为,"梵二"大公会议在阐述后一种,即主教团在大公会议之外行使权力的方式时,所采用的表达方式十分宽泛,而这一宽泛的方式也正凸显出主教团首领进行干预的决定性作用。

"梵二"大公会议所发表的《教会宪章》,探讨的核心问题乃教宗作为伯多禄继承人在主教团内的地位和作用,其中,教宗作为伯多禄继承人担负着两种不同的职能:其一是首席职务,即教宗首席权,其二乃主教团的首领职务,从二者的关系来看,主教团的首领职务包括主教职务的首席特征,这样一来,罗马教宗在主教团内保有其普世教会牧者(首席权)的所有治权,这些治权对主教团的结构也有具体的硬性规定。

按照1983年《天主教法典》第331条的规定,教宗,即天主教会的罗马主教,享有主单独赐给宗徒之长伯铎的职位,此职位亦应传递于其继承人,因此教宗为世界主教团的首领、基督的代表、普世教会在现世的牧人;因此由于此职务,他在普世教会内享有最高的、完全的、直接的职权,且得经常自由行使之。

按照天主教会的圣统制,这一教会内神职界的排序,教宗和世界主教团是全球天主教会的最高权力主体,教宗为世界主教团的元首。

---

[1] 参见《教会宪章》第三章之"论主教团及其首领",载《梵蒂冈第二届大公会议文献》,2006年,第34-36页。

七 小结

本文按照历史发展的线性顺序，从教会史、教会法，以及神学、解经学等角度系统梳理了教宗首席权在历史上形成的过程及其在现当代的精致化、法理化、制度化表达。从中不难看出，教宗首席权最初来自于对伯多禄继首席权的继承，二者之间的关联并非天然的继承关系，而是基督信仰在具体历史以及教会发展中围绕教会的制度安排所逐步确立并得以强化的一种有关教会教阶的权威叙事。之后，经过古代教会时期数次大公会议及主教会议对此教义的逐步认同和巩固，尤其是某些富有信德、才能的教宗个人出于巩固教会发展，强化教会团结的需要，逐步使其在教会法层面和政教关系层面日益制度化。中世纪时期，对教宗首席权的法律认可和表述达至巅峰时期，但也面临着诸多的波动。在中世纪晚期和近代之交，随着"大公主义至上"论的出现，以及民族国家的兴起，教宗首席权不断受到挑战和削弱，这一紧张关系一直保持到"梵一"大公会议的召开。而无论是在神学的教会论层面，还是在天主教会圣统制的具体制度安排上，"梵二"大公会议都接续了"梵一"大公会议有关教宗首席权和主教们及教宗关系的议题，并形成了圆满共识，从而在教宗首席权和历史上一度盛行的"大公主义至上论"的张力之间找到了一个目前为止最完整的表达。

扩展阅读

圣座:《天主教法典》,(拉丁文—中文版),台湾地区天主教主教团译,1985 年。
《天主教梵蒂冈第二届大公会议文献》,天主教上海教区光启社,河北信德社,2012 年。
Daniel Cenalmor & Jorge Miras, *Il Diritto della Chiesa, Corso di Diritto Canonico, Edusc, 2014.*
Francesco Clementi, *Citta' del Vaticano, il Mulino,* Bologna, 2009.
José Orlandis, *Le Istituzioni della Chiesa Cattolica, Storia, diritto, attualita',* Edizioni San Paolo, 2005.
Juan Ignacio Arrieta, *Diritto dell' organizzazione ecclesiastica,* Giuffrè Editore, 1997.
Juan Igancio Arrieta, *Il sistema dell' organizzazione ecclesiastica. Norme e documenti,* Edizioni Università della Santa Croce, 2003.

第6讲

主讲人　卓新平

托马斯·阿奎那的神学巅峰之旅

托马斯·阿奎那（Thomas Aquinas）无疑是中世纪经院哲学最为典型的代表人物，因此经院哲学往往被误解为托马斯主义，而当代的新经院哲学也同样会与新托马斯主义相混。诚然，托马斯·阿奎那的哲学思想不可能涵括整个经院哲学，却仍被视为是其最主要的代表和最重要的标志。可以说，托马斯主义在欧洲经院哲学的发展中具有空前绝后的地位，并成为官方天主教哲学的典型代表，在其宗教体系中有着"永恒哲学"之称。人们把托马斯·阿奎那封为最有影响的"哲学导师"和"经院哲学之王"。不过，哲学对其而言却是服务于神学的，所谓经院哲学实质上乃基督教的神哲学。因此，回溯托马斯·阿奎那的经院哲学发展，实际上也是探寻其神学的巅峰之旅，有着深刻而透彻理解西方哲学和基督教思想历史发展的双重意义。

一　生平与著述

托马斯·阿奎那顾名思义即为贵族之子，家有封地，他大约于 1224 年末或 1225 年初出生在意大利那不勒斯的洛卡西卡城堡（Roccasecca），其父亲名为阿奎那伯爵兰杜尔夫（Grafen Landulf von Aquino），指其在阿奎那拥有领地，故其子托马斯·阿奎那之名即有着"阿奎那领地的托马斯"之意。托马斯为八个兄弟姐妹中的老五，五岁时被父亲送进卡西诺山本笃会修道院，旨在成为该会的隐修士。在修道院院长、其伯父西尼巴尔德（Sinibald）指导下，托马斯获得其最初的教育。但因神圣罗马帝国皇帝弗烈德里二世于1239年亲自率兵攻打卡西诺山，时年14岁的托马斯不得不离开修院，后转入那不勒斯大学就读。他在此以读哲学和神学为主，由此开始接触到亚里士多德的哲学思想体系。1244年，求学期间寄居在大学附近多明我修会宿舍的托马斯不顾家庭反对毅然宣誓加入多明我会，成为其修士。但其属于名望家庭的父母坚决反对其子加入托钵修会，不希望儿子有那种乞食为生的耻辱。为了躲避家长的阻扰，托马斯不得不转向罗马和博洛尼亚求学，随之又奔往巴黎。但他在1244年去巴黎的途中被家里派来的追兵拦截，被抓回后幽禁家中达一年之久。

因为托马斯意志坚决，不肯屈服就范，并且还感动了他的母亲和姐姐，故而终得放行，随之以多明我会修士的身份于1245年到巴黎圣雅克修院学习神学。他不久便成为多明我修会中著名学者大阿尔伯特（Albertus Magnus, 1206-1280）的学生，并于1248年随其师到德国科隆就读，直至1252年赴巴黎大学神学院深造。大阿尔伯特是德国人，有"全能博士"（Doctor universalis）之称，先后任教于科隆大学、斯特拉斯堡大学、弗莱堡大学和巴黎大学等。在就读期间，由于托马斯身体肥胖和不善言谈，常被同学们讽刺为"西西里哑牛"，但大阿尔伯特却对这一学生评价极高，当托马斯有一次在讨论会上对相关问题非常精辟地做出回答后，大阿尔伯特对他倍加称赞，并告诉大家说："我们可以说他是一只哑牛，但是这只哑牛在学问方面的吼叫声将响彻全世界。"[1] 大阿尔伯特在1248年到科隆创办多明我会圣十字架学院时专门把托马斯带去深造，这样遂使他经过四年学习而获得学士学位，被祝圣为神父，并被推荐到巴黎大学神学院任教。

---

1 参见傅乐安《托马斯·阿奎那传》，河北人民出版社1997年版，第19页。

第六讲 托马斯·阿奎那的神学巅峰之旅

巴黎大学作为中世纪经院哲学的主要兴盛之地，乃多元思潮汇聚，流行多种理论学说。如作为教会传统的奥古斯丁学说在此保持着其历史影响，而重被发现和引入的亚里士多德哲学则逐渐成为其学术主流，此间也曾一度出现影响巨大的"拉丁阿威罗伊主义"（Latin Averroism），其特点是按照阿威罗伊的立场来解释亚里士多德哲学，宣称世人具有一个共同的理性灵魂；但这显然悖逆于基督教思想所主张的各人有各不相同的灵魂之说，故曾遭到波拿文都拉的强烈反对。"拉丁阿威罗伊主义"的主要代表为博埃修斯·达库斯（Boëthius Dacus）和布拉班特的西格尔（Siger de Brabant），其学说曾在当时的巴黎学术界风靡一时。在上述思潮的流行的时期，托马斯于1252年来到巴黎大学任教。他在此并不随波逐流，而是博采众长、放弃其弊，由此创立了自己与众不同的理论体系。其特点是他并没有放弃新发现的亚里士多德哲学，而是对之利用、发挥，融入经院哲学的体系之中，以形成其思辨逻辑、信仰理性。这里，"圣托马斯的世界历史性使命和业绩在于，在基督教的意义上改造不健康的、毫无关联地与神学并列的亚里士多德主义，并且通过把它净化，把它有机地纳入神学的大厦，甚至使它成为神学的可靠基础来克服它"[1]。

托马斯在巴黎大学先是讲授《圣经》课程两年，随后两年则教授彼得·伦巴德的《箴言录》，其间他将《彼得·伦巴德〈箴言四书〉注释》扩展为200余万字的四卷，吸引了众多学生的兴趣及关注。"他那'渊博的知识、深邃的思想、清晰的论证、新颖的理论'，很快使巴黎大学校园里掀起一股有利于教会的新的学术浪潮。"[2] 托马斯在教学之际继续深造，于1256年3月初完成其高级学业后正式被留校任教，与波拿文都拉成为同事。但在巴黎大学任职的教区神职教师以圣阿姆的威廉（Wilhelm von St. Amour，1210-1273）为首坚决反对修会修士在大学任教，而要求他们立刻退隐、重返修院，这样使托马斯和波拿文都拉都无法及时获得博士

---

[1] 引自博讷、吉尔松《基督教哲学：从其起源到尼古拉》，李秋零译，香港道风书社2011年版，第383页。
[2] 引自傅乐安《托马斯·阿奎那传》，河北人民出版社1997年版，第24页。

学位及大学的教授教席，使他们一度离开了大学讲坛；后因教宗亚历山大四世（Alexander Ⅳ）出面干涉，宣布开除威廉教职，并于同年10月23日要求大学授予托马斯和波拿文都拉两人博士学位，支持其在校任教。这样，两人才于次年8月12日同时获得博士学位和神学教授头衔，从而使托马斯得以继续在大学任教，进入其教学、研究的巅峰时期。

1259年，托马斯赴意大利教廷书院讲授神学，回归故土。他在意大利各地教书游学，其实也与他作为教廷神学顾问而随教宗出访有关。在其后的九年之间，他于1259年至1261年在阿那尼（Anagni），1261年至1264年在奥维叶托（Orvierto），1265年至1267年在罗马（Roma），1267年至1268年在维台博（Viterbo），此外还去过贝鲁莎（Perusa）等地，多随教宗的行宫而迁徙。其间他与教宗及教廷学者多有来往，而且其深入钻研亚里士多德著作之举亦得到了教宗及其教廷政要的默认，他还在奥维叶托遇见其恩师大阿尔伯特，并被老师带着一同觐见教宗乌尔班四世（Urban Ⅳ，1261-1264年在位），说服教宗同意用亚里士多德的学说为基督教信仰服务、构建经院哲学大全体系。托马斯为此非常勤奋，奋笔疾书，写出了大量神学经典注释和评论著作。1268年，他返回巴黎大学任教，随之也公开批评"拉丁阿威罗伊主义"，与其代表人士布拉班特的西格尔展开论战；其鲜明态度直接影响到罗马教廷于1270年宣布阿威罗伊主义为异端，并于1277年由法国宗教裁判所出面宣布革除西格尔的教籍。

1272年，托马斯受其修会委托到那不勒斯创建多明我会总学馆，而西西里国王查理（Charles of Anjou，1263-1285年在位）也邀请他在当地那不勒斯大学任教。此时的托马斯已经积劳成疾，身体状况极差，但仍在勉为其难，坚持工作和研习。1274年元月，教宗格列高利十世（Gregorius X，1271-1276年在位）委派托马斯作为教廷顾问及神学家参加在法国里昂召开的会议，以调解东西方教会的矛盾。同年3月7日，托马斯在经罗马赴里昂参加宗教会议的途中，病逝于福萨诺瓦的息斯特西安修道院。

托马斯生前的社会地位和教会神职都不如与他同时代的波拿文都拉，基本上处于神学顾问这一层级，但他逝世后却马上开始引起教会及学术界的关注。1274年5月之后，托马斯在巴黎大学被尊为"尊敬的博士托马斯修士"（doctor venerabilis frater Thomas）。而教宗约翰二十二世（John XXII）在打击方济各会属灵派的1323年将托马斯封为圣徒，并以其去世之日3月7日为其纪念节日；早在14世纪，托马斯就获得了"共有博士"（Doctor communis，亦译"通传博士""全才博士"或"大众博士"）之称；自15、16世纪以来，他获得了"天使博士"（Doctor Angelicus）等称号；1567年，教宗庇护五世（Pius V）又授予托马斯"教会圣师"之称；而托马斯主义更是在16世纪的特兰托主教会议上被规定为天主教的正统学说。在17世纪，开始有人重新系统研究托马斯的思想，在18世纪中叶，天主教官方开始全力推动以托马斯主义为主的经院哲学研究，包括西班牙枢机主教博克索多（Boxadors）1757年的发函号召等。1824年达泽利奥（d'Azeglio, 1793-1862）任罗马学院院长之职之后就推动了对托马斯主义的全面传授；1879年8月4日，教宗利奥十三世（Leo XIII）颁布《永恒之父》（Aeterni Patris）通谕，确认托马斯主义为天主教的官方神学和哲学，随之又于1880年将托马斯封为"所有天主教学校的主保"。到19世纪下半叶，"回到经院哲学""回到托马斯·阿奎那""找回13世纪经院哲学之'黄金时代'"等已经成为全世界天主教界及其思想界的流行口号。"据统计，1800至1920年，研究托马斯的文献题目达2219个；至1940年，这一文献目录又增补了4764个；至1969年，其研究著述的专题总目已超过15000个。多明我会重新修订出版的《托马斯全集》至1971年也已达48卷。"[1] 在20世纪末，英国广播公司曾举办过人类第二个千年最伟大思想家的网上评选，托马斯则以排名第五的荣耀被列入了"千年十大思想家"。所以说，托马斯当之无愧乃中世纪经院哲学之冠，居有中世纪基督教神学思想的巅峰之位。

---

[1] 参见卓新平《当代西方天主教神学》，上海三联书店2006年版，第18、19页。

托马斯也是基督教思想史上最勤奋的著作家之一，他虽然不到50岁就英年早逝，却留下了大量著述，在基督教神学和西方中世纪哲学领域成绩斐然、影响巨大。但必须承认，托马斯的鸿篇巨著之所以得到留存，其秘书雷吉纳特（Reginaldum de Piperno）功不可没。段德智在翻译托马斯名著《反异教大全》时，曾在其"汉译者总序"中指出，"托马斯著作等身，如果将其著作汉译出来，恐怕有两千万字之多。但其写作生涯却并不太长，只不过20年之久。他之所以能够在如此短暂的写作生涯期间取得如此众多的学术成果，在很大程度上得益于他的学术秘书的帮助。据说，托马斯一生'亲笔书写的著作'很少，其著作大部分是由他'口授'，由其秘书'记录'而成的。"[1] 傅乐安也证实托马斯的著作"亲笔书写的较少，三分之二是口授，由秘书记录"[2]。雷吉纳特自1319年开始分门别类地整理托马斯的全部论著和注释，使之得以陆续出版发行。

作为中世纪欧洲哲学界及基督教神学界的巨擘，托马斯最出名的代表著作是《神学大全》（未最后完成）和《反异教大全》（亦称《哲学大全》或被视为"真理大全"）。他的其余著作大致可分为神学、哲学、问题论辩、对亚里士多德著作的评注，以及社会哲学和政治学等类。后人整理的托马斯全集版本至少有四种，影响较大的为"庇护版"（Editio Piana, 1570）和"利奥版"（Editio Leonina, 1882年，以后不断再版）。其著作的相关权威版本已出版50余卷，超过1500万字。其《神学大全》在中国亦有多种译本问世，包括来华传教士利类思17世纪所节译的30卷《超性学要》，由吕穆迪神父等负责汉译的当代台湾多明我会译本，以及由段德智主要负责的武汉大学和北京大学合译本等。西文中较为有名的托马斯文集汇编包括曼多耐和德斯特莱兹所编《托马斯主义文集汇编》（P.Mondonnet, J.Destrez: *Bibliographie Thomiste, Bibliothèque Thomiste*; Le Saulchior, Kain Belgien, 1921）和布尔克所编《1920年至1940年托

---

[1] [意]托马斯·阿奎那：《反异教大全》第1卷，段德智译，商务印书馆2017年版，第iii页。
[2] 傅乐安：《托马斯·阿奎那传》，河北人民出版社1997年版，第35页。

马斯主义文献汇编》（V.J.Bourke: *Thomistic Bibliography 1920-1940*, Saint Louis, 1945）等。

托马斯在神学及哲学领域的代表著作有《彼得·伦巴德〈箴言录〉注疏》（*IV lib. Sententiarum*，或其全称：*Scriptum in IV libros sententiarum magistri Petri Lombardi*）（1252 年及后），《反异教大全》（*Summa de veritate Catholicae fidei contra gentiles*），[全译《论公教信仰真理驳异教大全》，但一般简称为《反异教大全》（*Summa Contra Gentiles*），因其内容富有哲理而也被称为《哲学大全》（*Summa philosophica*）或被视为"真理大全"]（1259 年及后），《神学大全》（*Summa theologiae*）（1266 年及后），《论存在与本质》（*De ente et essentia*）(1252 年及后)，《论自然原理》（*De principiis naturae*），（1253 年及后），《论四种对比》（*De quattuor oppositis*）（1254 年及后），《论证明》（*De demonstratione*）（1254 年及后），《论偶然性》（*De natura accidentis*）（1254 年及后），《论一般性》（*De natura generis*）（1254 年及后），《论理智语词的本性》（*De natura verbi intellectus*）（1254 年及后），《论神言与人言之区别》（*De differentia verbi divini et humani*）（1254 年及后），《论物性》（*De natura materiae*）（1254 年及后），《论现实》（*De instantibus*）（1254 年及后），《论个性原则》（*De principio individuationis*）（1254 年及后），《驳对神圣宗教崇拜的攻击》（亦称《为修会辩护》）（*Contra impugnantes Dei cultum et religionem*）（1256 年左右），《鲍埃蒂论七天》（*Super Boetium De Hebdomadibus*）（1257 年左右），《鲍埃蒂三一论评注》（*In librum Boethii de Trinitate expositio*）（1258 年左右），《驳希腊人的谬误》（*Contra errores Graecorum*）（1263 年左右），《论现场买卖》（*De emptione et venditione ad tempus*）（1263 年左右），《论君主体制致塞浦路斯国王》（*De regimine principum ad regem Cypri*）（1265 年左右），《丢尼修论神名评注》（*In Librum Dionysii de Divinis Nominibus*）（1265 年左右），《论犹太体制致布拉班公爵夫人》（*De regimine Judaeorum ad ducissam Brabantiae*）（1265 年左右），《神学纲要》（*Compendium theologiae*）（1265 年左右），《论原因》（*Liber de causis*）（1268 年左右），《论奥秘》（*De secreto*）（1269 年左右），《论自然的隐秘运行》（*De occultis operibus naturae*）（1269 年左右），《论幸

福》(De beatitudine)（1269年左右），《论占星术》(De judiciis astrorum)（1269年左右），《论理智统一性驳阿威罗伊派》(De unitate intellectus contra Averroistas)（1270年左右），《论圣爱》(De caritate)（1270年左右），《论友好的规劝》(De correctione fraterna)（1270年左右），《论希望》(De spe)（1270年左右），《论独立实体或天使的本性》(De substantiis separatis seu de angelorum natura)（1271年左右），《论世界永恒驳奥古斯丁学派》或称《论世界永恒驳窃窃私语者》(De aeternitate mundi contra murmurantes)（1271年左右），《论谬误》(De fallaciis)（1272年左右），《论道成肉身的联合》(De unione Verbi Incarnati)（1272年左右），《论模态命题》(De propositionibus modalibus)（1272年左右），《论元素的复合》(De mixtione elementorum)（1272年左右），《论心灵运动》(De motu cordis)（1273年左右）。

其学院辩论问题的著作有《论真理问题辩论》(Questiones disputatae de veritate)（1256年及后），《论自由问题辩论》(Questiones quodlibetales)（1256年及后），《论上帝能力问题辩论》(Questiones disputatae de potentia Dei)（1265年及后），《论邪恶问题辩论》(Questiones disputatae de Malo)（1266年及后），《论受造精神体问题辩论》(Questiones disputatae de spiritualibus creaturis)（1267年及后），《论灵魂问题辩论》(Questio disputata de anima)（1269年左右），《德性总论问题答辩》(Questiones disputatae de virtutibus in communi)（1269年左右），《主要德性问题辩论》(Questiones disputatae de virtutibus cardinalibus)（1270年左右）。

其关于亚里士多德注疏著作有《亚里士多德〈论感觉与感性事物〉注疏》(In libros de sensu et sensanto expositio)（1266年及后），《亚里士多德〈论灵魂〉注疏》(In libros de anima lectura)（1268年及后），《亚里士多德〈物理学〉注疏》(In VIII libros physicorum expositio)（1268年及后），《亚里士多德〈形而上学〉注疏》(In XII libros metaphysicorum expositio)（1268年及后），《亚里士多德〈后分析篇〉注疏》(In libros posteriorum analyticorum expositio)（1269年及后），《亚里士多德〈解释篇〉注疏》(In libros peri hermeneias expositio)（1269年及后），《亚里士多德〈气象学〉注疏》(In IV libros meteorologicorum expositio)(1269 年及后),《亚里士多德〈政治学〉注疏》(In IV libros politicorum expositio)(1269 年及后),《亚里士多德〈尼各马可伦理学〉注疏》(In decem libros ethicorum expositio)(1270 年及后),《亚里士多德〈论记忆与回忆〉注疏》(In libros de memoria et reminiscentia expositio)(1271 年及后),《亚里士多德〈论天与地〉注疏》(In libros de caelo et mundo expositio)(1272 年左右),《亚里士多德〈论生与灭〉注疏》(In libros de generatione et corruptione expositio)(1272 年左右)。

其关于圣经评注著作有《〈以赛亚书〉评注》(Super Isaiam)(1252 年及后),《〈约伯记〉文献评注》(Super Iob ad litteram)(1263 年左右),《〈耶利米书〉评注》(Super Ieremiam)(1263 年左右),《〈耶利米哀歌〉评注》(Super Threnos)(1263 年左右),《〈四福音书〉评注》(Expositio continua super IV Evangelia,亦称 Catena aurea)(1263 年左右),《〈马太福音〉评注》(Super Matthaeum)(1263 年左右),《〈马太福音〉精选》(Lectura super Matthaeum)(1263 年及后),《〈约翰福音〉精选》(Lectura super Iohannem)(1263 年及后),《〈保罗书信〉评注》(Super Epistolas Pauli)(1263 年及后),以及《〈诗篇〉评注》(Super Psalmos)(1272 年左右)等。

二 主要神哲学思想

托马斯·阿奎那的思想影响从总体而言乃超过了波拿文都拉的理论体系,在整个中世纪基督教神哲学领域有着与奥古斯丁相等同的重要地位。托马斯的思想特点是创造性地解释并运用亚里士多德哲学来构建中世纪经院哲学体系,使其哲学理性及逻辑论证有机地与基督教神学相结合。这样,哲学的"理性真理"被神学所掌握,而不再会与神学的"启示真理"相悖。不过,在其思想方法及理论侧重上,他则认为仍有必要将哲学与神学明确区分,而这种"世俗哲学"(philosophiae humanae,可直译为"人文哲学")却可服务于神学,故此得以融入基督教的思想体系,使之逻辑更为缜密、构建更加系统。其典型特点就是运用亚里士多德哲学来提出被后人称为"宇宙论""目的论"等理论体系的上帝存在之五种证明，即以亚里士多德之逻辑关联从"运动""因果关系""可能与必然""比较与等级""设计、控制与目的"来通过宇宙的有序和整全而间接证明上帝的确实存在。同样是基于亚里士多德哲学，托马斯提出了一种"温和唯实论"模式，在关涉"一般"或"共相"为"名"还是"实"的"唯名论"和"唯实论"之争中，他认为"一般"其实有着三种存在方式，首先，其最根本的存在方式乃是作为上帝创世"原型"而存在于上帝理性之中，也就是存在于个别事物之"先"；其次，"一般"作为事物的"形式"或"本质"则存在于个别事物之"中"，并不离个别事物；最后，"一般"作为从具体事物中经过抽象而形成的"概念"，即以人的思想形式而也存在于个别事物之"后"。于是，哲学的范畴及方法就被巧妙地应用于神学阐述、解释及论证之中，给人们一种更为可靠的信服力。在托马斯看来，哲学研究的重点是根据理性来分析论述受造之物，神学的本质则是为受造之人提供其可以获得拯救的真理。在此，受造之物及人既可被哲学探究，亦与神学有着内在关联，而哲学的论证被融入神学也就顺理成章了。他指出，神学之"论述万物，是在这样的范围内进行的，即受造物表现了与上帝的相似，以及对受造物的错误看法必导致对上帝的错误认识。基督宗教教义和世俗哲学是以不同的观点看待万物的。世俗哲学以其实际所是的方式研究万物，因而不同的哲学部门就是依据不同的事物类型建立起来的。而基督宗教信仰并不思考事物所是的方式；例如，它并不是根据火的实际所是来考察火，而把火视为上帝崇高的表现，是无论如何都要指向上帝的"。"也正是由于这种原因，哲学家和信仰者（Fidelis）思考受造的不同方面。哲学家观察事物本性所固有的东西——例如，火的上升趋势；而信仰者则只观察那些与上帝有关的事物——例如,被上帝创造并隶属于上帝的事物。"[1]

在哲学与神学的研究中，二者的区别在于哲学乃根据事物本身的原因来展开研究，即一种内在性之探，其根据则是关于受造世界的基本原理，

---

[1] ［意］托马斯·阿奎那：《反异教大全》第2卷，段德智等译，商务印书馆2017年版，第38页。

而神学研究事物则是依据其最初之因来推论，从而是一种超越性、根本性探究，即"从上帝出发"来认识事物。当然，托马斯承认哲学虽基于受造世界，却也有探究"终极之因"或"第一原因"（始因）的"第一哲学"，而这种"从受造者出发达到对上帝的认识"之路径也是有意义的。"但是被哲学家和信仰者共同研究的有关受造物的情况，是依据不同的原则表达出来的。哲学家从事物固有的原因出发提出他的论证；而信仰者则从第一原因出发进行论证——例如这样的理由，事物是被上帝以这种方式传递下来的，或者这有助于称颂上帝的荣耀，或者说上帝的能力是无限的。由于信仰教义论述至高无上的原因，因而它也应被称为最高智慧……因而，世俗哲学尊崇信仰教义为第一智慧（principali sapientia）。相应地，神圣智慧有时也会从世俗哲学的原则出发，进行论证。因为在哲学家之间，第一哲学（Prima Philosophia）也会利用各种科学学说去达到它的目的。"[1] 其从亚里士多德哲学中得到的最重要启发，就是可以充分利用哲学对受造世界的探究来为认识信仰真理服务，因而哲学可以辅助神学，形成二者的有机结合。因此，神学并不排拒理性，而依靠理性的哲学也不必然与神学对立，它们在认识真理中有其关联性和一致性。虽然"基督宗教的信仰真理（veritas fidei Christianae）超乎人类理性的能力（humanae rationis capacitatem excedat），可是，人类理性（humanae rationis）自然禀赋的真理与基督宗教信仰的真理却并不对立。因为人类理性天赋的那些东西显然也是最真实的，从而我们不能够设想这样的真理是错误的。同样，我们也不能够认为我们信仰获得的真理是错误的，因为这非常清楚是由上帝来证实的。所以，既然只有与真实相对立的东西才是虚假的，……则信仰真理不可能与人类理性自然认识到的那些原则相对立"。当然，托马斯认为在二者中仍有主次，不可将之相提并论，因为人的理性认知能力也是来自上帝，故而其根本侧重仍在信仰。他强调："关于我们自然认识的诸多原则的知识是由上帝灌输给我们的；因为上帝乃我们本性的造主。所以，

---

[1] [意]托马斯·阿奎那：《反异教大全》第2卷，段德智等译，商务印书馆2017年版，第39页。

这些原则也包含在上帝的智慧之中。"[1] 显而易见，托马斯对亚里士多德哲学乃运用或利用，其根本立足点仍然是基督教信仰及为此论证的神学；只有基于神学，才可能以信仰为先，获得关于上帝的真理。这就说明"托马斯自觉地接受启示的这种引导，力图在启示的指导下攀登到自己体系的高峰，逐渐地使它的帮助在哲学思维领域变得不必要"[2]。在其思想理论体系中，神学乃为主的，而哲学等理性学科只是起辅助作用，故其实质乃宗教哲学，因而"整个哲学几乎全都指向关于上帝的知识，这也就是讨论上帝事物的形而上学为需要研究的哲学的最后部分的缘由"[3]。这一基本定位和立论在托马斯的理论体系中是非常清楚明确的，他曾在其《神学大全》中明确表示："所谓其他科学，都是神圣理论的婢女。"[4] 这就是在欧洲中世纪把哲学视为"神学的婢女"（ancilla theologiae）之真实状况，也是哲学与神学关系的生动反映。托马斯的神哲学理论涵括极广、包罗万象，是欧洲中世纪基督教思想中最为"大全"的体系。这里仅从其哲学与神学的视角来对其所理解的"存在"和"上帝"这两大问题展开探讨。

（一）对存在的理解

基于哲学理性，托马斯探讨了"存在"或"存在者"与"本质"等问题。他于 1252 年及后来完成了《论存在与本质》（*De ente et essentia*）的专论，参考亚里士多德的哲学来展开论证。关于"存在"（ens 或 entis，亦有 esse 等表述），中国学术界有不同的理解，故也常被翻译为"存在者"[5]。在托马斯看来，"对存在者（ens）本身可以用两种方式加以解说：按照一种方式它可以区分为十个属（genera）；按照另一种方式它则可以意指命题的真实性。这样两种方式之间的区别在于：按照第二种方

---

1 [意]托马斯·阿奎那:《反异教大全》第 1 卷，段德智等译，商务印书馆 2017 年版，第 80 页。
2 引自博讷、吉尔松《基督教哲学：从其起源到尼古拉》，李秋零译，第 388 页。
3 [意]托马斯·阿奎那:《反异教大全》第 1 卷，段德智等译，商务印书馆 2017 年版，第 69 页。
4 [意]托马斯:《神学大全》，I, 1, 5, 引自叶秀山、傅乐安编《西方著名哲学家评传》第二卷，山东人民出版社 1984 年版，第 451 页。
5 参见赵敦华、傅乐安主编《中世纪哲学》（下卷），商务印书馆 2013 年版，第 1273 页。

式，任何事物，凡是能够对之形成一个肯定命题的，就可以被称作存在者，即使那命题并没有设定什么东西实际存在，亦复如此。这样一来，缺乏（privationes）和否定（negationes）也就可以算作存在者了。……但是，按照第一种方式，则没有什么能够说成是存在者，除非能够指出有什么事物实际上存在"[1]。为了说清楚这两种方式，托马斯指出有相应的两种实体存在，一为由质料和形式构成的实体，称为复合实体（compositio）；二为脱离质料的实体，即单纯实体（simplex）。前者是可以通过经验来把握和认知的；后者则是先验性的，"是以更加高贵的方式具有存在的"，而且"单纯实体是复合实体的原因，至少就第一单纯实体即上帝而言是如此"[2]。既然是想要通过哲学、理性来说明问题，所以托马斯在此表示"应当由复合事物领悟单纯事物的知识，由经验的事物认识先验的事物"[3]，故而主张从对第一种方式的探究来入手。

这第一种方式乃指实际、具体的存在者，即给人一种实际存在物的理解。人们在日常生活中所接触到、经验到的，都是体现着质料与形式共构一体的存在物。于此，存在者应该是实体存在，而这种实体因为是由质料与形式复合而成，故亦通称为复合实体。而这种实体作为物体的存在则会体现出其"个体化的原则"（individuationis principium），从而无法与"普遍的共相"（universalis）相关联。若要透彻了解这些实体及其可能的普遍关联，就需要探究其所可归之的"种"（species）与"属"（genera），"相关于种的个体的指定是藉有维度的质料实现出来的，而相关于属的种的指定则是藉一种源于该事物的形式的限定性的种差（differentia constitutiva）实现出来的。然而，这种存在于相关于属的种中的这样一种限定或指定，并不是由存在于种的本质中而根本不存在于属的本质中的某种东西造成的。正相反，凡是存在于种中的，只要是未被限

---

[1] 引自赵敦华、傅乐安主编《中世纪哲学》（下卷），商务印书馆2013年版，第1273-1274页。
[2] 引自赵敦华、傅乐安主编《中世纪哲学》（下卷），商务印书馆2013年版，第1276页。
[3] 引自赵敦华、傅乐安主编《中世纪哲学》（下卷），商务印书馆2013年版，第1273页。

定的，也都存在于属中"¹。"所以，属泛指一切存在于种里面的东西，而不单单意指质料。"² 显然"属"比"种"更为抽象，亦更具普遍性，这里遂反映出托马斯对实体的独特理解。

从作为事物实际存在的实体出发，托马斯谈到了其对"本质"（essentia）的理解。"本质这个词是由言说存在者的第一种方式产生出来的""不是由言说存在者的第二种方式抽取出来的"。"只有按照第一种方式解说的存在者才可以说是事物的本质""所谓本质就应当意指那些为所有自然本性所共有的东西，各种不同的存在者就是据此归属到各种不同的属和种之下的，如人性乃人的本质，如此等等"。³ 托马斯指出，本质按照亚里士多德哲学的理解就是"一件事物藉以成为该物的东西，即那种使一件事物成为其所是的东西"⁴。他为此还论及与本质相关联的一些术语，如"实质"（quidditas）作为事物之逻辑本性也会被哲学家拿来用作取代本质的术语，而"每个实体都是一种本性"，所谓"本性"（natura，本意为"出生"）"即是我们所宣称的一切以无论什么方式能够为理智所领悟的东西，因为没有什么事物能够不藉定义和本质而成为可理解的"，所以本性实际上即"一件事物藉以规定其特殊活动的本质"；此外，本质还可以称其为"真实性"（certitudo），而"每一件事物的真实性都是藉形式表示出来的"，故此"本质也被称作形式（forma）"。⁵

不过，本质与实体的关系又不只是存在于复合实体之中，同样也存在于单纯实体之中，而且是以"更为真实、更为高贵的方式存在于它们之中"；只是因为这类实体的本质"更其隐蔽而不易辨认"。⁶ 于是，托马斯进而又深入分析了"本质是以什么方式存在于脱离质料的实体（substantiis separatis）之中，亦即存在于灵魂、灵智（intelligentia）以及第一因

1　引自赵敦华、傅乐安主编《中世纪哲学》（下卷），商务印书馆2013年版，第1279-1280页。
2　引自赵敦华、傅乐安主编《中世纪哲学》（下卷），商务印书馆2013年版，第1282页。
3　引自赵敦华、傅乐安主编《中世纪哲学》（下卷），商务印书馆2013年版，第1274页。
4　引自赵敦华、傅乐安主编《中世纪哲学》（下卷），商务印书馆2013年版，第1275页。
5　引自赵敦华、傅乐安主编《中世纪哲学》（下卷），商务印书馆2013年版，第1275页。
6　引自赵敦华、傅乐安主编《中世纪哲学》（下卷），商务印书馆2013年版，第1276页。

之中的"[1]。在托马斯的理解中,这里所言之灵魂乃与人关联,灵智乃指天使,而第一因则喻指上帝。这样,托马斯就回到了前面所言第二种方式对存在者的理解。在他看来,这第二种方式对存在者的理解更有意义,更具普遍性,因为"复合实体的本质并不是在任何情况下(quolibet)都能够用来述说复合事物本身的",故而会有其局部性和局限性;但单纯实体的本质则"单单是形式",而"作为它的形式,除非作为整体,是不可能意指什么的",所以"其实质即是它自身的存在"。[2] 在此,托马斯肯定了鲍埃蒂(Anicius Manlius Severinus Boethius,约480-524,也有"波爱修斯""波埃修"等汉译名)关于"一切'存在'都来自于形式"(omme namque esse ex forma est)的主张,[3] 并将其"存在"视为其本质的根基。与复合实体之质料与形式的二元性复合不同,单纯实体则是不具有任何复合性的存在,故此实际上乃是"为一"的存在。这里,托马斯以否定复合性的方式而达到对单纯实体的认知,并进而从"某个方面的单纯实体"(secundum quid simplex)升华为对"完全的单纯实体"(omnino simplex)之体悟,从而最终将上帝视为唯一的"单纯实体",且乃为"真正的单纯实体"(uere simplex)。他通过归纳实体之存在、基于理性经验的上升而达到体悟"真正的单纯实体"之三个必要条件:其一是绝不会分有"存在",即不是"存在"本身所依附的主体;其二是绝不会寓存于某个事物之中,即不可能为偶性;其三则乃绝对独立自存的。所以,只有上帝才是完全达到这三个必要条件的唯一的"真正的单纯实体"。[4]

通过上述分析,托马斯试图既肯定现实世界之多元存在的意义,又推论出这个世界的存在实际上乃来自上帝并依赖于上帝,宇宙万物都是"被创造的存在",只有上帝才是绝对存在,即存在本身。托马斯的结论是,"在所有被造物中,本质和存在是现实地分立的(不仅仅是在思想中

---

1 引自赵敦华、傅乐安主编《中世纪哲学》(下卷),商务印书馆2013年版,第1291页。
2 引自赵敦华、傅乐安主编《中世纪哲学》(下卷),商务印书馆2013年版,第1293、1294页。
3 参见董尚文《阿奎那存在论研究》,人民出版社2008年版,第215页。
4 参见董尚文《阿奎那存在论研究》,人民出版社2008年版,第240页。

可以分离），但在上帝之中它们为一：上帝的本质就是存在。"[1]

（二）对上帝的理解

托马斯在其主要著作《反异教大全》和《神学大全》中都花了很大的篇幅来论证上帝的存在及其意义。尤其是在《神学大全》中，托马斯用多卷来详细地对上帝展开了论证，特别是其中第一集《论上帝》专门以第1卷《论上帝的本质》和第2卷《论三位一体》来进行深入探究。不过，他在此则非常典型地走了理性论证上帝之途，旨在说明其对上帝存在的理解是一种理性的理解、理智的理解，故而不可动摇。而在《反异教大全》中，托马斯对"上帝"这一神学之核心问题也展开了全面论述。在其第1卷中，托马斯通篇的关注就是上帝问题，此卷的标题即"论上帝"。他从"上帝的存在""上帝的本质""上帝的属性""上帝的理智""上帝的意志"和"上帝的生命"这几大方面来展开阐述其对上帝的理解，其指导思想就是要说清上帝存在及其属性。第2卷以"论创造"为标题，其内容是分论受造万物和理智实体，而其实质则是说明作为造物主的上帝及其所造之物。第3卷的标题是"论运筹"，涉及受造之物及人的目的、对受造物的治理、神圣法律及其运作，其中心思想仍然是论述上帝的天命及对世界的治理。第4卷乃以"论救赎"为标题，但还是讨论上帝的"三位一体""道成肉身"等本质问题，由此让人遵守"圣事"规则以获得上帝的救赎和恩典，在末日审判时得到上帝的赐福而复活永生。所以说，这部被视为《哲学大全》的巨著主要讨论的还是神学中的根本问题，即"上帝"问题。

哲学中关于"本质"之论直接影响到基督教神学对上帝本质之探。托马斯在其《神学大全》的第一集专论上帝，而其中的第1卷则直接面向上帝的本质问题。在此，他详细论述了上帝的存在、上帝的单纯性、上帝的完满性、上帝的善、上帝的无限性、上帝的不可变动性、上帝的永恒

---

[1] 引自 [英] 约翰·马仁邦（John Marenbon）《中世纪哲学——历史与哲学导论》，吴天岳译，北京大学出版社2015年版，第249—250页。

性、上帝的独一性、上帝的名称、上帝的知识、上帝的生命、上帝的意志、上帝的爱、上帝的正义与仁慈、上帝的运筹、上帝的能力、上帝的幸福等问题。他把这些关于神的知识视为"最高智慧"(summa sapientia),并将这种探讨称为一门"神圣学问"(sacra doctrina);他为此指出,"神圣学问的主要目标在于教授关于上帝的知识,不仅是关于上帝本身的知识,而且是作为万物源泉和最后目的的知识,尤其是关于理性受造物(rationalis creaturae)的源泉和最后目的的知识"[1]。因此,他觉得自己的这种探究也颇具神圣意义。

托马斯曾说,上帝的本质就是存在。他在论述上帝的存在时,直接指明"上帝即为存在本身"[2](Deus est ipsum esse)。在此,他讨论了三个问题:其一,"'上帝存在'这个命题是否是自明的?"其二,"'上帝存在'是否是可证明的?"其三,"上帝是否存在?"[3] 针对上帝的存在乃"自明"(per se notum)的而不可得到推证之观点,托马斯阐述了他的不同见解,指出"既然我们并不知道上帝的本质,这个命题对于我们就不是自明的,而是需要藉着那些我们知道得更加清楚明白的事物即凭结果来进行证明的"[4]。他还借助于亚里士多德的"形而上学"而对之驳斥说,尽管"上帝存在无疑是绝对自明的,因为上帝之所是即是他自己的存在",但对于人的有限理智而言,如果没有相应的推证,"我们在心中无法设想上帝之所是,则上帝存在相对于我们而言,便依然是不可知的"[5]。安瑟伦以本体论证明而认为上帝存在的命题是可以自明的,宣称"既然'上帝'这个词一旦被理解就存在于我们的理智中,那我们也就可以得出结论说:他在现实中也是存在的"[6]。但托马斯并不认为仅以上帝的名称(nominis Deus)

---

1 [意]托马斯·阿奎那:《神学大全》第一集《论上帝》第1卷《论上帝的本质》,段德智译,商务印书馆2013年版,第27页。
2 [意]托马斯·阿奎那:《反异教大全》第1卷,段德智译,商务印书馆2017年版,第204页。
3 [意]托马斯·阿奎那:《神学大全》第一集《论上帝》第1卷《论上帝的本质》,段德智译,第28页。
4 [意]托马斯·阿奎那:《神学大全》第一集《论上帝》第1卷《论上帝的本质》,段德智译,第30页。
5 [意]托马斯·阿奎那:《反异教大全》第1卷,段德智译,第91页。
6 转引自[意]托马斯·阿奎那:《神学大全》第一集《论上帝》第1卷《论上帝的本质》,段德智译,第28页。

就能认识到上帝的存在（Deum esse）。"由于上帝这个名称所指谓的东西是由心灵设想出来的，那就不能够得出结论说，上帝现实地存在着，而只能说他仅仅存在于理智之中。由此看来，那不可设想的比其更伟大的东西也可能并不必然存在，而只能说他仅仅存在于理智之中。……因为设想某个比在现实中给定的或存在于理智之中的任何东西都更其伟大的东西存在，并不存在任何困难。"[1] 如果认真究之，不难看出从概念只能推论到空洞的概念，并不可能确证其真实的存在，这种语义反复或逻辑重复实在站不住脚。托马斯于是尝试回到理性论证的逻辑魅力，而不看重那种诡辩的滑稽取巧。他认为，"我们的理智是不可能看到上帝本身的，除非藉上帝所产生的结果才行，而这就使得我们必须藉推理来认识上帝的存在"；"由于我们不可能看到上帝的本质，则我们之达到上帝存在的知识，就不是通过上帝本身，而是通过他的结果实现的"；"所以，事情便只能是这样，人是借助于我们在上帝的结果中所发现的类似性通过推理达到关于上帝的知识的"。[2] 托马斯理性论证的突出特点，就是回避那种自然地、直接地认识上帝本身之举，也反对如安瑟伦那样干脆简单地从上帝的概念推出上帝的存在。这样，哲学理性的意义就在于间接地、根据经验、借助于上帝的结果所反映出的与上帝的某种类似性（similitudo ipsius），藉此来推证上帝自身（Deus ipse）的存在。

综合而论，托马斯在《神学大全》中论证上帝的方法，有着如下的结构和层次：其最核心的层面是从上帝的本质、上帝的位格、上帝的运行来推证；如上所言就是托马斯对上帝的本质从存在的意义上展开的基本论述。关于上帝的位格，托马斯在其《神学大全》第一集的第2卷专门就上帝的"三位一体"进行了阐述，其内容包括上帝位格的运行、上帝的关系、上帝的位格、上帝位格的复多性、适合上帝统一性或复多性的事物、对上帝位格的认识、圣父的位格、圣子的位格、圣灵的位格、圣灵作为

---

[1] [意]托马斯·阿奎那：《反异教大全》第1卷，段德智译，第92页。
[2] [意]托马斯·阿奎那：《反异教大全》第1卷，段德智译，第93页。

"爱"之名称、圣灵作为"赠品"之名称、同本质相关的位格、同关系或特性相比照的位格、表意活动之参照的位格、上帝位格之间的等同性与相似性、上帝位格的差遣等论述。而关于上帝的运行，托马斯则从受造物的视角展开了论证，包括受造物的产生、受造物的区分、受造物的管理等，由此形成其理论结构的外在层面。这里，托马斯对受造物的区分有着更深入的阐发，指出其区分有着善恶之别，以及有形无形之别，其后一种区分遂分出天使、形体和世人。[1]

显然，托马斯排除了任何神学内循环般的上帝之论证，反对从概念本身的同义反复、从先验性的预设，以及从灵魂的精神材料出发来论证上帝的本质及存在。相反，他在此发挥了哲学理性论证的作用，尤其是对亚里斯多德哲学有着充分而具有创造性的利用和发挥。其论证不是传统神学的直接论证法，对此他采取了"否定神学"的立场；为此，他主要是运用了哲学理性的间接论证法来为神学命题的阐述服务，即从外部之存在世界来比照、联想、借鉴、推论上帝的本质及存在问题。这里，托马斯使用了"意指样态"（modi significandi）的观念，这种"意指"方式更适合于受造物，而不可"确切地"用于上帝，例如，"'善'适用于上帝，但我们不知道如何适用；当我们谈论上帝是善时，我们必然地在以适用于造物，以适用于上帝使之为善的事物的方式使用语言"[2]。正是出于这一考虑，托马斯的论证更多的是基于上帝的运行及其与受造物的关联来展开，而其可以立足的依据则是经验可以感受到的"外在物质"（exterioem materiam）及其活动。

托马斯这一经院哲学体系留给人们非常深刻印象的，就是他关于上帝存在的五种间接证明法：第一种证明是关于"第一推动者"（primum movens immobile）的证明，即从"运动"而推出，由此视上帝为"第一

---

1 参见[意]托马斯·阿奎那《神学大全》第一集《论上帝》第1卷《论上帝的本质》，段德智译，"译者序言"第 xxxvi 页。
2 参见[英]约翰·马仁邦（John Marenbon）《中世纪哲学——历史与哲学导论》，北京大学出版社2015年版，第248页。

动力因"（primam causam efficientem）。第二种证明是关于"第一作用因"的证明，即从事物的因果作用序列中推论出其"最初的作用因"，而这最初的、第一的作用因则为上帝。第三种证明是关于"必然存在者"的证明，即从"可能性和必然性"的逻辑链条中找出其"必然存在者"，即必须找到"一个自身必然的存在，它不从其他事物那里接受必然的原因，但却是其他事物的必然原因"[1]，而这一绝对的必然性就是上帝。第四种证明是从"事物存在的等级"出发的证明，其"最好而最纯粹的存在"即上帝，故而应该从低至高找到"最真、最善、最崇高、因而最具有存在的事物"，"它对于所有的存在者来说都是存在、美善以及任何一种完善性的原因：我们称之为上帝"。[2] 第五种证明则是关于"事物最高指挥者"的证明，即从"事物的治理"（rerum gubeinatione）而推论出一个治理世界、统治世界的"最高指挥者"。这也被称为上帝对受造世界的"设计、控制与目的"的证明。很清楚，托马斯这五种关于上帝存在的证明都是基于哲学理性的思维逻辑，是按照因果律来展开推论，前三种证明是对"原因"的前溯，后两种证明则是对"结果"之后推。

总之，托马斯的思想在中世纪经院哲学中乃构建了包罗万象的理论大厦，在基督教思想的发展上也形成了欧洲中世纪"一览众山小"的神学高峰。托马斯的理论体系主要是从哲学思辨和形而上学的视角来对待并解释"上帝"等神学问题，从而也达至其时代哲学与神学最为完美的结合。正因为如此，托马斯的神学、哲学之大全体系在天主教思想传统中得到极高的评价，有着不可取代的地位。教宗利奥十三世在极力推崇以托马斯为代表的经院哲学之《永恒之父》通喻中曾有着如此溢美之论："托马斯首要的和真正独享的荣誉，任何一个天主教博士都不能分享的荣誉，在于：在特伦特大公会议期间，神父们竟一致同意，将托马斯的《神学大全》，与《圣经》和至上教皇的教令一起，摆放在祭坛上，昭示它们乃人们寻求

---

[1] [意]托马斯·阿奎那：《神学大全》，1, 2, 3，引自叶秀山、傅乐安编《西方著名哲学家评传》第二卷，第462页。
[2] 引自[德]博讷、吉尔松《基督教哲学：从其起源到尼古拉》，李秋零译，第390-391页。

智慧、理性、灵感和各种答案的源泉。"[1] 天主教影响到当今世界约 13 亿人口，其思想理论更是在世界知识界、学术界和文化界中广泛传播。托马斯的理论体系迄今在其中亦举足轻重、极为重要。因此，我们在创建人类命运共同体的努力中，也必须加强思想精神层面的探究。而要系统、全面地展开这种深层次的研究，我们则必须认真面对托马斯的思想理论，透彻认清其流传广远的意义及作用。

扩展阅读

董尚文：《阿奎那存在论研究》，人民出版社 2008 年版。
傅乐安：《托马斯·阿奎那传》，河北人民出版社 1997 年版。
傅乐安：《托马斯·阿奎那基督教哲学》，上海人民出版社 1990 年版。
[美]凯利·克拉克：《托马斯·阿奎那读本》，吴天岳、徐向东主编，北京大学出版社。
刘素民：《托马斯·阿奎那自然法思想研究》，人民出版社 2007 年版。
濮荣健：《阿奎那变质说研究》，人民出版社 2011 年版。
[意]托马斯·阿奎那：《反异教大全》，段德智译，商务印书馆 2017 年版。
[意]托马斯·阿奎那：《神学大全》，段德智译，商务印书馆 2013 年版。
王涛：《托马斯·阿奎那伦理学研究》，人民出版社 2019 年版。
卓新平主编，雷立柏编译：《托马斯·阿奎那哲学名言选录》，宗教文化出版社 2015 年版。

---

[1] 转引自[意]托马斯·阿奎那著，段德智译《神学大全》第一集《论上帝》第 1 卷《论上帝的本质》，"译者序言"第 i 页。

第7讲

主讲人　卓新平

波拿文都拉在神秘"智慧"中的沉醉

"智慧"(Sapientia,源自古希腊思想传统的Sophia)在基督教思想文化中指神性智慧的人格化显现,在古罗马帝国接受基督教信仰后曾风行一时,"索菲亚"(Sophia)成为基督教智慧的标志,迄今在东方(东正)教会中仍广有影响。"智慧"与人的认知、知识和理性相关,但会超出这种理解而表达一种对宇宙、整体的神秘洞见及把握之能力。而基督教信仰所表达的神之智慧则明确意指上帝创造宇宙万物所带来的神性光明,以及透彻领悟、清晰分辨天下万物的能力。这里,作为"自体"的神之智慧因其超然、超脱而为"神圣智慧",其对人而言及与其主体的触动则被视为"神秘智慧"。在"圣经时代"曾风行"智慧文学",受到希腊文化浸润的古代犹太人也写有《智慧书》。在基督教思想乃至整个西方思想史上一直就有着理性与情感之双曲线的波动和伸延,二者对"智慧"则有着不同的理解和把握。当基督教思想发展进入中世纪经院哲学时期之后,哲学意蕴的理性思维逐渐得以强调,古希腊哲学的亚里士多德思想体系被重新发现。这时候遂出现了中世纪经院哲学鼎盛之际的双峰对峙,即波拿文都拉与托马斯·阿奎那(Thomas Aquinas)思想体系的交锋与对比。与托马斯·阿奎那突出对亚里士多德思想体系及其理性逻辑的强调不同,波拿文都拉则更多坚持柏拉图、奥古斯丁的思想精神传统,以对教会沿袭的神秘智慧之理解来构建其经院哲学体系，形成了巨大影响，并一度占据主导地位。这里，波拿文都拉有着对神秘智慧的情感独钟和在其探究中的沉醉，在其时代曾形成广远影响。但在托马斯去世之后，托马斯的神哲学体系被确定为天主教的官方理论，这样才形成托马斯主义一派独大的局面。而波拿文都拉曾有的学术地位却逐渐被人们忽略，甚至在历史之尘的冲刷中被埋没和遗忘。但要系统了解基督教思想发展的全貌，尤其是中世纪经院哲学的格局，我们则不可以把波拿文都拉在这一思想史的印痕中彻底抹去。

一　生平与著述

和当时出名的大多基督教思想家一样，波拿文都拉（Bonaventura）也为意大利人。他约1217年（另一说为1221年）出生在维特尔博附近的巴格劳里镇（Bagnoregio b. Viterbo），其父亲费登萨（Fidanza di Castello）的家庭本为医生之家，故而以行医为业。波拿文都拉最初的施洗之名则为约翰，故而有费登萨的约翰（Johannes Fidanza）之名。但其童年病重时，其家庭作为医生之家却无法对他进行有效医治，后来经过来自阿西西的圣方济各的及时抢救他才转危为安，捡回了一条性命。圣方济各在治好他的病之后亲切地称他为"Bonaventura"（"好的未来"，亦译"未来之宝"），故才有了他的"波拿文都拉"之名。

波拿文都拉从小喜欢思想之探，在当地完成其早年学业之后于1236年至1242年在巴黎大学求学，并于1242年获得文学硕士学位。因为受到圣方济各对其童年的影响，他于1243年入方济各会，并拜著名经院哲学家、方济各会教士哈勒斯的亚历山大（Alexander von Hales, 1185-1245）为师。这位出生于英格兰的老师颇有权势，曾出面管理大学事务，并受英王委托参与英法停战谈判等外交活动，而其学问也做得不错，负责撰写推出四卷本的《亚历山大弟兄的大全》（*Summa fratris Alexandri*）等经院哲学著作，故被人誉为"不可辩驳的博士"（Doctor Irrefragabilis）。因其在巴黎大学任教而使方济各会在该学校的影响大增。波拿文都拉求学期间与哈勒斯的亚历山大多有交往，也使其神学水平大有提高。此后，他于1248年获得圣经学士学位，1250年获得箴言学士学位，1253年又获得神学硕士学位，这样才按照巴黎大学的要求基本完成其学业。而且，按照当时巴黎大学的规定，他毕业后也获得了在大学讲授《圣经》和《箴言四书》的资格，教学期间他与多明我会的阿奎那成为同事和朋友，两人过往甚密。此时在巴黎大学的教学席位安排上出现巨大争议，即巴黎大学中的在俗学者反对修会修士过多占有大学教席而对他们排挤打压，不希望大学教育被天主教修会所掌控。这样，他们两人曾被迫一度离开了大学讲坛。不过，教宗亚历山大四世（Alexander Ⅳ）于1256年10月5日谴责了反对修会修士在大学过多任教的代表人物圣阿姆的威廉（Wilhelm von St. Amour, 1210-1273），并于10月23日要求大学授予波拿文都拉和阿奎那两人博士学位。这样，两人在教宗亲自出面干预下得以于1257年8月12日同时被授予博士学位和神学教授头衔，从而可以重新回到大学任教。但是，波拿文都拉已于同年2月2日当选为方济各会总会长，从而转向教会仕途生涯，且由于修会职务职责的需要故而不得不永远放弃了其教学生涯，专事修会事务。这一转行使他也基本上离开了教学和研究工作，这显然使其学术探究受到相当大的影响。因此，波拿文都拉不再返回学界，其在大学的地位及作用亦从此消失。虽然他依然有着经院哲学家的身份，但他的学术研究在数量上却要远远少于托马斯的著述，而其思想建树从整体评价上也就不如托马斯所达到的那种学术成就。不过，波拿文都拉的理论趋向因与托马斯明显不同而形成了当时思想流派的对立，由此在当时社会及学界仍然颇为引人注目，其思想观点也受到了相应的关注。尤其是波拿文都拉晚年在巴黎大学为驳斥拉丁阿维洛伊主义盛行而做的系列演讲，曾吸引了众多师生，从而亦被人们所追随和拥戴，可被视为当时颇有影响的方济各派思潮的核心代表人物。

波拿文都拉担任方济各会总会长的职位达十七年之久，直至1274年5月20日才得以卸任。在此期间他曾肩负更多的教职和责任，并为之而四处奔波。1273年5月28日，他被教宗格列高利十世（Gregorius Ⅹ）

任命为阿尔巴诺的红衣主教，参与了教会之间的调解沟通工作。中世纪的天主教曾试图与东正教重新和好、合一，有过各种尝试。而波拿文都拉亦曾协助教宗促成了天主教与希腊正教的短暂统一。此外，他还参与了筹备里昂公会议等教务。但过度的操劳也使其身体状况急剧直下，后来抱病参加各种事务，最终于1274年7月15日因病在法国里昂逝世。

鉴于波拿文都拉在教会的地位及学术上的影响，教宗西斯克特四世（Sixtus Ⅳ）于1482年4月14日封其为圣徒，从而使其享有"虔诚博士"（Doctor Devotus）之尊称。1587年在西斯克特五世（Sixtus Ⅴ）担任教宗期间，他又获得"撒拉弗博士"（Doctor Seraphicus，即"六翼天使博士"，亦译"炽爱天使博士"）的称号，被尊为"教会导师"，这是对他在基督教思想及经院哲学上所做贡献的充分肯定。在教会传统中，他作为天主教圣徒，其纪念节日在7月14日。

必须承认，波拿文都拉虽然后来多忙于修会事务和教会外交工作，却仍然坚持其神学思想的探究，留有不少学术著作。其思想上的代表著作主要是在哲学与神学领域的著作，包括《彼得·郎巴德的〈箴言四书〉注解》（*Commentarii in quatuor libros Sententiarum Petri Lombardi*）（写于1248至1255年左右，共4卷、百万余字，被视为"经院哲学鼎盛时期在内容上最有意义的箴言注释"），以及《关于基督知识论辩问题集》（*Quaestiones disputate de scientia Christi*），《论三位一体的奥秘》（*De mysterio Trinitatis*），《论福音的完美》（*De perfectione evangelica*）（写于1255年左右），《简言集》（*Breviloguium*，亦译《短论》）（写于1257年左右），《论学艺向神学的回归》（*De reductione artium ad theologia*）等；他在其他领域亦著述甚丰，如其反对阿维洛伊主义的著作包括《论十戒律文集》（*Collectiones de 10 praeceptis*）（写于1267年左右），《论圣灵七礼文集》（*Collectiones de 7 donis Spiritus Sancti*）（写于1268年左右），《创世六天文集》（*Collectiones in Hexaemeron*，或 *Collationes in Hexaemeron*）（写于1273年左右，未能完稿）等；此外还有释经学的著作《路加福音注解》（*LK.-Kommentar*）（写于1248年左右），以及研究神秘主义的著作《心向上帝的旅程》（*Itinerarium* mentis in Deum）（写于 1259 年左右），《论三重路》（De triplici via）[也称为《爱之激情》（Incendium amoris）]，《生命之树》（Lignum vitae），《神秘的葡萄》（Vitis mystica），《论撒拉弗的六翼》（De sex alis Seraphim）等。而他作为当时方济各会的主要代表人物，也有诸多论及方济各修会的著作，包括《为贫穷辩护》（Apologia pauperum）（写于 1269 年左右），《纳尔榜规章》（Constitutiones Narbonnenses）（写于 1260 年左右），《圣方济各大小传奇》（Legenda maior u. 4 Legenda minor S. Francisci）等。波拿文都拉还是当时教会著名的布道、讲道家，其讲道集包括《论节制》（De tempore），《论神圣》（De sanctis），《论童贞玛利亚》（De B. Virgine Maria）等。在教会文献史上，还留有波拿文都拉的其他著作汇编如《短文三篇》（Tria Opuscula）（收有《简言集》《心向上帝的旅程》和《论学艺向神学的回归》）等。其最全著作的汇集则是方济各会于 1882 年至 1902 年编辑出版的波拿文都拉有十卷之多的《全集》（Doctor Seraphici S. Bonaventurae S. R. E. Episcopi cardinalis Opera omnia）。

二　神圣及神秘"智慧"

不同于中世纪鼎盛时期经院哲学对"理性""逻辑""辩证法"的强调，波拿文都拉的思想则代表着经院哲学中体现神秘主义的"智慧"学派，即把智慧作为哲学的目标。他秉承圣方济各的思想传统，以六翼天使撒拉弗的六翼来说明圣方济各所论及的"静观中的出神"（suspensio），指出"那六只翅膀可正确地被理解为六种光照的出神，通过它们，灵魂仿佛踏上了某种阶梯或旅程，以便凭借基督徒智慧的迷狂超拔而达至和平"。[1] 这种对"智慧"的凸显以及通过激情、狂热来追求智慧、表达智慧的特点，使波拿文都拉的思想独树一帜而引人注目。由此可说，他与托马

---

[1] [意]波拿文都拉：《心向上帝的旅程》，引自赵敦华、傅乐安主编《中世纪哲学》（下卷），商务印书馆 2013 年版，第 1196 页。

斯在中世纪鼎盛时期基本上是处于比翼双飞、双雄鼎立的学术地位。而且，在当时波拿文都拉的社会地位及教会影响甚至还一度大于托马斯，波拿文都拉在教会位居高位、掌握大权，这也是托马斯无法相比的。在基督教思想史上，可以说他们两人选择了不同的路径，代表着不同思想传统，但在传扬基督教信仰上则起到了殊途同归的作用。"两个人无疑都植根于同样的信仰，都忠于同一个规范，但赋予两人著作以灵魂的精神却给他们分派了不同的和独特的轨道。圣托马斯以一种让同时代人觉得鲁莽的勇气把亚里士多德主义嵌入基督教思想世界，而圣波纳文图拉则从事着在圣奥古斯丁的精神中革新和全面体系化的尝试。"[1]

波拿文都拉按照当时中世纪的学科范畴，区分出科学、哲学和神学的界定以及各自的使命和任务。在他看来，科学的范畴乃针对受造之物的探究，因此只是关涉物质、实体的知识学问；哲学与神学则显然要高于科学，因为它们所体现的"智慧"乃是体认上帝的直接触及和把握；这就是人们在宗教的虔信中对上帝的认识和敬畏，故此也只能以信、望、爱为基础，"它在认识中开始，在爱中结束"，这也就从理性的认识转向了情感上的爱，由此才能形成对上帝的"经验认识"和"甜美体验"这重要二维。这里，"智慧"（Sapientia）不是理性、冷静的思考、推理，而与"爱"（Charitas）、"平安"（Pax）、"出神"（Ecstasis）、"神魂超拔"（Excessus mentalis）等具有情感色彩的体验相似，意义相同。这里，信仰的意义要明显大于理性的推断，而且与人的情感密切结合，需要信者的回应与互动、依靠与渴求。"因此，撒拉弗六只翅膀的形象暗示了六种阶梯式的光照，这些光照从受造物开始并引向上帝，但只有依靠被钉于十字架上者才能正确地进入上帝之中"，这种互动至关重要，"也正因为如此，我首先恳请读者不要固执地以为：只要诵读无须恩膏，只要思辨无须热忱，只要研究无须惊异，只要慎思无须欣喜，只要勤奋无须虔诚，只要认识无须爱慕，只要理解无须谦卑，只要努力无须神圣的恩典，只

---

[1] 引自[德]博讷、吉尔松《基督教哲学：从其起源到尼古拉》，李秋零译，第363页。

要明辨（speculum）无须启示的神圣智慧就已足够了"。[1] 在波拿文都拉看来，"爱慕渴望神圣的智慧的人"必须"擦拭并磨光我们心灵的镜子（speculum），否则外在的明辨（speculum）少有甚至毫无补益"。因此，"上帝的人，请首先留意你良心的不安，然后再举目仰视闪耀在镜子上的智慧的光芒，以免从静观（speculatio）智慧的光芒中堕入更深的黑暗的深渊"。[2]

三　神学与哲学

既然神学与哲学都触及到"智慧"，那么二者的关系应该是怎样的呢？波拿文都拉认为，其实哲学也是通过其理性推论来追求这种神性智慧，因而其本质实际上也就理应顺从于神学、并必须接受神学的指导。这里，波拿文都拉并不回避或排除理性的作用，但他对人的认知有着相应的排序，指明其有着认知阶段及发展上的区别。"依照上升至上帝的六个阶段，我们灵魂诸官能的阶梯也有六个，即感觉（sensus）、想象（imaginatio）、理性（ratio）、理智（intellectus）、悟性（intelligentia）以及心灵的顶峰（apex mentis）或神性的火花（synderesis scintilla），通过它们我们由最底部攀升至最高点，由外部深入到最里面，由暂时抵达永恒。这些官能根植于我们的本性中，后为罪恶所扭曲，又为恩典所改变、为正义所净化、为知识所陶冶、为智慧所完美。"[3] 与这最高程度的升华相呼应，他因而强调神学乃是众多学科中最主要、最重要的。而且，这种神学可以分为"象征神学""本然神学"和"神秘神学"，其直接来源则是耶稣基督，因为"上帝使他成为我们的智慧、正义、圣洁和救赎。由于他是上帝的德能和

---

[1] [意]波拿文都拉:《心向上帝的旅程》，引自赵敦华、傅乐安主编《中世纪哲学》（下卷），商务印书馆2013年版，第1197页。

[2] [意]波拿文都拉:《心向上帝的旅程》，引自赵敦华、傅乐安主编《中世纪哲学》（下卷），商务印书馆2013年版，第1198页。

[3] [意]波拿文都拉:《心向上帝的旅程》，引自赵敦华、傅乐安主编《中世纪哲学》（下卷），商务印书馆2013年版，第1201页。

智慧,是充满恩典和真理的成肉身的圣言,因此他产生了恩典和真理,即倾注了爱的恩典,这爱的恩典出自于纯洁的心灵、善良的良知和真诚的信仰,这恩典从前述三个方面矫正了人的整个灵魂;他又以三种神学,即象征神学(symbolica)、本然神学(propria)和神秘神学(mystica)教导了真知,使我们通过象征神学正确运用可感的事物,通过本然神学正确运用可理解的事物,通过神秘神学获得心灵的超拔"。[1]

只是在充分肯定、强调神学的至高地位及重要意义之后,波拿文都拉才承认哲学的存在价值;也就是说,哲学是为神学服务的,其目的是要通过其逻辑自然地把人们引向上帝,故此对神学当然也有着辅助的功能。具体而论,他认为哲学的作用一是借助信仰来追求爱的认识,这种知识体系故有其存在意义;二是通过哲学的理性及其逻辑推理而可达到对真理的清晰直观,神学并不否定理性,只是不允许理性的僭越;三是人们通过哲学而意识到自身对神学的依属,处理好哲学对神学的依附关系,从而可以避免犯错;四是哲学只是这一神性认识的中间阶段,它作为神秘的阶梯起着中介及过渡作用,从而能够帮助人回归上帝。波拿文都拉的思想体系故而也有形而上学的模糊之影,他即以这种神秘主义的独特构思而形成自己的过程、流溢之形而上学理论。他为此说:"'这就是我们的整个形而上学:论流溢、论摹本、论增长,当然是被属灵的光所照耀,被带回到至高者。'流溢讨论的是通过上帝形成的世界,摹本讨论的是作为受造者的范型的时代,增长或者回归讨论的是作为被创造的精神之目标的上帝,这些精神被上帝的光所射中而返回家园。"[2]

四 流溢与光照

在上述探讨中,可以注意到在波拿文都拉颇有神秘主义意蕴的形而

---

[1] [意]波拿文都拉:《心向上帝的旅程》,引自赵敦华、傅乐安主编《中世纪哲学》(下卷),商务印书馆2013年版,第1201页。

[2] 引自[德]博讷、吉尔松《基督教哲学:从其起源到尼古拉》,李秋零译,第366页。

上学中，其关键词"流溢"（Emanatio）有着独特意义。对于物质世界究竟如何被创造，以及与神明及其神圣有什么关系，波拿文都拉在此显然借用了源自新柏拉图主义、在中世纪被牛津学派所推动的"光的形而上学"之解释。这里显然是对柏拉图、奥古斯丁相关理论构思的寻源与回归。按此理论，物质的构建乃以质料和光的形式为其本原。而"光"在此既有本原之基，又是以其"光照"之辐射来形成新的形式之动力。此外，"光"的辐射即流溢还有着普照、创新作用，这种增扩却丝毫不会损伤其本身。于是，不难看出在自然世界中到处都有光源所形成的实体性辐射、并由此而实现的创造。"它一直渗透到地球最深的基础，并引导着矿物体的形成。通过其纯粹性和与使质料做好准备接受生命的精神的相似性，光的作用是肉体和灵魂之间的中间环节，促成动物的生殖，从质料的潜能中得出植物的和感性的灵魂。它一直渗透到较低的认识活动，使它们得以实现。在这个月下世界上，没有任何东西避得开光的作用。"[1] 以前人们习惯认为宗教唯心主义忽视物质，在其体系构架和基本范畴中好似与物质无关。其实，宗教思想家也是无法回避物质的存在的，而只是设立了自己的解释系统。波拿文都拉在这里就肯定了物质的存在，而且选用了古希腊哲学传统的形式与质料理论框架来对之加以解释，认为在这种物质性物体之上，则是生命的存在者，其形式本就存在于质料的潜能之中。西方哲学传统非常强调存在的意义，中世纪经院哲学同样注意到对存在问题的探究。在二者的关系中，波拿文都拉认为物质本身并非具有潜能之质料，而恰恰是其结果。只有这种质料才承载着一切生命形式之源，而具有一切潜能之质料正是上帝所创造。值得玩味的是，经院哲学家通常都会以物质之"潜能"、上帝之"隐逸"来说明世界与神性，其间实为自己的解释留下了足够的回旋空间。而在世界与上帝的关系上，波拿文都拉则指明其"受造"与"创造"的关系，强调一切自然存在者都不具有真正的创造力，甚至灵魂虽与物质世界有别，却也是受造而成，来自质料和形式的复合；而这种介乎二者之

---

[1] 引自 [德] 博讷、吉尔松《基督教哲学：从其起源到尼古拉》，李秋零译，第 368 页。

间的灵魂向上帝的回归,也是通过这种"光照"来实现的。因此,上帝乃世界及其物质的本源,一切创造都来自上帝,源于上帝的神圣光照。他基于这种"光照"论,则可说明上帝作为真理的本原,其真理之光昭示了上帝的绝对存在。"因为一切真理都要么是天生的,要么是通过那种最高的光的压铸而铸造出来的;如果停止影响,它无论如何也就不再是真理。"[1]

既然有"光照"、有"流溢",那么其"光"也一定与世界及其物质相关,同样就为世人与此"光"形成关联,即亦存在"认识之光"。波拿文都拉说:"虽然一切认识的光照都是内在的,但我们还是可以合理地把它们区分为外在的光明,即机械技术之光;较低级的光明,即感性认识之光;内在的光明,即哲学认识之光;较高级的光明,即恩典和《圣经》之光。第一种光是为了技艺的种类而照耀,第二种光是为了自然的形式而照耀,第三种光是为了理性的真理而照耀,第四种亦即最后一种光是为了拯救的真理而照耀。"[2] 由此可见,光明与照耀似有层级之别,这种相对性与绝对性的区分,实则反映出认识的复杂性和阶段性。

五 原型与摹本

神秘智慧揭示出在认识世界及其本原上的不确定性和模糊性,很难有直接及直白之效。因此,人对这种表述也有其间接性和象征性。根据基督教的信仰理解,人本是按照上帝的形象而造;这里,究竟如何来理解上帝的"形象",也给人们留下了疑问和悬案。作为受造者范型的上帝,实质上就给人本应完美的原型启迪出"肖像"(similitudo)、"摹本"(Exemplaritas)之意蕴。但原型与摹本也就会有着似与不似之差距,甚至会有本质之别。不仅人的原貌,而且人的认知理念,其来源也都是上帝;上帝即一种最原初、最根本的存有,因而在思想层面被作为纯粹的精

---

[1] 引自[德]博讷、吉尔松《基督教哲学:从其起源到尼古拉》,李秋零译,第376页。
[2] [意]波拿文都拉:《论学艺向神学的回归》,引自赵敦华、傅乐安主编《中世纪哲学》(下卷),商务印书馆2013年版,第1236页。

神和最高的真理来认知，其抽象性、根本性与这一本原性的"肖像"之启示密切关联，"由于它起源自上帝，它就表达着上帝所是、所知道、所能够的一切。这就是道"[1]。波拿文都拉在此用了"道"（逻各斯）这一核心表述，并特别指出，"道，即逻各斯，必然在自身中包含着每一个完善等级上上帝的一切可能的摹本的原则。这样一来，道就成为上帝的自我表达，成为一切事物的范型、样板。如果我们把它与一个艺术家用来想象他的未来作品的理念相比较，那么，我们就可以把道称为父的 Ars aeterna，即永恒的艺术，把它称作上帝用来创造一切事物的手段"[2]。这一永恒艺术超越一切技艺和知识，乃是所有事物之关联、其逻辑规则的来源和依赖，是其本原和归宿，其作为统摄并超越一切知识的神圣知识而反映出神圣的光照。"知识的所有部门都有确定无误的规则，它们是永恒律照耀我们心灵的灯塔。心灵被照得通亮，充满着光明，可以引向对永恒之光的沉思。"[3]

既然神圣本原乃不可企及的"自体"，那么作为其"摹本"的相对存在物也不可能被透彻认知。这里，波拿文都拉首先基于"上帝的肖像"而开展了其对"上帝的沉思"，人格化的神之奥秘被揭示出有着深刻的哲学之思。他强调说，何为"上帝"，其首名即"存在"，"因此，欲静观上帝的不可见直至其本质的至一性，首先应着眼于上帝乃存在本身，他乃存在本身是如此地确切无疑，以至于他不可能被思考为不存在，因为至纯的存在本身一定得排除一切不存在，犹如虚无排除了一切存在"[4]。很显然，神性思维在这里同样表达了对存在世界的根本认知，而没有脱离对这个世界的基本把握。如果这种上帝作为"存在"仍然被视为一种本体论的探讨，那么波拿文都拉又进而提出上帝的另一名则为"善"，从而从物质自然的世界进入了道德伦理的社会之界。波拿文都拉对之比较说，"第一

1　引自［德］博讷、吉尔松《基督教哲学：从其起源到尼古拉》，李秋零译，第 371 页。
2　引自［德］博讷、吉尔松《基督教哲学：从其起源到尼古拉》，李秋零译，第 372 页。
3　引自赵敦华《基督教哲学 1500 年》，人民出版社 1994 年版，第 416 页。
4　［意］波拿文都拉：《心向上帝的旅程》，引自赵敦华、傅乐安主编《中世纪哲学》（下卷），商务印书馆 2013 年版，第 1224—1225 页。

种方式，首先和主要着眼于上帝乃存在本身（ipsum esse），并称它为上帝的首名；第二种方式着眼于上帝乃善本身（ipsum bonum），并认为这也是上帝的首名。前一名称特别属于旧约，主要宣告神圣本质的至一性，故上帝对摩西说：我是自有永有（ego sum qui sum）；后一名称特别属于新约，意指位格的复多性：要以圣父、圣子和圣灵之名施洗"[1]。而这种"对至福的三位一体的沉思"则从物的世界进入了人的世界。

但是，"没有人见过上帝"，人不可能直接认识上帝，而只能借助于其所造之物来被人间接认知。波拿文都拉强调人不可能见到上帝之"原型"，而只会接触到其"摹本"。"然而，这可感世界的受造物如此地表现了不可见的上帝，是因为上帝乃一切受造物的源泉、范型和目的，一切结果都是引达上帝的原因的证据、范型的副本和通向目的的道路；……一切受造物从本性上讲都是那永恒智慧的某种模样和肖像"，"综上所述，隐秘的上帝，藉着受造物而为这受造的世界所理解。"[2]

随之，波拿文都拉讨论了对受造世界的认知。而这种认知同样也是"在上帝的痕迹中，即在这可感世界内对上帝的沉思"[3]，其特点则是从超越之仰视而回到了内在之观察。人作为存在于世界之中的观察者而把外在世界称为"宏观宇宙的世界"，把人之本身视为微观的"小宇宙"。虽然有如此区分，但波拿文都拉仍将之视为一个整体的世界，其理由是"这称作宏观宇宙的世界，因我们对可感事物的捕捉、对它们的愉悦和对它们的判断，由五种感官之门进入称作小宇宙的我们的灵魂"[4]。这五官即视觉、触觉、味觉、听觉和嗅觉，它们如同五道门而使对一切可感世界的认识进入人的灵魂。显然，在波拿文都拉对这个世界的认识中，人与神并不截然隔

---

1 [意]波拿文都拉:《心向上帝的旅程》，引自赵敦华、傅乐安主编《中世纪哲学》（下卷），商务印书馆2013年版，第1224页。

2 [意]波拿文都拉:《心向上帝的旅程》，引自赵敦华、傅乐安主编《中世纪哲学》（下卷），商务印书馆2013年版，第1212页。

3 [意]波拿文都拉:《心向上帝的旅程》，引自赵敦华、傅乐安主编《中世纪哲学》（下卷），商务印书馆2013年版，第1205页。

4 [意]波拿文都拉:《心向上帝的旅程》，引自赵敦华、傅乐安主编《中世纪哲学》（下卷），商务印书馆2013年版，第1206页。

离，而是有着不能看见、却可感悟的神秘关联，二者之间存在隐秘而复杂的路径。他为此区分说："在这世界中，有产生者，有被产生者，还有统治这二者的。产生者是单纯的物体，如天体和四元素。任何由自然力产生的东西，都是依靠在混合中调和诸元素对立面的光的力量，而从诸元素中产生出来的。被产生者是诸元素的结合物，如矿物、植物、动物和人体。统治产生者和被产生者的是精神实体，有些是同形体完全结合在一起的，如动物的灵魂；有些是可分离地与形体结合在一起的，如理性者（即人）的灵魂；有些是不可分地（inseparabiliter）与形体相结合的，如天上的灵魂，哲学家们将之称为领悟者，我们称之为天使。"[1] 虽然波拿文都拉在这里使用了神学的语言，而其旨归却显然是对真实世界的探索和解释。在其对神秘智慧的把握中，已经触及世界的真实存在。由此而论，中世纪经院哲学家的精神世界并非空虚的、梦幻的，而是通过其神学写照来迂回地重返世界、重归人间。

上面所论就是波拿文都拉对中世纪哲学与神学结合的基本理解和探究思路。在他看来，人并不生活在一个虚无的世界，上帝虽隐蔽却存在，而人的认识就是通过心灵来通往神圣、朝向上帝的升华之旅。这一旅程是曲折的、间歇的，大致可以分为六个上升阶段，亦反映出人的心灵由此所达到的六种能力，即感觉、想象、知性、理性、悟性和心灵之顶峰，在此进程中则有着良心的闪现、可获得上帝的影像。在人生旅程中，人们会以其虔敬而达到超拔，从而也就能够由底部到达顶点，由外围到达核心，由短暂达到永恒。不言而喻，波拿文都拉是以其对基督教信仰传统及其思想渊源的信奉及理解来构建其形而上学思辨体系的。但其形而上学与亚里士多德的形而上学迥异。他曾总结说："我们全部的形而上学讨论流溢、原型以及事物的终极目的，即，在精神之光的照耀下，返回高处。这样，你

---

[1] [意]波拿文都拉:《心向上帝的旅程》，引自赵敦华、傅乐安主编《中世纪哲学》（下卷），商务印书馆 2013 年版，第 1206 页。

们才是真正的形而上学者。"[1] 通过其所领悟的形而上学之真谛，这一体系应该更多是动态的、行进的，故而乃辩证的形而上学，绝非静态的形上逻辑推演。

通过对波拿文都拉这一思想传统的分析比较，赵敦华曾概括说："他所说的形而上学是柏拉图主义的原型说，新柏拉图主义的流溢说和奥古斯丁主义的光照说，这些恰恰是亚里士多德形而上学所没有的内容。"[2] 因此，在中世纪鼎盛之际亚里士多德理性体系被重新发现时，波拿文都拉却选择了不同的思想传统，他试图保持住其原有的发展路线，故而对亚里士多德主义采取了与托马斯·阿奎那迥异的态度。这样，波拿文都拉与托马斯·阿奎那共同代表着中世纪经院哲学巅峰时期的突出人物。波拿文都拉注重的是一种内蕴的理性，在其自身之中找寻并发现其需要理解的对象，而相关形式则是从其质料之中呈现出来的，即由隐蔽而敞开。而托马斯·阿奎那则主张以理性来捕捉感觉，由这种感觉来确定其理解之对象，因而有着从外部得来所赋予质料的形式，由此也就形成了其强调外在自然之理性与波拿文都拉突出内在神秘之理性的对应。当然，波拿文都拉也不可能跳出整个经院哲学思维的大框架，而是在这一体制内尝试把理性思辨主义与宗教神秘主义相结合，为之赋予神圣智慧之"光"。这种努力与当时思辨性的理论发展尚有一些差异，故而其想构筑的体系化并不十分成功。不过，其尝试仍然充满时代意义；他所描述的充满宗教激情和神秘体悟的心灵之旅也曾深深地打动了但丁。其结果，但丁在其《神曲·天堂篇》中特地为波拿文都拉和托马斯·阿奎那两人的灵魂在天堂的共同之处即在天堂第四重天的太阳天留下了位置，认为他们的崇高灵魂肯定会向着神圣升飞，就如同"罗盘中的磁针转向北极星"那样自然和必然。在现实中，这两位观点不同、理论分殊的经院哲学大师彼此尊重，终生保持着与对方友谊深厚的私交。当托马斯·阿奎那高歌理性之旋律时，波拿文都拉

---

1 引自赵敦华《基督教哲学 1500 年》，人民出版社 1994 年版，第 418 页。
2 引自赵敦华《基督教哲学 1500 年》，人民出版社 1994 年版，第 418 页。

则有着在神秘主义中的沉醉。两人异彩纷呈、殊途同归，都为中世纪经院哲学的发展做出了其独特贡献。虽然在后来天主教官方思想的发展中托马斯·阿奎那得以独占鳌头，但波拿文都拉的"智慧"之探，尤其是其"智慧"之爱却也同样留下了历史的印痕，引起了古今的共鸣。

扩展阅读

[意]波纳文图拉:《短论》，溥林、黄路苹译，香港道风书社2008年版。

溥林:《中世纪的信仰与理解——波纳文图拉神哲学导论》，香港道风书社2006年版。

[意]圣·波纳文图拉:《中世纪的心灵之旅》，溥林译，华夏出版社2003年版。

Joseph Ratzinger, *Die Geschichtstheologie des hl. Bonaventura*, München-Zürich, 1959.

Klaus Hammerlock, *Theologie als Nachfolge. Bonaventura - ein Weg für Heute*, Freiburg-Basel-Wien, 1975.

Winthir Rauch, *Das Buch Gottes. Eine systematische Untersuchung des Buchbegriffes bei Bonaventura*, München, 1961.

第8讲

主讲人　周伟驰

形象观的传承

——阿奎那对奥古斯丁三一类比的继承、转化及其问题

一 阿奎那形象观的出处 *

形象观是基督教神学中连接神人关系的重要论题,亦是基督教人学的轴心。在西方基督教形象观的形成中,奥古斯丁和托马斯·阿奎那起到了决定性的作用。阿奎那晚于奥古斯丁约八百年,但智者的心灵是相通的,他对于奥古斯丁形象观的继承和发扬,是基督教神学和人学史上的一件大事,因此,对阿奎那与奥古斯丁形象观的比较考察具有重要的意义。

简要地说,形象观来源于圣经旧约《创世记》1:26所说上帝照着自己的形象造人。历代基督教神学家围绕着这一节经文展开了神人之间的相似与相异、神人之间的关系的思考。由于基督教的上帝是所谓"三位一体",因此,三位一体上帝的"形象"如何体现在受造物,尤其是人的身上,就成了首要的问题。我们由此也可以看出,形象观与三一论密切相

---

* 本文最初发表于香港《道风基督教文化评论》2008年春总第28期("教父学与中国学术"专辑),略有修改。

关，不可分割。不只如此，形象观还与创世论、救赎论、末世论这些神学主题连在一起，因为人既是按照神的形象被造，而人的沉沦当然也是形象的"破毁"，人的得救也就是形象的"恢复"，人在末世的得荣耀也就是形象的"完善"，可以说，形象观贯穿了神人关系史的全部，是基督教神学的主要线索之一。此外，形象观作为基督教人学的轴心，涉及对人的特征、使命、目的、能力、行为……方方面面的看法，尤其在对人的心灵的考察和意识的分析方面，具有重要的哲学和心理学意义。

奥古斯丁被称为基督教的"第二创建者"，仅次于保罗。奥古斯丁的形象观是在其三一论中集中提出来的。在《论三位一体》（*De Trinitate*）[1]里，奥古斯丁为了试图说明"三位一体"上帝如何既有三个位格，又只有一个上帝而不是三个上帝，抓住《创世记》1:26做文章，以受造物中最高级的部分、最接近上帝的部分——人的心灵——为镜子，为"形象"，作类比，来一窥"三位"如何能够"一体"之堂奥。通过一系列艰难的思考和走马灯似的尝试，奥古斯丁从低等受造物中的三一"痕迹"（或踪迹），到人的感觉认识中的三一痕迹，到人的理性认识活动中的三一痕迹，最终找到了两个可以较完美地类比上帝三一的"形象"：心灵对它自己的记忆—理解—爱（意志），以及心灵对上帝的记忆—理解—爱（意志）。在奥古斯丁看来，在心灵对它自己的认识中，记忆、理解、爱，三者各不相同，类似于圣父、圣子、圣灵三个位格各不相同；同时，记忆 = 理解 = 爱 = 心灵自身，三者地位平等，都等同于心灵自身，并且只有一个心灵，类似于圣父 = 圣子 = 圣灵 = 上帝，三者地位相同，都是上帝，并且只有一个上帝。更奇妙的是，记忆、理解、爱三者相互含摄，你中有我，我中有你，但又各不混淆，地位平等，这类似于圣父、圣子、圣灵之间的关系，虽然他们也是你中有我，我中有你，但三者也是各不混淆，地位平

---

[1] Augustine, *The Trinity*, trans. Edmund Hill, New City Press, New York, 1991.《论三位一体》，周伟驰译，上海世纪出版集团2005年版。以下"中译本"均指该版本。关于奥古斯丁的形象观，中文文献有：周伟驰著《记忆与光照：奥古斯丁神哲学研究》（社会科学文献出版社2001年版）；《复形记：奥古斯丁的形象观》，载《道风基督教文化评论》2004年第21期；《奥古斯丁的基督教思想》（中国社会科学出版社2005年版）。

等的。

　　除此之外，奥古斯丁还依据"太初有言，言与上帝同在，言就是上帝"等经文，结合斯多亚派区分"内言"和"外言"的哲学，创造性地发展了他自己的"心言"说，用来类比作为"圣言"的圣子在上帝三位一体中被圣父"说出"（生出）及其"言成肉身"。

　　不过，奥古斯丁也充分地认识到所有三一痕迹、形象、类比的不足，认为即使是他认为较完美的两个形象，即心灵对它自己的记忆、理解、爱，和心灵对上帝的记忆、理解、爱，实际上也是非常不完美的，不能够充分地传达出上帝三位格如何既各不相同，又只有一个上帝的意思。

　　从奥古斯丁逝世到阿奎那重拾奥古斯丁三一论，八百年间，奥古斯丁的知音寥若晨星。阿奎那对奥古斯丁三一论和形象观的认识，本身也经历了一个受伦巴德误导，再到直接读奥古斯丁原著，深入理会奥古斯丁神髓的过程。阿奎那的形象观的思想来源，除了圣经尤其是《创世记》外，主要来自于奥古斯丁，亦引用到少数其他教父。[1]

　　阿奎那的三一论和形象观本身也有一个发展过程，依时间先后可以列出如下：

　　《章句集评注》，尤其 I Sent. d.3 qq.2-5，II Sent .d.16。阿奎那在巴黎大学首次教授《章句集》（1252-1256），因此亦称《巴黎评注》。在此前后他可能读了或重读了奥古斯丁的《论三位一体》。但在这个阶段，他

---

[1] 托马斯形象观首先建基于《创世记》1:26 和奥古斯丁的三一类比上，还借助了少数几个教父，引用到 Hilary of Poitiers 和 John Damascene。见 Gregory P. Rocca, *Speaking the Incomprehensible God: Thomas Aquinas on the Interplay of Positive and Negative Theology*, The Catholic University of America Press, Washington, D.C., 2004, p.279. 具体到奥古斯丁的著作，则主要有《论三位一体》，尤其该著后半部的心灵类比；此外尚有《八十三个不同的问题》《创世记字解》《上帝之城》《论幸福生活》及奥古斯丁的布道中涉及三一类比之处。

尚未能摆脱伦巴德对奥古斯丁的一些错误理解。[1]

《真理问答集》，尤其其中第10问（1257），在探讨人的认知时他提到几个跟上帝形象有关的要点，显示对奥古斯丁的理解的深入。

《波爱修〈论三位一体〉释义》（*Expositio super librum Boethii De Trinitate*），该著写作年代尚有争议，但可能是写于《章句集评注》之后，约与《波爱修〈七公理论〉释义》（*Expositio in librum Boethii de Hebdomadibus*）（1256-1259？）同时，在《反异教大全》（1259-1264）之前，因此最可能写于1256-1259年之间。[2] 波爱修三一论深受奥古斯丁影响，文中讨论了奥古斯丁用"关系"范畴来理解三位一体中的问题，因此，阿奎那亦由此了解了奥古斯丁三一论。

《反异教大全》IV.26（1263-1264）

《能力问答集》（*Quaestio disputata de potential*）q.9 a.9(1266)

《罗马评注》（1265-1266），是阿奎那在罗马多明我会学校（Dominican stadium at Rome）第二次讲授《章句集》，因此被称为"罗马评注"，以与"巴黎评注"区分。

以上三处都有简短的形象观论述，看得出他对奥古斯丁思想的吸收和消化。

《约翰福音评注》（*Lectura super Ioannem*）（1269/1270-1272），开头讲解"太初有言，言与上帝同在，言就是上帝"时，引用了亚里士多

---

[1] 如《章句集》中有时会将奥古斯丁《论三位一体》的话与伦巴德本人的话混在一起，造成误解。如《章句集》II dist.24 cc.6-13 紧跟奥古斯丁《论三位一体》XII关于始祖犯罪时所受诱惑的讨论，将无意的感官过错也算为罪（虽然是小罪）。别人都误解了，但他们后来了解奥古斯丁的真义后，都改了，认为感官的行为不在意志之内，故无罪。但唯独阿奎那未改，因为在他看来，这些小罪本可预防，如果心灵早已正确想事的话。见 James A. Weisheipl, *Friar Thomas D'Aquino: His Life, Thought, and Works,* The Catholic University of America Press, Washington, D. C. pp.73-74.《章句集》中将奥古斯丁"记忆—理解—爱"描述为"心灵的自然属性或力量"（vires）。阿奎那也接受了此一看法，将此三力量视为 potentiae，或亚里士多德所谓灵魂的职能。将上帝的形象置于 in potentiis mentis(I Sent. d.3 q.3 a.1 ad 1)。参见 D.Juvenal Merriell, "Trinitarian Anthropology", *The Theology of Thomas Aquinas,* ed.by Rik Van Nieuwenhove and Joseph Wawrykow, University of Notre Dame Press, 2005, p.128。

[2] Douglas C. Hall, *The Trinity: An Analysis of St.Thomas Aquinas' Expositio of the De Trinitate of Boethius*, E.J.Brill, Leiden.New York, Koln, 1992, p.41.

德《解释篇》的内言外言理论，并用奥古斯丁的内言类比对之进行了改造。[1]

《神学大全》（1267-1274），其中第93问详细表述了他对奥古斯丁《论三位一体》的理解、吸收和发展。[2]

这些论述中，以《神学大全》第一部第93问最为集中和成熟。在此我们以《神学大全》第一部第93问为主，结合《章句集评注》《真理问答集》和《反异教大全》等处的相关论述，探讨阿奎那如何在继承奥古斯丁形象观的同时作了某些转化和修改。同时，我们还将检讨当代阿奎那形象观研究中的一些论点，指出其值得肯定之处，以及不足之处。

阿奎那形象观是其神学的重要一环，甚至是其神学枢纽之一，涉及神学的所有其他重要范畴。因此，对其形象观的研究历来不乏学者，也涌现了不少优秀的著作。[3] 其中阿奎那与奥古斯丁三一论和形象观的关系问

---

[1] 该著为阿奎那第二次任教巴黎大学时的讲课记录。英译见 *Commentary on the Gospel of Saint John*, trs. J.A.Weisheipl and F.R.Archer, Albany: Magi Books, 1980. 其中讲解《约翰福音》开头这三句话的最重要的一章，被收入 Aquinas: *On Faith and Reason*, ed.Stephen F. Brown, Hackett Publishing Company, Inc., 1999, pp.237-254。在比较人言与圣言之时，阿奎那引用到奥古斯丁《论三位一体》《八十三个不同的问题》。关于阿奎那《约翰福音评注》对教父的引用的一般情况，亦可参见 Stephen F.Brown, "The Theological Role of the Fathers in Aquinas's Super Evangelium S.Ioannis Lectura", *Reading John with St. Thomas Aquinas: Theological Exegesis and Speculative Theology*, The Catholic university of America Press, Washington, D.C., 2005, pp.23-61。

[2] 部分资料参考了 D.Juvenal Merriell, "Trinitarian Anthropology", *The Theology of Thomas Aquinas*, ed.by Rik Van Nieuwenhove and Joseph Wawrykow, University of Notre Dame Press, 2005, p.126。

[3] 笔者接触到的专论阿奎那三一论的著作，有：Timothy L. Smith, *Thomas Aquinas' Trinitarian Theology: A Study in Theological Method*, The Catholic University of America Press, Washington, D.C., 2003。但就学术功力而言，给笔者深刻印象的有：Jean-Pierre Torrell, "Image and Beatitude", *Saint Thomas Aquinas, vol.2, Spiritual Master*, trs.Robert Royal, The Catholic University of America Press, Washington, D.C., 1996. 以及 D.Juvenal Merriell, "Trinitarian Anthropology", *The Theology of Thomas Aquinas*, 同前注，2005。天主教神学大家 Lonergan 早期即靠研究阿奎那"内言"起家，发展出其"洞察"（insight）观，见 Lonergan, *Verbum: Word and Idea in Aquinas*, ed.by Frederick E. Crowe and Robert M. Doran, University of Toronto Press, 1997. 其中第5篇文章"Imago Dei"专讲阿奎那形象观。

题，也引起一些学者的注意。[1]

二 阿奎那对奥古斯丁形象观的继承

近年来西方神学家在反思三一论时，均指出希腊教父原本是由"三"而"一"，强调从救赎史圣父、圣子、圣灵的经世行为来理解三位之合一，而西方三一论却走上了歧路，偏重于内在三一，而忽略经世三一，强调"一"而忽略"三"。他们认为奥古斯丁是罪魁祸首，而阿奎那是雪上加霜，这导致了西方上帝论成为独一神论，直至演化为理神论，最终为无神论铺路，"上帝已死"。[2]

其实在奥古斯丁和阿奎那本人那里，对于经世三一之理解绝对不逊于希腊教父，只是他们既要从上帝在世上的行为中把握"三"，又要从此"三"中推出上帝内部的应有之理，使上帝论有始有终，达到逻辑上的可理解性和一致，因此"内在三一"是上帝论中少不了的必要的一环。而后人失察，在对奥古斯丁和阿奎那的三一论作总结时，失之于简单化，侧重于其中之"一"而忽略其"三"，遂使后人以为他们不知道"三"和"经世三一"的道理。其实不然。比如奥古斯丁《论三位一体》前四卷中对于经文中父、子、灵的显现的详细考察，阿奎那《反异教大全》第四部对于三位一体这样的启示真理的讨论，以及《神学大全》对于三位一体（第一部）、言成肉身（第三部）的探讨，都对经世三一有充分的

---

[1] Jean-Pierre Torrell, "Image and Beatitude", *Saint Thomas Aquinas, vol.2, Spiritual Master*, pp.84-85, footnote10. 较详细地列出了1952-1990年间关于阿奎那形象观的主要文献。其中重点涉及阿奎那形象观与奥古斯丁关系的有三篇：Beaurecueil 认为阿奎那逐渐离开奥古斯丁，趋向亚里士多德和托名狄奥尼索斯，D.J.Merriell 则认为正好相反，阿奎那形象观的发展来自于他对奥古斯丁的深入的重读，J.Pelikan 也强调奥古斯丁的决定性影响。Merriell 的主要观点在本文所引用的"Trinitarian Anthropology"一文中亦有体现和更新。此外，尚有 William B. Stevenson, "The Problem of Trinitarian Processions in Thomas' Roman Commentary", *The Thomist* 64, 2000, pp.619-629。该文认为阿奎那在《罗马评注》中对奥古斯丁形象作了亚里士多德式改造，关键在于放弃了奥古斯丁的"记忆"类比。
[2] 参见周伟驰《三一神论的"三""一"之争》，香港《道风基督教文化评论》1997年第7期。

关注。[1]

虽然他们与东方教父在经世三一、在从上帝的救世行为来认识上帝上并没有多大差别，但是，他们在思考的内容和方式上却仍然有着与东方教父甚为不同的鲜明特征，那就是他们的思辨性和理性化。他们在形象观上紧扣"人是上帝的形象"这一主题，从人的理性着手，对人的心理、意识、认识层面进行深入的考察，力图在这里找到"形象"，来多少达到对三一上帝的一点认识。这跟东方教父更倾向于从人的自由和道德来谈"形象"有所不同。这不是说奥古斯丁和阿奎那忽略或不谈人的自由和道德，而是说他们不把它们当作形象观中的重点。他们的兴趣更多地集中在这样的问题上：在哪里可以找到上帝的形象？如果是在人那里，那么在人的哪个部分可以找到上帝的形象？这个在人这里的形象是怎么样的？这个形象能够使我们对上帝的认识和爱达到哪个程度？

和奥古斯丁一样[2]，阿奎那也反对东方传统更加能够接受的"家庭三一论"或"社会三一论"。在阿奎那看来，用人间夫妻及其子女构成的家庭来类比圣父、圣子、圣灵，把他们当作一个"神圣家庭"，是不可接受的，是不符合《圣经》中的"形象"的含义的。[3]

在对"形象"的界定上，阿奎那也和奥古斯丁一样，首先将基督（圣言、圣子）作为圣父"本体的真像"和受造物中的人作为上帝的"形象"

---

[1] 代表阿奎那释经著作顶峰的《约翰福音评注》，亦对三一论之方方面面（包括经世三一）有着全面深入的思考，如对用理智中"内言"之"产生"来类比圣父之生"圣言"，就有相当详细的思考。《约翰福音评注》全面考察了教父们在三一论上的思考（尤其奥古斯丁的），许多想法后来都在《神学大全》重现。参见 Gilles Emery, "Biblical Exegesis and the Speculative Doctrine of the Trinity in St. Thomas Aquinas' Commentary on St. John", *Reading John with St. Thomas Aquinas: Theological Exegesis and Speculative Theology*, The Catholic University of America Press, Washington, D.C., 2005, pp.23-61。

[2] 奥古斯丁《论三位一体》12:5-8，中译本第312-315页，在那里奥古斯丁反驳了以男女结合生出孩子构成一家，来类比圣父和圣灵结合生出圣子构成三位一体的说法。

[3] 阿奎那在 ST Ia q.93 a.6 ad.2 提到了奥《论三位一体》12:5-8 并同样反驳了家庭三一论。其理由：(1)认为圣灵像母亲一样生了圣子，这是荒谬的；(2)根据经文，只有单个的人才是上帝的形象，而社会团体则不是；(3)如果这种说法是对的，则圣经就应该只有在孩子被生出来后才提到上帝的形象，而不是像现在这样孩子还没生，就先提到形象了。

区别开来;[1] 其次他将"形象"和"痕迹"区分开来,三一"痕迹"可以在各个等级的受造物中找到,[2] 因为受造物是三一上帝造的,上帝是因,受造物是果,所以受造物多少会被打上一些三一上帝的烙印,但是完全意义上的"形象",不只是一种表面形状上的相似,还要有种类上的相似,以及生命上的"分有",[3] 因此形象只能在人的心灵的最高级部分——理性那里找到;[4] 最后,他对经文中的"形象"和"样式"(similitudo/likeness,和合本译为"样式",我亦译为"相似")也作了区分,"样式"更多是指一种表面上的相似,跟"痕迹"接近,而"形象"指本质的相似,以

---

[1] 如 ST Ia q.93 a.1 提到圣子是"完善的形象",并且不是"照着形象"生出来的,因为他并非像人那样的异于原本的"形象"。而人则只被说成是"形象",这意味着他与原本的相似,但人也是"照着形象"受造的,这意味着其与原本的相似是不完善的、有距离的。阿奎那在这里引用了奥古斯丁在一次布道中的一个比喻,就是圣子作为圣父上帝"本体的真像",正如王子长得跟国王相似,二者本质是一样的;而人之作为上帝的形象,则如国王的形象被印在银币上一样,本质是不同的。

[2] 从单纯存在的事物,到有生命和感觉的动植物,再到有理性的人,跟上帝的距离是越来越近,越来越像。人作为受造界中最高者,与神最为相似。当然,这是就人有理智而言的。见 ST Ia q.93 a.2. 就人的身体来说,奥古斯丁在《论三位一体》12:1(另在《八十三个不同的问题》51 也有)提到人跟动物在外在形状上的不同,在于人是直立向天的,动物则是匍匐在地的,这是上帝在提醒人类,要以属灵世界为思想归宿(中译第 309 页)。阿奎那在 ST Ia q.93 a.6 也有类似的说法。

[3] 阿奎那认为,"形象"(imago)来自于对别人的模仿(imitationem alterius),形象与原本之间有一种"印"的原本与摹本关系,因此不只是一种外形上的相像。因此鸡蛋与鸡蛋看起来相像,但它们之间的关系不是形象和原本之间的关系,因为它们之间没有模仿的关系。在形象与原本之间又存在着一定的距离,二者并不同等。形象对原本有一种"趋近"的趋向,追求完美地相似于原本。阿奎那说,经上说人是"照着上帝的形象"(ad imaginem Dei)被造出来的,这里的"照着"(ad,英文为 after,既有"之后"又有"追求"之义)这个介词,指在承认距离的基础上的一种趋近。见 ST Ia q.93 a.1.阿奎那还认为,痕迹是原因所造成之结果,不一定有相似,如动物的爪印被称作痕迹,灰被称作火的痕迹,被洗劫一空的村庄被称为敌军来过的痕迹。形象则有某种类上的相似,比如人,他跟其他受造物的区别在于,他不只是在存在(如石头)和活着(动植物)上模仿着上帝,还在理智上模仿着上帝,而理智正是其他受造物所缺乏的(在此我们不讨论天使)。见 ST Ia q.93 a.6。而人在理智上最肖似上帝之处,就在于其心灵之生出"言"(理解)和发出"爱"(意志),就此而论,人被称作上帝的形象,就像上帝的形象被烙印于人心上,就像银币上印有恺撒的头像,因此被称作恺撒的"形象"一样。

[4] ST Ia q.93 a.9 对人与神的本质相似作了限定,在那里阿奎那说,灵魂的本质属于"形象",是就它在理智上类似于神圣的本质而言的;不是在灵魂也像上帝一样具有存在的单纯性上说的。

及生命的"分有"。[1] 在这些方面，阿奎那的想法跟奥古斯丁的没有什么差别。

奥古斯丁在人的心灵里找到的形象，除了结构上的相似外，还有一种动感。这在奥古斯丁最终找到的两个"形象"里都是如此。在心灵对它自身的记忆—理解—爱这一个"形象"里，跟上帝中圣父（记忆 / 知）—圣子（圣言）—圣灵具有一种结构上的相似，同时，正如在人的心灵里面，"记忆"生"言"（潜在的知识被意向化，成为明确的认识）一样，圣父也"生"出了圣子，即圣父吐出了"真言"（圣言 / 圣子）。当然，在人的心灵这里，有"潜"与"显"之别（潜在的知识或意识被意向化，成为明显的认识），记忆生言是在时间中进行的，有始有终；而在上帝那里，圣父生圣言则是永恒地进行的，是无始无终的。在奥古斯丁找到的另一个"形象"，他认为更根本的"形象"，即人对上帝的记忆—理解—爱那里，这种动感更为强烈。奥古斯丁的"复形说"主要体现在这里。奥古斯丁认为，人的"形象"初受造时，是好的，后来因为人滥用了自由意志，因此沉沦，而"形象"就被"毁了形"，而且他们凭着一己之力，无法"复形"，只能在上帝的帮助下"复形"，并使形象得到进一步的完

---

[1] "形象"包括样式（similitudo，相似），但样式并不等于形象。见 ST Ia q.93 a.1. 要将"样式"变成"形象"，还得加上点别的东西，即较为本质的、必不可分的相伴特征，如一个人的铜像跟这个人在样子上是很相似的，其铜像可称为他的"形象"。见 ST Ia q.93 a.2. 在另一处，阿奎那指出，"样式"（相似）有两个地方异于"形象"。第一，样式可指低于形象的属性，如说灵魂的低级部分（如感觉）是样式；第二，样式也被人用来指形象的精美和完善，如指人在美德上与神相似。见 ST Ia q.93 a.9.

善。¹ 这就需要人去记忆、理解、爱上帝，在这个记忆、理解、爱上帝的过程中，他们会变得越来越"肖似"上帝，从以前的"不肖之子"变成上帝所喜悦的"形象"。² 这个过程涉及神学各分支，如创世论、堕落论、救赎论、末世论，因此"复形说"可以作为神学的一个轴心。³

阿奎那准确地辨认出奥古斯丁的这种动态的形象观，使之更加明晰化，从而使他自己超越了前辈及同时代人（如伦巴德等人）对奥古斯丁形象观的静态的理解，达到了对奥古斯丁的"心领神会"。在奥古斯丁所确定的第一个"形象"，即心灵对它自身的记忆—理解—爱那里，阿奎那分出了两个层次，即作为"习惯"的记忆层面的形象和作为"行为"的理解层面的形象。阿奎那根据亚里士多德对于潜能和现实（行为）的区分，指出，在奥古斯丁的"心灵对其自身的记忆—理解—爱"这一形象中，"记忆"和"理解"不能在同一个层次使用，记忆是一种"习惯"，可以说只是一种潜能，而并非一个行为，而"理解"则是一个现实的意向行为。因

1　*De Trinitate* 14:16:12：Qui vero commemorati convertuntur ad Dominum ab ea deformitate, qua per cupiditates saeculares conformabantur huic saeculo, reformantur ex illo, audientes Apostolum dicentem: Nolite conformari huic saeculo, sed reformamini in novitate mentis vestrae (Rom 12, 2).: ut incipiat illa imago ab illo reformari, a quo formata est. Non enim reformare se ipsam potest, sicut potuit deformare. Dicit etiam alibi: Renovamini spiritu mentis vestrae, et induite novum hominem, eum qui secundum Deum creatus est in iustitia et sanctitate veritatis (Eph 4, 23-24). Quod ait, secundum Deum creatum; hoc alio loco dicitur, ad imaginem Dei (Gen 1, 27; 5, 1; 9, 6). Sed peccando, iustitiam et sanctitatem veritatis amisit; propter quod haec imago deformis et decolor facta est: hanc recipit, cum reformatur et renovatur.

　　中译：那些经过提醒、从效法于世界的畸形中归向主的人，就被他复了形；他们听从使徒所说，"不要效法这个世界，只要心意更新而变化"（罗 12:2）。从而形象开始在从前形成过它的他的手中修复了。它不能像它能损害自己的形象那样更新自己。正如使徒在别处所说，"又要将你们的心志改换一新，并且穿上新人，这新人是照着神造的，有真理的仁义和圣洁"（弗 4:23-24）。"照着神造的"在别的经文中即"照着神的形象造的"（创 1:27；5:1；9:6）。但由于犯罪，人失去了真理的仁义和圣洁，形象也就变形变色了；当他得到更新复形时，这些品质则又会回来（中译本可参第 392 页，请注意这些句子中的语言游戏）。

　　阿奎那在《真理问答集》q.10 a.7 中的难题部分也提到某些习惯使心灵的能力（形象就在这里）得到完善，被毁了形的形象就复了形，并得以完善。可见复形说到当时已成了一个普遍的理论。

2　奥古斯丁在《论三位一体》14:23-25（中译第 394-396 页）提到形象的更新的几个阶段，首先是治疗阶段，除病、巩固，其次是复活见神时的完善阶段，这相当于阿奎那所谓义人（恩典）阶段和蒙福（荣耀）阶段。

3　关于奥古斯丁的"复形记"，可以参看周伟驰《复形记：奥古斯丁的形象观》，香港《道风基督教文化评论》2004 年第 21 期，第 93-113 页。

此，阿奎那对奥古斯丁的形象的结构作了调整和修正，回到了奥古斯丁在探讨形象的过程早期提出来的"心灵—理解—爱"这一个类比，即心灵在其实际地理解它自己、爱它自己的过程中，得到关于它自己的理解（言）和对它自己的"爱"，最类似于圣父在永恒地、现实地理解它自己的过程中，生出圣言（圣子）、发出圣灵（爱）。这种对"现实"（行为）的强调，与阿奎那受亚里士多德影响，将上帝视为"纯现实"有关。关于阿奎那对奥古斯丁这一形象的"调整和修正"是否准确，以及一些学者对此的评价是否准确，我们将在下文再另行讨论。总之，阿奎那认为，用"心灵—理解—爱"来类比"圣父—圣子（圣言）—圣灵（爱）"十分恰当，算得上一个"形象"，这个"形象"充满了"行为"，是动的。在人心灵这里，理解和爱的行为是"正在进行时"，是动的，在上帝那里，圣父永恒地在生着圣子，生出"圣言"，同时永恒地发出圣灵、发出爱，也是动的。

上面这个动态形象可以说是在心灵对它自己的理解和爱上说的，而若用在心灵对上帝的理解和爱上来说，动感当然更加强烈，奥古斯丁的"复形说"可以说在阿奎那这里得到了继承和强化。一个人（心灵）越是在理智上理解和在意志上爱上帝，他就越能成为上帝的形象，他的上帝形象就越完善。因此，"形象"是一个动态的过程，而不是一次地给予和完成，它跟人的整个受造、堕落、得救、荣耀过程相关。在这个过程中，人参与到上帝三一的生命中去，上帝三一对人的生命施与了实际的影响，因此是一种人的生命"分有"上帝生命的过程。阿奎那将奥古斯丁的"复形说"具体化为三个阶段：

> 人里面的上帝的形象，可以说有三个阶段：第一个阶段是人的理解并爱上帝的自然趋向（aptitudinem naturalem），此一趋向构成心灵的本质，是所有人都有的。第二个阶段在于人实际地或习惯地（habitu）认知着并爱着上帝，但仍未完善；这里的形象是与恩典相一致的。第三个阶段在于人实际地认知着并爱着上帝，达到了完善的境地，这是通过荣耀的相似而达到的形象。因此关于《诗篇》所

说，"主啊，求你仰起脸来，光照我们"，《注释》(*Glossa*)区分了三重的形象，即受造的形象、重造的形象、肖似的形象。第一阶段的形象因此可在所有人那里找到，第二阶段的只在义人那里才有，第三阶段的只在蒙福者那里才有。(ST Ia q.93 a.4)[1]

与此相应的是"形象"在人那里的"毁坏"的程度。有人提出，罪使得人不肖似上帝，因此罪使人失去了上帝的形象。阿奎那回答说，这适用于恩典的形象（指上引第二阶段）和荣耀的形象（指上引第三阶段）。言下之意，这不适用于本性的形象（即上引第一阶段）。罪并未毁去人的心灵中天然的对上帝的认识和渴望。(ST Ia q.93 a.4)

在另一处他又说：

功德式的（meritoria）对上帝的知识和爱，唯有藉着恩典才有可能。不过，却存在着对上帝的天然的（naturalis 或译本性的）知识和爱这样一种东西，正如我们在前面所证明的（此指 ST Ia.12:12;56, 3;60, 5）。对心灵来说，它有能力运用理性去理解上帝也是天然的，正是依据这么一种能力，我们才说上帝的形象总是保持在心灵里；而不管上帝的形象是如此黯淡——我们可以说，如此惨淡——以致

---

[1] 原文为：Unde imago Dei tripliciter potest considerari in homine. Uno quidem modo, secundum quod homo habet aptitudinem naturalem ad intelligendum et amandum Deum, et haec aptitudo consistit in ipsa natura mentis, quae est communis omnibus hominibus. Alio modo, secundum quod homo actu vel habitu Deum cognoscit et amat, sed tamen imperfecte, et haec est imago per conformitatem gratiae. Tertio modo, secundum quod homo Deum actu cognoscit et amat perfecte, et sic attenditur imago secundum similitudinem gloriae. Unde super illud Psalmi IV, signatum est super nos lumen vultus tui, domine, Glossa distinguit triplicem imaginem, scilicet creationis, recreationis et similitudinis. Prima ergo imago invenitur in omnibus hominibus; secunda in iustis tantum; tertia vero solum in beatis. 在此我们还应该注意到，阿奎那在同一处提到，罪对形象的毁损，只影响到恩典形象和荣耀形象，而未损害到本性的形象，即人对上帝天然的理解和渴望仍旧保留着。另外他在《神学大全》Ia q.93 a.8 亦提到不管人性如何被扭曲，形象如何变得黯淡，形象总在心中，人有能力运用理性去理解上帝。这也是对奥古斯丁的一种理解和继承，而与后来新教所谓人性全然败坏有所不同。由此可见阿奎那"恩典成全本性"以及《反异教大全》中自然神学之形象论根基。

实际上并不存在，正如我们在那些缺乏理性的运用的人身上所看到的；也不管它变得微弱或被扭曲变形，正如在罪人身上看到的；或者它又明亮又美丽，正如在义人身上所显示的那样，如奥古斯丁所说[1]。（ST Ia q.93 a.8）

阿奎那的这种动态形象说得到一些学者的高度评价。[2] 一些学者甚至将它与现代阿奎那研究中的一个著名的论点——《神学大全》遵循着"走出—回归"的宏观模式——结合起来，认为阿奎那的复形说在其神学中占有核心的位置。[3]

总起来看，阿奎那在形象观上追随着奥古斯丁的路线，即"内在化路线"，通过对受造界等级最高的人的心灵中最高级的认识活动的分析，来寻找对上帝"三位"如何"一体"的类比项，这使他们摒弃了社会三一论的进路，而侧重于对上帝三一作认识论的探讨。尽管对他们的一些指责是很成问题的，但说他们将主要的精力花在了在个体心灵的认识行为中寻找三一形象，倒是一个事实。

---

[1] 奥古斯丁《论三位一体》14:6 说："若它（人的灵魂）之被造为神的形象，只是为了可以运用其理性与理解力来理解和凝望上帝，那么，从这一伟大而奇妙的本性开始存在之日起，这一形象就永在那儿了，不管它被磨损以至于无，还是或黯弱或被扭曲、或清晰或美丽。"（参见《论三位一体》中译本第 374 页）。此外，奥古斯丁在《论三位一体》14:21 亦提到上帝光照人心，使无论善人恶人，都能受到真理之光的照耀，使他们有良知来判断行事的善恶，尽管他们本身是不义的。见中译本第 390-391 页。

[2] 在 Jaroslav Pelikan 看来，阿奎那形象观"形成了他思想中自然神学的基本预设"。("Imago Dei: An Explication of Summa Theologiae, Part 1, Question 93", *Calgary Aquinas Studies*, ed., A.Parel, Toronto: PIMS, 1978, p.28. 转引自 Gregory P. Rocca, *Speaking the Incomprehensible God: Thomas Aquinas on the Interplay of Positive and Negative Theology*, The Catholic University of America Press, Washington, D.C., 2004, p.279。

[3] Torrell, "Image and Beatitude"（出处同前）将阿奎那的形象观与创世论、末世论结合起来，从形象的受造谈到其目的，经由上帝在形象中的内居，以及人参与到三一生命，实现宇宙大回归——这不能不令人想到 M. D. Chenu 以来的将《神学大全》乃至阿奎那神学视为万物从神而出，又复归于神的"宏大叙事"。尽管这一叙事在当代遭到了反思和挑战。宏大叙事的生动图式及完善形式见：Thomas Franklin O'Meara, *Thomas Aquinas Theologian*, University of Notre Dame Press, Notre Dame and London, 1997, pp.56-64. 对其反思及反驳见：Rudi Te Velde, *Aquinas on God: The "Divine Science" of the Summa Theologiae*, Ashgate, 2006, pp.11-18.

三 阿奎那对奥古斯丁形象观的转化

我们刚才说到了阿奎那对奥古斯丁所确定的两个形象的继承和改造，即他将奥古斯丁的（心灵对它自己和对上帝的）"记忆—理解—爱"模式作了修改，变成了"心灵—理解—爱"。后者也是奥古斯丁本人在《论三位一体》中提过的，只不过奥古斯丁后来觉得，心灵是实体，而理解和爱是行为，它们不在一个层次上，难以类比圣父、圣子、圣灵的完全平等，因此奥古斯丁放弃了这个类比，转而采取"记忆—理解—爱"这一模式，因为在他看来，这是在同一个层次上说的，正好用来类比圣父、圣子、圣灵的完全平等。同时在奥古斯丁的神哲学体系中，记忆、理解和爱是与心灵自身完全等同的，因此，它们可用来说明，父、子、灵虽然各不相同，但他们又都是上帝，并且只有一个上帝而不是三个上帝。

那么，阿奎那为什么要放弃奥古斯丁确定的"记忆—理解—爱"这一模式，转而采取并强化奥古斯丁所抛弃的"心灵—理解—爱"这一模式呢？这跟奥古斯丁本人的形象观中的矛盾有关，也跟阿奎那的哲学立场有关。这里的关键在于对于"记忆"如何看待。

在奥古斯丁的神哲学体系中，"记忆"跟"心灵"是等同的，"记忆"是一个无所不包的大仓库，一切的知识内容都储存在那里，只待注意力来随时提取，一旦注意力提取到某个内容，该内容就成为意向性的认识对象，成为"心言"、成为"理解"，即被"光""照"到，得到显现。由于认识或注意本身意味着一种"倾向""转向""朝向"，因此伴随着意向认识的还有"爱"或"意志"（"意志"的拉丁文还有"意愿""意欲"之义，表趋向）。

在奥古斯丁这里，"心言"或"内在之言"实际上就是意向认识，指明确地认识到、思想到某个对象，是一种内心的意向认识状态，是一种内心的"说"。因此，它跟"思想""想到""认识""意向认识"是一个意思。奥古斯丁的"内在之言"的观念，来自于《圣经》，尤其是《约翰福音》序言，也来自于斯多亚派哲学的"内言""外言"学说，但对于后者加了改造，因为在斯多亚哲学那里，"外言"指外在地说出的声音，"内言"指内心想要说但未表达出来的外言，即带有口头语言特征的"不出声的说话"。而奥古斯丁的"内在之言"超越了这些带有声音的语言学现象，而实指思维活动。当然，在他那里，"内在之言"有时指思维的内容（对象），有时又指思维活动（意向活动），尚不如后来阿奎那和现象学那么精确。

奥古斯丁在解释为何圣子被称作圣言时，以及言成肉身时，就能够很恰当地用"内在之言"来作类比，加以说明。他说，圣父如记忆，是万有之总，之源，而圣子是圣父说出的"话"，是一种没有任何声音现象的内在之言，是"真言"和"圣言"，是完美地表达了圣父本质的"本体的真像"，就如人的内在之言表达了记忆中潜藏的知识一样。而伴随着圣父"生""真言"的是，圣父也有对自己的"爱"，那就是圣灵的发出了。正如在人的心灵进行自我认识活动时，由记忆中"生"出"言"（思想），即同时伴随着心灵对自己的关注或爱一样。同时，"心言"被口头说出来，变成人耳可听见的物质的声音，也正可类比圣言化身成人，成为肉身，来到人间，为我们所看见。[1]

心灵对自身的知识跟它对外物的知识是不同的，而具有一种本己性、贴切性、内在固有性，是不假外求的。心灵可能在外物中迷失自己，将自己当作外物，但实际上，当它反观自照，认识到自己乃是一思维者时，它也就会认识到它从来没有离开过自己，它一直都在记忆、理解、爱它自己。

但是，根据奥古斯丁对"内在之言"或"心言"的说法，"心言"等同于意向认识，即"理解"，而"记忆"虽然在他那里等于心灵，但"记忆"和"回忆"显然有别，"回忆"是一种意向性的认识行为，而"记忆"则是一种潜在的知识。在心灵对它自己的"记忆—理解—爱"中，"记忆"

---

[1] [古罗马]奥古斯丁：《论三位一体》15:20，中译本第418页。

是潜在的,"理解"是意向的,二者并不在一个层面上,似乎存在着矛盾。

奥古斯丁似乎意识到了这个矛盾,他说,"知道"一个事跟"想到"一个事是不同的。

> 我们须继续探寻,在何种方式上理解属于思想,而对藏于心中但未被想到的东西的意识,则可说只属于记忆。假如此,则它并不总是有这三者,即并不总是记得、理解并爱它自己,而只是记得它自己,在它开始思想自己之后才进而理解并爱它自己。[1]

比如,我是一个音乐家,我有很丰富的音乐知识,在这个意义上,可以说我记得、"理解"并爱音乐,但是我现在并没有想着音乐,而是在想着、谈论着几何学。[2] 奥古斯丁多次谈到"记忆"与"思想"的区别,照理说,如果他进一步,应该可以区分在"记忆"层面所谈的"理解"和"爱",与在"思想"层面所谈的"理解"和"爱"是不同的,但他所强调的,仍然是"记忆—理解—爱"这一较含糊的类比。

他认为,心灵对它自身的认识与心灵对外物的认识是完全不同的,他说:

> 心灵对它自己来说并不是外来的,并不是似乎同一个还未存在的心灵从别的某处来到了已经存在的心灵这里;也不像是在已有的心灵中产生了一个以前未有的心灵,就像从已有的心灵中产生了以前未有的信仰那样;也不像在得知自己之后它通过回忆看到自己固定在自己的记忆中,仿佛它在得知自己之前未在那儿似的。真相当然是,自它开始存在的时刻起,就从未曾停止过记忆它自己,从未曾停止过理解它自己,从未停止过爱它自己……所以,当它在思

---

1 [古罗马]奥古斯丁:《论三位一体》14:9,中译本第 377 页。
2 [古罗马]奥古斯丁:《论三位一体》14:9,中译本第 378 页。

想中转向它自己时，就形成一个三位一体，其中也可觉知到一个词（言）。它当然形成自思想这一行为，而意志则将二者结合在一起。正是在这里而非在别处我们应认识到我们正在寻找的"三位一体"。[1]

正如一些学者注意到的，[2] 奥古斯丁在这里实际上提到了两种三一类比，一个是在记忆层面的心灵对它自己的熟知和爱；另一个是在意向认识层面的心灵对它自己的理解和爱。奥古斯丁本人虽然意识到这一点，但由于他要强调父、子、灵之间生、发关系的永恒性，因此他用心灵"从来没有停止过记忆、理解、爱它自己"来作类比。在他看来，由于心灵明确地想到自己的时候是很少的（我们只是很偶尔地进行自我反思），也是间断而不持续的，因此意向层面的三一类比是不恰切的，虽然可以说这里面也有一个三一类比。

阿奎那准确地看到了奥古斯丁的这个矛盾。由于阿奎那强调现实高于潜能（上帝是纯现实和纯行动），活动高于职能，同时由于阿奎那对"记忆"的理解异于奥古斯丁，他不像奥古斯丁那样将记忆等同于心灵，而是追随亚里士多德，将"记忆"当作想象职能的一个功能，[3] 并没有它自身的活动。因此，在阿奎那这里，记忆的地位严重地降低了，不足以跟理解和爱相提并论。

早在《真理问答集》Q.10 a.3 中，阿奎那讨论到这样一个问题："记忆是否区别于理解，正如一能力区别于另一能力？"在那里他区分了"对神圣三位一体的完善的模仿"和"对神圣三位一体的不完善的模仿"，前者指心灵"实际地记起、实际地理解、实际地意愿"，之所以如此，是因为在上帝三位一体中，中间的那位是圣言，而言是与明确的认识有关的，

---

[1] [古罗马]奥古斯丁:《论三位一体》14:13, 中译本第 383—384 页。
[2] [古罗马]奥古斯丁:《论三位一体》14:13, 见中译本第 384 页希尔的注释。
[3] 《真理问答集》q.10 a.3 说, 正如视觉只关心颜色, 而与冷热、苦甜没什么关系, 理智也只关心可知之物, 而与它是过去、现在还是将来没什么关系。记忆因与过去紧密相关, 因此对理智（理解）来说, 算不上一个能与理智并列的、不同的能力。它是次要的东西。"记忆只属于感性的部分。"

没有认识则没有言，因此，阿奎那认为，奥古斯丁所说的"记忆—理解—意愿"这个"形象"，是在这种实际的行为的意义上说的；而"对神圣三位一体的不完善的模仿"，则是在习惯和能力上说的形象。阿奎那这样解读奥古斯丁：

> （因此奥古斯丁在《论三一》第九卷将灵魂中的三一形象建基于）心灵、知识和爱这三者上面。在这里，心灵指能力；知识和爱则指存在于心灵之中的习惯。他本可以用"习惯之理解"（intelligentiam habitualem）来取代"知识"，因为二者都是在习惯的意义上说的。这在《论三位一体》中说得很明白，在那里他说："这么说是不是正确：音乐家知道音乐，但他现在并不理解音乐，因为他现在并未想着它，或者他现在理解几何学，因为他现在正想着几何学？这种看法显然是荒谬的"。（14:9，中译378，略改）[1] 所以，在这里，知识和爱被当作习惯，只是属于记忆的，这从刚才引用的奥古斯丁的话可以明了。[2]

这里，"完善的形象"指意向行为中的形象，"不完善的形象"则指习惯或能力中的形象，其中并没有实际的行为。

到了写《神学大全》时，阿奎那说：

> 正如奥古斯丁所显明的，我们可以说正在理解、意欲或爱着

1　奥古斯丁这段原话见《论三位一体》14:9，中译本第378页。
2　原文为：(et sic assignat Trinitatis imaginem in anima, IX de Trinitate, quantum ad haec tria,) mens, notitia et amor; ut mens nominet potentiam, notitia vero et amor habitus in ea existentes. Et sicut posuit notitiam, ita ponere potuisset intelligentiam habitualem: utrumque enim habitualiter accipi potest, ut patet ex hoc quod dicit in libro XIV de Trinitate: numquid recte possumus dicere: iste musicus novit quidem musicam; sed nunc eam non intelligit, quia eam non cogitat; intelligit vero nunc geometriam, hanc enim nunc cogitat? Absurda est quantum apparet, ista sententia. Et sic secundum hanc assignationem haec duo, quae sunt notitia, et amor, habitualiter accepta, ad memoriam tantum pertinent, ut patet per auctoritatem eiusdem in obiiciendo inductam. (De Veritate q.10 a.3)

事物，就我们是否正在想着它们而言。但是，当它们并未被想着时，它们只是属于记忆而已；这按照他（奥古斯丁）的观点来看，不是别的，不过是意识和爱的习惯性保持而已。正如他本人所说，"但因为没有思想它（记忆）里面便不能有言（词）——我们思想我们说的一切东西，包括我们用那不是任何人的语言的内在言词所说的东西——所以我们倒是在记忆、理解和意欲这三者中才认出了神的形象。这里我指我们思考时以之理解的理解力，以及将后代与父母连接起来的意志或爱。"（论三一 14:10，中译第 379 页，略改）

这里可以清楚地看到，他将神圣三一的形象置于理解和意欲的活动中，甚于置于被记忆习惯性地保持；尽管就这一方面来说，某种程度上灵魂中也有一个三一形象，如他在同一段话中所说。因此显然，记忆、理解和意志（如奥古斯丁在这里对这些词的用法）并非三个职能，像《章句集》中所说的那样。

某些人可能会引用奥古斯丁所说的"心灵总是记得、总是理解并爱它自己"（14:9，中译第 377 页）来对此加以反对。这句话被一些人作了这样的理解，即灵魂对它自己总是有一种实际的（actualis）理解和爱。尽管奥古斯丁排除了这个意思，补充说"它并不总是认为自己迥异于那些本来非其所是的事物"（笔者按：即心灵无法认清自己，迷失于外物）。所以显然，心灵可以被说成总是习惯性地而非实际地（non actualiter sed habitualiter）理解和爱它自己——尽管可以说，当它理解别的事物时，通过知觉它自己的行为，它理解它自己。然而，因为它并不总是实际地在理解某些事物——显然正在睡眠者就是如此——我们就得回答说，即便行为就其自身而言并非永久性的，它们却永久性地持存于它们的来源之中，即能力和习惯（potentiis et habitibus）之中。所以奥古斯丁才说："若理性灵魂之被造为神的形象，只是为了其可以运用理性和理智来凝望上帝，那么，从它开始存在之日起，它里面便已有了上帝的形象。"[1]

阿奎那区分了"习惯"中的上帝形象和"行为"（实际）中的上帝形象，并进而认为后者才是首要的，前者是次要的。他说：

> 但是正如奥古斯丁所说，我们的灵魂中若没有实际的想（actuali cogitatione），便没有言（词）。因此，三位一体的形象首先就得根据行为来在心灵中寻找，这是在这个意义上说的：从我们所拥有的意识中，通过思考来形成一个内言，并从它爆发为一种实际的爱。（cogitando interius verbum formamus, et ex hoc in amorem prorumpimus）然而，由于行为的来源在习惯和能力（habitus et potentiae）之中，而一切事物都真实地（virtualiter）存在于其来源之中，我们就可以进至第二处，作为一个结果，根据能力，尤其根据习惯，来在灵魂中寻找一个三一形象，就行为业已真实地存在于它们之中而言。[2]

这样，奥古斯丁所看重的"记忆—理解—爱"的形象模式，到了阿奎那这里，就成了"心灵—实际的理解（言）—实际的爱"。

奥古斯丁的"记忆—理解—爱"根据对象的不同（心灵自己和上帝）而分为两个不同的形象，即心灵对它自己的记忆—理解—爱，和心灵对上帝的记忆—理解—爱，在这两个不同的形象中，奥古斯丁认为，后者更为根本，它决定了前者。奥古斯丁说："心灵的这个三位一体并不是因为心灵记得、理解并爱它自己才真是上帝的形象，而是因为它也能够记忆、理解并爱那创造了它的上帝。它若这么做，就变得智慧了。若它不这么做，即便它记忆、理解并爱它自己，它也是愚蠢的。"[3]

---

[1] 此处奥古斯丁这段话的出处为《论三位一体》14:6，中译本第374页。托马斯这段话本身则出自ST Ia q.93 a.7 ad.3-4。
[2] ST Ia q.93 a.7 co.
[3] 《论三位一体》14:15，中译本第386页。

阿奎那对此也是心领神会，但由于他对奥古斯丁的"记忆—理解—爱"类比模式作了改动，因此他着重谈到，由于心灵"理解"和"爱"的对象不同（心灵和上帝），因此出现了间接和直接两个不同的形象：

> 如我们所见到的，神圣的位格彼此区分，根据的是言出自发言者，爱出自发言者和言二者。上帝的圣言由于上帝意识到自己而生，圣爱由于上帝爱自己而发。但是显然，对象的不同决定了言与爱在种类上的不同；一个人在心中就一块石头和一匹马形成的言（词）并非同类，对它们（石头和马）的爱也并非同类。所以，应该根据形成于对上帝的意识的言（词），以及根据发自于此的爱，来在人里面寻找神圣的形象。因此，在灵魂里寻找形象，是就它让自己与上帝相关，或是出自本性才这么做而言的。
>
> 但是心灵让自己与一个对象相关，有两种方式：直接地和无中介地，或间接地和通过某种别的东西，比如某人在镜子中看到（另）一个人的映像，并因此而注意到那个人本人。这就是为什么奥古斯丁说，"心灵在记忆自己、理解自己并爱自己。若看到这点，就能看到一个三位一体；虽然尚不是上帝本身，却已是上帝的形象"（论三一 14:11，中译第 380 页，略改）。[1] 但它是一个形象，不是因为心灵直接与它自己相关，而是因为通过这一行为，它能进而与上帝相关，这从上面援引的奥古斯丁的话可以表明。[2]

四　阿奎那对奥古斯丁形象观理解中的问题

笔者尚没有看到学者就阿奎那对奥古斯丁形象观理解的准确性提出质

---

[1] 奥古斯丁《论三位一体》14:11，中译本第 380 页。本处翻译略有改动。
[2] ST Ia q.93 a.8 co.

疑。和奥古斯丁用专门著作来阐释其三一论和形象观不同，阿奎那的形象观散落在不同的问答集中，比较零碎，而且前后期在一些问题的处理上有所不同，想要系统地整理他的形象观与奥古斯丁形象观的关系，并不是一件容易的事。就阿奎那形象观涉及的奥古斯丁著作来说，主要有《论三位一体》，亦有《创世记字解》《八十三个不同的问题》《上帝之城》《论幸福生活》，以及某些布道。跟奥古斯丁丰富多样的痕迹、比喻、类比、形象之探讨相比，阿奎那显得守成有余而创造性不足。这也许是守成者的先天劣势吧。

上面已经表明，阿奎那对奥古斯丁形象观的转化，主要在于区分"行为"和"习惯"这一"显"一"潜"两种情形，将奥古斯丁的"记忆—理解—爱"转变为"心灵—理解—爱"。但问题在于，"记忆—理解—爱"无论是"显"还是"潜"，都可以指向心灵和上帝这样的对象，而"心灵—理解—爱"则不能，因为"心灵"与"理解""爱"相比，心灵是实体，而理解和爱则是这个实体的行为，因此三者之间缺乏平等性。对此当然阿奎那有明确认识（奥古斯丁本人也是），但他为了类比圣言之由父"生"出和圣灵之由父和子"发"出，就不顾了。另一个更大的问题，是阿奎那是否准确地理解了奥古斯丁所说的"心灵对它自己的记忆—理解—爱"中的"记忆"或"知"？阿奎那用"习惯"来替代"记忆"，是否准确地理解了奥古斯丁所说的心灵的自我记忆中的"记忆"？

奥古斯丁虽然有时比较含糊地用"心灵对它自己的记忆—理解—爱"，但他对于"想"（言／认识／回忆）和"知"（记忆）是作了严格的区分的。在意向性的"想"的行为中出现的心灵对它自己的明确反思，从时间上说是间断的、偶尔才会有的，而在非意向性的"知"中出现的心灵对它自己的伴随性的"记忆"，从时间上说是持续不间断的，因此奥古斯丁不厌其烦、反反复复地说，心灵从它出生之日起，就总是记得它自己、理解并爱它自己。这种"记""知"似乎并不是一种没有"行为"特征的"记忆"，而是包含了某种意识行为的意识现象。它跟纯粹的记忆尚有不同。他说：

> 某人不知道自己是一事，不思想自己是另一事——毕竟，当一

个精通数门学科的人正在想着医术而未想着他也懂行的语法时,我们不能因他未想着语法便说他不知道语法;所以不知道自己是一事,不想着自己又是一事。这就是爱的力量:当心灵带着爱意长久地思想着事物并因关怀之胶而与它们粘在一起,若它随后想起它自己,它甚至会把它们和自己拉在一起……[1]

奥古斯丁在另一处又说:

确实,有些东西是我们如此谙悉,以致永不能离开我们的,因为它们总是在场且属于意识本性的,比如我们知道我们还活着。只要我们的意识或心灵还在,这便还在,而由于心灵总是还在,这也总是还在。可找到这类相似的例子,从中观察到神的形象,虽然它们总是为我们所知,却并不总是被想到,所以难以看到一个人怎能谈到关于这些例子的一个持存的言,因为我们的言只被我们的思想所说出。对心灵来说,活着是持存的,知道它活着也是持存的。但想到它的生命,或想到它的生命之知,却不是持存的,因为当它开始想着彼物时便停止想着此物了,尽管它并不停止知道它自己。结果,若心灵中可有某一持存的知识,同时却不能有关于这一知识的持存的思想;若我们的真实、最内在的言辞只被我们的思想所说出,则唯有上帝才可说拥有与他自己共永恒的持存之言了……[2]

因此有的学者认为,奥古斯丁所说的心灵的"自知",就是现象学中所谓的"自身意识"。[3] 而从近代以来,为了克服主—客认识论的无限倒退

---

[1] [古罗马]奥古斯丁:《论三位一体》10:7,中译本第 269 页。
[2] [古罗马]奥古斯丁:《论三位一体》15:25,中译本第 425–426 页。
[3] Ludger Holscher, *The Reality of the Mind*, Routledge and Began Paul, London and N.Y., 1986, p.300. 关于现象学自身意识的最新研究,见 Dan Zahavi, *Husserl's Phenomenology*, Stanford University Press, 2003, pp.89-93(中译见丹·扎哈维《胡塞尔现象学》,上海世纪出版集团 2007 年版,第 92–97 页)。中文研究资料可见倪梁康《自识与反思》,商务印书馆 2002 年版。

问题，"反思前的我思""自身意识"成了保持意识统一性的一道防线。[1]

问题在于，这个"知"就是阿奎那所谓的"习惯"吗？阿奎那会不会像奥古斯丁那样，认为心灵总是在持续不断地"知着"它自己呢？如果这个"知"不是意向性的"认识"和"想"，那么它是什么呢？它是"习惯"吗？

阿奎那认为，"习惯"是没有行为的，记忆是没有行为的，即它们没有意向行为。可以说，它们是"静止不动"的。这跟奥古斯丁所说的心灵的"自我记忆"（memoria sui）或"自知"（se nosse）所说的在任何意向性的认识活动的同时，总是伴随着一种非意向性的意识活动不同，后者虽然不是意向活动，但亦是一种活动，只是没有意向活动那么显著罢了。根据波兰现象学派代表人物 Wojtyla（亦即后来的教皇约翰·保罗二世）的自身意识现象学，心灵在进行任何意向性的认知活动时，它对它自己都有一种"记忆""呈现"的功能，以及执之为"我"的行为的功能。[2] 正是这种"知"确保心灵自我认识的统一性。如果没有这种"知"，则就会如休谟所表明的，只有一连串的意识流，而没有一个统一的我或认识者。

在早期的《章句集评注》中，阿奎那在"心灵—理解—爱"和"记忆—理解—爱"这两个类比中，坚持奥古斯丁本人的看法，即后者才是真正的形象。并且他像奥古斯丁一样，坚持认为心灵总是在不间断地记忆、理解并爱它自己，尽管它不总是在实际地想着它自己。阿奎那认为：记忆、理解和意志有一种前概念的活动，这种活动在人心里不间断地持续着，无论是针对上帝还是针对它自己。存在着一种单纯的直觉行为（simplex intuitus），借助于它，某些可知（intelligible）对象单纯地呈现

---

1 关于奥古斯丁自身意识的问题，可以参见周伟驰《记忆与光照》（社会科学文献出版社 2001 年版）中"自我记忆"一章。在那里我将自身意识译为"自我意会"，并考察了笛卡尔、费希特、胡塞尔、萨特、Wojtyla 乃至佛教（末那识）的相似论述。总的来说，奥古斯丁是为了神学的目的而必须设置一个面对上帝的确定无疑的"我"，而这个"我"得以成立，是以上帝的光照为前提的。而现当代哲学则是在面临着认识论上的"我"的分裂和消失时，为挽救认识主体的统一性而进行努力。

2 周伟驰：《记忆与光照》，第 147-148 页。

在理智面前，被以某种方式认知着。[1]

对此，学者 Merriell 有一个观察和评价："阿奎那的学生们曾被他早期的这一观点弄得很尴尬，因为后来，在《真理问答集》问题 10 里，他只是将这一种单纯的认知归到习惯知识，而非主动知识一边。不过，看来更可能阿奎那已有某种认识，即奥古斯丁将人心中的三一形象跟一种活动状态（a state of activity）绑在一起。倘若形象是心灵的长久现实，则心灵多少都必须总是主动地朝向更高的对象，即上帝，其次是朝向人自己的灵魂——看来阿奎那在《章句集评注》里已这么推想了。"[2]

那么，在《真理问答集》中，阿奎那是如何论述心灵之"自知"的呢？他说：

> 关于习惯知识，我这么说，灵魂通过它的本质看它自己，即，灵魂有能力达到对它自己的实际的认知，这是从其本质向它自己呈现这一事实而致的。这就像这么一种情况：一个人，因为他有某种知识的习惯，便能够由于习惯的呈现，而感知到落在那一习惯之下的那些东西。但就灵魂对它自身的存在的感知，以及它之注意到自身之内的活动而言，却无须习惯。[要做到这点]单有那向心灵呈现着的灵魂的本质就足够了，因为那使它[心灵]被实际地感知到的行为[指自我意向认识]，是发自于它[本质]的。[3]

这里阿奎那似乎认为，心灵之自知与心灵对外物的习惯知识尚有不同，心灵自身的本质是向心灵呈现着的，比对外物的习惯知识更为本己。

但在同一处，在回答难题的第 1 部分，阿奎那又说，我们关于外物的实际的理解，都是通过从想象中进行抽象得来的。在抽象之前，我们也

---

[1] 阿奎那《章句集》，I Sent. d.3 q.4 a.5.
[2] D.Juvenal Merriell, "Trinitarian Anthropology", *The Theology of Thomas Aquinas*, ed.by Rik Van Nieuwenhove and Joseph Wawrykow, University of Notre Dame Press, 2005, p.129.
[3] 《真理问答集》q.10 a.8.

不会有关于外物的习惯知识，即关于外物的习惯知识是后天获得的。但是，就心灵来说，"它[心灵]的本质却是内在于它[心灵]的，因此它无需从想象那里来获取它，……所以，在心灵从想象中进行抽象之前，它已有了它自己的习惯知识，借助这一习惯知识，它能感知到它存在"[1]。因此，看来阿奎那在《真理问答集》中尚未确定心灵的自我认识中，到底是心灵自身的本质的呈现还是习惯知识，使得心灵的自我认识成为可能。在这里还留着奥古斯丁"自我意会"或"自身意识"的余味。

在《反异教大全》里，阿奎那在讨论到美德时说：

> 一个习惯是一个不完善的行为，仿佛介于能力与行为之间；所以，那些拥有一个习惯者相当于那些睡眠者。但是在上帝之中只有最完善的行为。所以，行为在他那里并不是作为习惯，如科学那样，而是作为思考的行为，它是一个终极的、完善的行为。[2]

又在讨论到心灵和上帝之间的知识差别时说：

> 倘若一个理智（此处指人的心灵）习惯地知道某物，它的本质是不同于它的理智的操作的，此理智的操作即是思考本身。因为一个习惯地认知的理智，是缺乏操作的，但它的本质却是不会缺少的。但是，在上帝那里，如我们已证明的，他的本质就是他的操作。所以，在上帝的理智里并没有习惯知识。[3]

这就是说，上帝是纯现实，纯行为，上帝没有潜能，因此也没有习惯知识（因为习惯知识存在于记忆中，其被认识到需要一个从潜到显的过程）。而在人的心灵这里，理智的实际活动（即"操作"）层面，跟潜在的

---

[1]《真理问答集》q.10 a.8.
[2]《反异教大全》I 92。
[3]《反异教大全》I 56。

习惯知识的层面，是不同的。因此，一个习惯地认知的心灵，虽然本质仍然还在（"呈现"？），但是已没有"行为"可言了。

到了《神学大全》，看来阿奎那将心灵本质的自我呈现取消了，心灵自知的最后一点活动性都消失了，彻底变成了"习惯"。[1] 如果没有了非意向性的、但始终伴随着意向活动的"自身意识"，将一切意识活动意向化，或者"主—客体"化，就会产生"我思我思我思……"无限后退的难题。[2]

在《反异教大全》第四部分，阿奎那碰到了以神学问题形式出现的这个难题。在那里，有人（或者是阿奎那本人）提出了这样的问题：你说圣言（圣子）是真神。属于神的也必定属于圣言。上帝必然理解他自己，因此，圣言也理解他自己。你说圣父因为理解自己而"生"了"圣言"，那么，圣言（圣子）理解自己是不是也会"生"出另一个"圣言"呢？这样就会有圣子的圣子，圣言的圣言了。而这圣子的圣子、圣言的圣言还可以继续理解他自己，如此反复以至无穷地"生"下去。对此，阿奎那是这样回答的：

> 当我们表明上帝的圣言是上帝时，我们也仍然表明了他不是异于他乃是其圣言的那个上帝之外的一个上帝，而是一个完全同一的上帝。他只在一点上异于他：他是从他那里生发出来的圣言。但是，正如圣言不是另一个上帝，他也不是另一个理智；因此，他也不是另一个理解的行为；因此，不是另一个言（词）。也因此不能说，因为圣言理解他自己，因此圣言自身就有了一个言（词）。因为，圣言区别于说话者只是在这一点上（如我们已说过的）：他是从他（圣父）而来的。……[3]

---

[1] 见前文"阿奎那对奥古斯丁形象观的转化"一节中引用的 ST Ia q.93 a: 7 ad.3-4。
[2] Anthony Kenny, "Self-Knowledge", *Aquinas on Mind*, Routledge, New York, 1993, p.122. Kenny 在这里表明，阿奎那无力防止"我思我思我思……"的"恶性后退"。
[3] 《反异教大全》Ⅳ 13。

这里阿奎那用神学教义的硬性规定确定了只能有一个圣言。但如果将这种"自我认识产生另一个自我"的思维方式放到人的自我认识里去，则必然无法防止"我思产生了一个我，这个新我的我思又产生了另一个我……"的无限倒退。

著名哲学史家科普斯顿（Copleston）在谈到阿奎那与奥古斯丁的关系时说，阿奎那利用亚里士多德的哲学作为工具，来表达奥古斯丁的神学，甚至比奥古斯丁本人更清晰。"他所做的是用亚里士多德的理论来表达奥古斯丁主义。"[1] 我们看到，在形象观上，阿奎那基本上是遵循着奥古斯丁的路线，但由于他在哲学上受到亚里士多德的影响（如重视潜能与现实的区分），因此在理解和解释奥古斯丁时，亦会对奥古斯丁有所修改，在这个意义上，亚里士多德哲学对他并非纯粹工具性的，而是反过来修正了奥古斯丁，所以，准确地说，是奥古斯丁与亚里士多德在阿奎那思想中产生了互动，达到了奥古斯丁和亚里士多德二人都未曾料到的理论结果，那也正是阿奎那本人的思想之所在。

综上所述，在形象观上，阿奎那主要继承了奥古斯丁的内在三一论进路，即从心灵的知与爱的行为出发，来类比上帝在人身上的形象，但阿奎那也对奥古斯丁的形象观作了转化，主要是将奥古斯丁的"记忆—理解—爱"转化为"心灵—理解—爱"。在这个过程中，笔者认为，阿奎那忽视或者遗漏了奥古斯丁的一个重要思想，即心灵对于它自己的"记忆"这个范畴中隐含着的现象学意义上的"自身意识"，从而将一切自我意识意向行为化，造成无法解决的无限倒退问题。

---

[1] Frederick Copleston, *A History of Philosophy*, vol. II, London: Burns Oates, 1950. 转引自 *St. Thomas Aquinas on Politics and Ethics*, trans., Paul E. Sigmund, Norton & Company, New York, pp.133-134。

扩展阅读

[古罗马]奥古斯丁:《论三位一体》,周伟驰译,上海世纪出版集团2005年版。

周伟驰:《奥古斯丁的基督教思想》,中国社会科学出版社2005年版。

周伟驰:《记忆与光照:奥古斯丁神哲学研究》,社会科学文献出版社2001年版。

Bernard Lonergan, Verbum, *Word and Idea in Aquinas,* ed.by Frederick E. Crowe and Robert M. Doran, University of Toronto Press, 1997.

Gregory P. Rocca, *Speaking the Incomprehensible God: Thomas Aquinas on the Interplay of Positive and Negative Theology,* The Catholic University of America Press, Washington, D.C., 2004.

第9讲

主讲人　唐晓峰

亦佛亦道亦基督
——唐代景教的"中国化"尝试*

* 本文曾发表于《世界宗教文化》2021年第3期,有所删改。

关于古代基督教入华有诸多传说，最早的可以追溯到耶稣门徒多玛自印度到中国传教，多玛使徒生活的年代对应于中国的东汉时期，但终归这些传说无史实可考，亦无文献记载。有间接史料证明的基督教最早传入中国的时间要到公元6世纪，《剑桥基督教史》曾记载："直至6世纪末期（578年），一位名为马萨吉斯（Mar Sergius）的东方叙利亚传教士寄居于临洮（Lin' tao，当时称临州或狄道郡）。"[1] 基督教进入中原的时间比较明确，人们公认是唐贞观九年（即公元635年），波斯僧阿罗本带着经书到长安传教。通过唐太宗派宰相房玄龄到长安西郊迎接阿罗本，并为阿罗本建寺译经提供方便等史实，可以看到初来中原的基督教不但得到唐太宗皇帝的批准，还得到他的大力支持。唐时的基督教被称为景教，教堂被称为大秦寺。直到唐武宗灭佛之前这210年间，景教似乎只有在武周时期以及玄宗初年才受过异己力量的迫害，《大秦景教流行中国碑》对此记载道："圣历年，释子用壮，腾口于东周；先天末，下士大笑，讪谤于西镐。"余之大部分时间景教在华境内均得以自由发展，甚至一度达到"法

---

[1] Augustine Casiday and Frederick W. Norris ed., *The Cambridge History of Christianity: Constantine to C.600*, Cambridge University Press, 2007, p143.

流十道，国富元休；寺满百城，家殷景福"的发展盛况。天宝初年，唐玄宗甚至派高力士将五位先皇的肖像悬于大秦寺内，算作对基督教的恩宠，同时也希望在祈祷和圣事中，李唐王朝得到造物主的护佑。

唐朝景教的发展史均记载在立于公元781年的《大秦景教流行中国碑》中，这一碑刻在明天启年间出土于西安郊区，现存放于西安碑林博物馆中。景教碑的碑文不是唐代留存于世唯一的汉语景教文献，其他文献还包括《序听迷失所经》《一神论》《志玄安乐经》《宣元至本经》《三威蒙度赞》等多部写经文本，其中大部分出自敦煌藏经洞。这其中《序听迷失所经》和《一神论》被称为"阿罗本文献"，而其他几部除《宣元至本经》《尊经》外通常被称为"景净文献"。景净也是景教碑文的作者，《大唐贞元续开元释教录》记载他曾经和北天竺迦毕试国高僧般若三藏一起翻译过《六波罗蜜经》七卷。阿罗本文献与景净文献最大的区别有以下三点：一是阿罗本文献对基督教元典引用多，论理多，西亚安提阿基督教教会特征明显，而景净文献则亦佛亦道亦耶，与佛道思想互动杂糅，中土特征浓厚。二是阿罗本文献语法含混，用词生僻，词不达意处比比皆是，而景净文献则辞藻瑰丽，行文流畅，几乎看不出其出于番僧之手。三是阿罗本文献表现出较强的排他色彩、传教意味浓厚，而景净文献则更多着眼于义理的诠释、教义思想更多地趋同于人生哲学。阿罗本文献与景净文献间的共同点也很明确，表现在两个方面：第一，强调对皇权的遵从以及对生身父母的侍奉。这点可看作唐时景教深受儒家忠君孝道观念影响使然。第二，也是最鲜明的特色是他们附着于佛道概念、形式，乃至用佛道思想来诠释基督教教义教理。两者著作虽相距约一个半世纪，但在此用功之处却心有灵犀。本文从景教文献的形式到义理，对其"以佛道释耶"的特色分而述之。

一 采佛道之"形名"，传弥施诃教之"实际"

东晋佛僧竺法雅为了向知识分子传播佛法，创立了"格义"之法，即以时人熟悉的老庄之学来比附、诠释佛教义理,这种格义方法在唐代亦很流行,景教僧侣深谙其道。目前传世的汉语景教文献多借重于佛道的义理与词汇,以此作为人们了解此"外道"之进路。在形式上景教文献借用佛经处颇多,主要表现在经文构架、论证方式以及采用佛道信徒熟悉的信仰观念等若干方面。以景教《宣元至本经》为例,其起首为:

时景通法王,在大秦国那萨罗城、和明宫宝法云座,将与二见,了决真源,应乐咸通,七方云集。有诸明净士,一切神天等妙法王,无量觉众,及三百六十五种异见中民,如是族类,无边无极。[1]

此开篇形式几乎与佛经无异,教主在某时某地,面向特定听众讲经说法在佛经中屡见不鲜。景教《志玄安乐经》开篇为:

闻是至言时,无上一尊弥施诃,在与脱出爱河,净虚堂内与者俱。□岑稳僧伽,□与诸人众,左右环遶,恭敬侍坐。[2]

此开篇与流行于初唐、中唐的道教《太玄真一本际妙经》元始天尊在协晨灵观峻嶒之台讲法的场景有几分相似处。[3] 景教经文通篇以答疑解难或说法的形式就若干主题阐述宗教主张,这在西方传统基督教经典中并不常见,但却在佛道经典中司空见惯。比如《志玄安乐经》便以弥施诃(基督)与其大弟子岑稳(西门)僧伽的对话形式进行。该经最后以"时诸大众,闻是语已,顶受欢喜,礼退奉行"收尾,这与佛道经典结束方式颇为类似,同时佛道教的偈语形式也多出现于汉语景教文献中。

汉语景教文献中有很多自创词汇,比如形容造物主的"匠帝",称呼救世主的"弥施诃",翻译魔鬼的"裟多那",翻译圣灵的"卢诃宁俱沙",

---

[1] 翁绍军:《汉语景教文典诠释》,生活·读书·新知三联书店1996年版,第157页。
[2] 翁绍军:《汉语景教文典诠释》,生活·读书·新知三联书店1996年版,第177页。
[3] 《太玄真一本际妙经》,载《中华道藏》第五册,华夏出版社2004年版,第207页。

翻译圣母的"末艳"等。但其大部分词汇均非音译，而是直接由佛道教撷取而来，比如将造物主和基督译作"道"并非清末基督教传教士们在使用"道成肉身"这一概念时首创，在景净这里，作为基督的"道"在其所著文献中出现频率颇高。《大秦景教流行中国碑》记载："道无常名，圣无常体，随方设教，密济群生。……详其教旨，玄妙无为。观其元宗，生成立要。词无繁说，理有忘筌。济物利人，宜行天下。"[1]这里对"道"的诠释与《道德经》中，作为众妙之门、化生万物，且"绵绵若存，用之不勤"的"道"几乎是一致的。而在其他几部景教文献中，对于妙道、真道的崇敬更是比比皆是。除了"道"之外，景教文献采用的佛教词汇还包括"诸天""世尊""大圣""广度""果报""善缘"等等，不可胜数。而对道教词汇的借用则包括"无极""妙有""非有""上德"等，不一而足。景教对释道词汇借用，最典型者莫过于其三位一体教义中这"三位"的名称。《尊经》中，将圣父、圣子、圣灵三位称为"妙身皇父罗诃、应身皇子弥施诃、证身卢诃宁俱沙"，这无疑是借用了佛教中佛的"法身""应身""化身"之说，三者皆指"佛"。而道教也有"三一"之表述，《玄门大论三一诀》引《释名》云："三一者，精、神、气，混三为一也；精者，虚妙智照之功；神者，无方绝累之用；气者，方所形象之法也。亦曰微、希、夷；……"[2]另外，道教有"一气化三清"的说法也与基督教的三一论类似，这三清分别是"玉清元始天尊、上清灵宝天尊、太清道德天尊"，三者都是道的化身。元始天尊掌管过去、灵宝天尊执掌现在、道德天尊把握未来，这三者可对应于圣父、圣子、圣灵。[3]"天尊"的概念多出现在景教早期文献《序听弥失所经》和《一神论》中，指称最高神，即基督教中后来的"上帝"。

---

[1] 翁绍军：《汉语景教文典诠释》，第54页。
[2] 转引自万毅《隋代道教"三一"观新解——敦煌本〈升玄内教经〉与〈玄门大论三一诀〉》，《敦煌研究》2007年第4期；另请参阅王卡先生在《中国本土宗教的虚神信仰》一文中有关太上大道君化身老子问题的讨论，该文载《世界宗教研究》2016年第5期。
[3] Joseph Needham, *Science and Civilization in China*, Vol.2, Cambridge University Press, 1956, p.160.

值得一提的是，景教僧侣早就知道用"神"这个泛指词来称呼基督教的创造主，其他称呼似乎都是"神"的不同表达方式而已，这个"神"的称谓与具体所指的称谓（比如"上帝"）之间的分殊在清末传教士"译名之争"过程中逐渐白热化。事实上，这种张力在景教文献中已经隐约可见，由此足可以证明景教文献的作者始终保持着其信仰的主体意识及超越观念，佛、道词汇不过是他们博采而来的工具而已。但在这种利用过程中，原有概念的意涵不免影响到受众对于景教教义的理解，这或许也是景教僧侣们希冀借用，但又不得不承受让步牺牲之痛。无论如何，景教僧侣们力图在佛、道之"形名"基础上，传播基督教之要旨，就连为皇帝歌功颂德的《大秦景教流行中国碑》中，也不忘宣讲"道成肉身"的基本教义及景教之核心礼仪：

> 我三一分身景尊弥施诃戢隐真威，同人出代。神天宣庆，室女诞圣于大秦。景宿告祥，波斯睹耀以来贡。圆廿四圣有说之旧法，理家国于大猷。设三一净风无言之新教，陶良用于正信。制八境之度，炼尘成真。启三常之门，开生灭死。悬景日以破暗府，魔妄于是乎悉摧。棹慈航以登明宫，含灵于是乎既济。能事斯毕，亭午升真。经留廿七部，张元化以发灵关。法浴水风，涤浮华而洁虚白。印持十字，融四照以合无拘。击木震仁惠之音，东礼趣生荣之路。存须所以有外行，削顶所以无内情。不畜臧获，均贵贱于人。不聚货财，示罄遗于我。斋以伏识而成，戒以静慎为固。七时礼赞，大庇存亡。七日一荐，洗心反素。真常之道，妙而难名。功用昭彰，强称景教。[1]

基督教《四福音书》关于耶稣基督的生平、神迹也屡屡出现在《序听迷诗所经》《一神论》中。阿罗本的《一神论》对于"一神"的论证堪

---

[1] 翁绍军：《汉语景教文典诠释》，第48-53页。

称当时神正论的力作,而在《序听迷失所经》和《一神论》中对于人类罪性,以及耶稣基督的救赎之功更是着墨颇丰,令人印象深刻,这在早期的阿罗本文献中尤为突出。在《一神论》中,阿罗本甚至还阐述了神识、魂魄、人体三分的三元人论思想:

> 譬如一人共魂魄并神识,共成一人。若人【无】身不具足,人无魂魄,人亦不具足,人无神识,亦不具足。[1]

类似的表述在基督教经典《圣经》中表露无遗,使徒保罗在《帖撒罗尼迦前书》第5章23节中写道:"愿赐平安的上帝亲自使你们全然成圣。又愿你们的灵与魂与身子得蒙保守,在我们主耶稣基督降临的时候,完全无可指摘。"[2] 这里人被保罗分成灵、魂、体三元,这一三元人论思想在之后希腊教父奥利金和尼撒的格列高利那里得到进一步阐发,并影响到东部教会的神学思想。只有"属灵人"才能具备《一神论》中的"神识",故"神识"与身体的灵相对,不"属灵"的人,不会"全然成圣",而不具备"神识"的人,则"身不具足"。

二 撷佛道之"义",诠景教之"理"

人们通常认为《志玄安乐经》是唐代中后期的景净文献。通观全文,除了经中人名,如弥施诃、岑稳僧伽、景教等词汇为基督教元素外,从形式到内容,该经佛、道特征十分明显,以致很多学者将其混同为佛道经典,同时将之与道教《太玄真一本际妙经》以至佛教《佛说无量寿经》加以比对。《太玄真一本际妙经》流行于初唐、中唐,恰为《志玄安乐经》撰作时间。[3] 而《佛说无量寿经》在唐朝时已经进行了第十一次翻译,净土宗的实

---

[1] 翁绍军:《汉语景教文典诠释》,第120页。
[2] 《圣经·新约》,中国基督教三自爱国运动委员会、中国基督教协会出版发行,2009年版,第231页。
[3] 参阅黄崑威《敦煌本〈太玄真一本际经〉思想研究》,四川出版集团、巴蜀书社2011年版,第一章。

际创立者唐朝的善导大师（618-681）便极力推崇该经的十八愿力，提出了佛教信徒修行自力与他力结合的思想。如前所述，景净翻译过佛经，在其作品中又多采用道家词汇，对于当时流行的佛道经典应该相当熟悉。如何借用其中思想来诠释基督教内涵对他来说不是难事。《志玄安乐经》到底是受佛教还是道教经典的影响，这种争论没有什么意义。唐朝中后期，佛道教在博弈中融合已成定局，形成于唐初的《太玄真一本际妙经》便是在佛教影响之下编纂而成的，其很多表述和义理深受《大般涅槃经》和《法句譬喻经》的影响。在景教《志玄安乐经》中，我们可以清晰发现佛道间的互动对景教的双重作用。《志玄安乐经》提倡"十种观法"，原文为：

> 一者观诸人间，肉身性命，积渐衰老，无不灭亡。……二者观诸人间，亲爱眷属，终当离坼，难保会同。……三者观诸人间，高大尊贵，荣华兴盛，终不常居。……四者观诸人间，强梁人我，虽欲自益，及（反）为自伤。……五者观诸人间，财宝积聚，劳神苦形，竟无所用。……六者观者人间，色欲耽滞，从身性起，作身性冤。……七者观诸人间，饮酒淫乐，昏迷醉乱，不辨是非。……八者观诸人间，犹玩戏剧，坐消时日，劳役精神。……九者观诸人间，施行杂教，唯事有为，妨失直正。……十者观诸人间，假修善法，唯求众誉，不念自欺。[1]

而在《法句譬喻经》开篇的"无常品第一"中，则有如下记载：

> 佛告梵志，世有四事，不可得久。何谓为四？一者有常必无常；二者富贵必贫贱；三者合会必别离；四者强健必当死。……佛告莲华，人有四事，不可恃怙，何谓为四？一者少壮会当归老；二者强健会当归死；三者六亲聚欢娱乐会当别离；四者财宝积聚要当分

---

[1] 翁绍军：《汉语景教文典诠释》，第186-187页。

散。……佛告大王，人有四事，不可得离，何谓为四？一者在中阴中，不得不受生；二者已生不得不受老；三者已老不得不受病；四者已病不得不受死。[1]

两相比较，可以发现《志玄安乐经》的"十观"与《法句譬喻经》的三个"为四"多有重合之处，认为健康、财富、亲情、强壮、尊贵、娱乐这些"有常"必为"无常"。而在另一部佛教经典《大般涅槃经》第二十卷·梵行品第八之六中，亦提出二十种"观法"，这二十种"观法"多是围绕"不乐生死"的"无常"观念阐发的。很多研究者指出《志玄安乐经》与道教《太玄真一本际妙经》有诸多相似之处[2]，这不能排除《太玄真一本际妙经》与《志玄安乐经》同受佛经影响这种可能性。《太玄真一本际妙经》与上述"观法"类似的表述被称为"十二印"：

何等十二？一者世间有为之法，皆悉无常；……二者一切世法，皆无有我，不自在故，非真实故，相因待故。三者世间有心之法，皆悉苦恼。……苦有二种，一粗二细。云何为粗？一切受生，老病死坏，怨家合会，恩爱分离，所求不称，是名粗苦。云何细苦？即细无常，念念损坏，实是苦恼，人不能知，是名细苦。四者一切世间不尽秽恶，亦有粗细，粗者可见，细不可知。如世肉身，皮肤血脉，大小不净，尸形臭烂，是粗不净。烦恼结漏，慧者弃薄，是细不净。五者万物皆是空无，性无真实故，假众缘故。六者出世升玄，至道常住，湛体自然，无生无灭，离有为相。七者一切妙智，自在无碍，神力所为，随意能辩，故名大我。八者离二无常，不受诸爱，心想寂灭，故名安乐。九者真性灵通，离一切相，无染无秽，是名清净。十者至道真实，非伪杂身，是金刚身，故名善有。十一者是

---

[1] 《法句譬喻经》，载《乾隆大藏经》第108册，彰化传正有限公司1997年版，第446-448页。
[2] 参阅王兰平《以〈志玄安乐经〉"十观"为例看唐代景教与佛道之间的关系》，载《敦煌学辑刊》2008年第1期，第157—162页。

世间法，及出世法，皆假施设，悉是因缘，开方便道，为化众生，强立名字。十二者正道真性，不生不灭，非有非无，名正中道。[1]

很明显，《太玄真一本际妙经》与《大般涅槃经》以及《志玄安乐经》对于"无常""清净""安乐"的推崇多有重叠之处。此外，《志玄安乐经》单独受道家思想影响的例子也很多，比如经中一些表述与道经明显趋同，《太玄真一本际妙经》譬喻品卷第七云："夫有身者众苦之本，累患之源，劳心忧虑，愁畏万端，三界蠕动更相残贼，吾我缚著，生死轮转，不能止息，皆由于我。"[2] 与《太玄真一本际妙经》同时代的道经《太上一乘海空智藏经》也有"今我疾者，皆由着身，是故于身不应生著。善种王既知病本，即除我想及烦恼想，当灭法想。……是我身者，即是大患。汝等应当厌离此身，……我等长乐，长乐清静，内外无我，我亦清静"[3] 之说，对此，《志玄安乐经》表述道："若有知见，则为有身。以有身故，则怀生想，怀生想故，则有求为。有所求为，是名动欲，入诸净源。离染能净，故等于虚空，发惠光明，能照一切。照一切故，名安乐道。"很明显《志玄安乐经》深受道家上述作品影响，而上述思想均出自《道德经》第十三章"吾所以有大患者，为吾有身，及吾无身，吾有何患？"[4] 这种佛道表述在《志玄安乐经》中还有很多，比如其中阐述的获得清静的"四种胜法"——无欲、无为、无德、无证均可从佛道思想中找到对应说法。

但必须说明的是，尽管《志玄安乐经》有较强的佛、道色彩，但其本质精神还是基督教的。景净在撰写该经时只是采用了基督教与佛道相似的主张，比如对于肉身、财物的看法等。在《圣经》中，这种禁欲舍财的表述比比皆是。《罗马书》第 13 章第 14 节中，使徒保罗勉励信徒："总要

---

[1]《太玄真一本际妙经》，载《中华道藏》第五册，第 208-209 页。
[2]《太玄真一本际妙经》，载《中华道藏》第五册，第 247 页。
[3]《太上一乘海空智藏经》，载《中华道藏》第五册，第 361 页。
[4] 陈鼓应：《老子注译及评介》，中华书局 2009 年版，第 108 页。

披戴主耶稣基督,不要为肉体安排,去放纵私欲。"[1]在《马太福音》第6章第19-21节中耶稣说道:"不要为自己积攒财宝在地上,地上有虫子咬,能锈坏,也有贼挖窟窿来偷;只要积攒财宝在天上;天上没有虫子咬,不能锈坏,也没有贼挖窟窿来偷。"[2]但仔细观察,我们会发现《志玄安乐经》"十种观法"中的最后"两观"却是基督教所独有的,即"九者观诸人间,施行杂教,唯事有为,妨失直正。譬如巧工,克作牛畜,庄严彩画,形貌(貌)类真,将为田农,终不收获。十者观诸人间,假修善法,唯求众誉。譬如蚌蛤,含其明珠,渔者破之,采【之】而死,但能美人,不知己苦。"对于景教僧侣来说,对于一神为核心的景教的信仰才是"正道""善法",其他均为"杂教""假修"。

在"小岛文书B"景教《宣元至本经》中,我们同样可以看到其与《道德经》趋同的倾向。经曰:

> 妙道能包容万物之奥道者,虚通之妙理,群生之正性。奥、深密也,亦丙(百)灵之府也。妙道生成万物,囊括百灵,大无不包,故为【万】物灵府也。善、人之宝,信道善人,达见真性,得善根本,复无极,能宝而贵之;不信善之徒,所不【可】保。保、守持也;流俗之人,耽滞物境,性情浮竞,岂能守持丙【百】灵,遥叩妙明。夫美言可以市人,尊行可以加人,不信善之徒,心行浇薄,言多佞美,好为饰辞,尤如市井,更相觅利,又不能柔弱麊谦,后身先物,方自尊高,【乱】行加陵于人;不信善之徒,言行如是,真于道也,不亦远乎!神威无等,不弃愚鄙,恒布大慈,如大圣法王。人之不善,奚弃之有。奚何也言。圣道冥通,光威尽察,救物弘普,纵使群生不善,何有可弃心,明慧慈悲,复被接济无遗也。[3]

---

[1]《圣经·新约》,中国基督教三自爱国运动委员会、中国基督教协会出版发行,2009年,第180页。
[2]《圣经·新约》,中国基督教三自爱国运动委员会、中国基督教协会出版发行,2009年,第7页。
[3] 翁绍军:《汉语景教文典诠释》,第163-164页。

人们不难发现，这段文字与《道德经》第六十二章多有雷同之处。《道德经》云：

> 道者万物之奥。善人之宝，不善人之所保。美言可以市，尊行可以加人。人之不善，何弃之有？[1]

对比两段经文，可以看到大秦景教《宣元至本经》对《道德经》"道者万物之奥"进行了深入解读，大意没有超出道家思想之处，在最后处将道之物质性本体地位升华为精神性的根本，它不但是实体生发的奥秘，也是精神性的"灵府"[2]。在这段经文之后，对于"善人"与"不善人"的分殊也是来自于道家的界定，甚至"美言可以市人，尊行可以加人"这一对"不善人"的描写几乎一字不差。《宣元至本经》中"神威无等，不弃愚鄙……人之不善，奚弃之有"更是对应于《道德经》"人之不善，何弃之有"以及《道德经》第二十七章"是以圣人常善救人，故无弃人；常善救物，故无弃物"这些表述[3]。

依据上述相似性，有学者认为该经即为《道德经》相关章节的注释，甚至认为这是文物贩子所编纂的伪经。综观上下文的表述，我们可以发现该段经文虽与《道德经》表述、义理有雷同之处，但并未完全违背基督教义理，这表现在两个方面：一是对"不善人"的强调明显较老子突出，这与基督教强调人的罪性相关，老子认为"不善人"是"善人"之"资"（第二十七章），"道"也同样是"不善人"之所保，这是道家认为圣人不舍弃"不善人"的理论根基。在此根基之上"美言可以市人，尊行可以加人"便有了不同的解读。《宣元至本经》对"不善人"完全进行了消极的阐述，认为这是恶人"心行浇薄，言多佞美，好为饰辞，尤如市井，更相觅利"的表现，只能是离"道"渐行渐远了。在道家思想中，道不远人，

---

[1] 陈鼓应：《老子注译及评介》，第290页。
[2] "灵府"一词出于道家经典《庄子·德充符》。
[3] 陈鼓应：《老子注译及评介》，第169页。

不论"善人"与"不善人"均如此。而在《宣元至本经》中道与"不善人"愈发疏远，这便为基督教的另一教义铺设了理论前提，即上帝拯救罪人。罪人是十恶不赦的，但"神威无等，不弃愚鄙，恒布大慈，如大圣法王。人之不善，奚弃之有？……纵使群生不善，何有可弃心，明慧慈悲，复被接济无遗也"。《宣元至本经》残卷开篇亦有"法王善用谦柔，故能摄化万物，普救群生，降伏魔道"[1]的表述，这同样突出了大圣法王战胜撒旦、拯救罪人的立意，当然这一教义是建立在老子道之渊博、谦柔的义理之上的。从上述分析可以看出，无论该经是否为后人伪造，其义理并非完全与道教等同，而且基督教特征明显。

三 结语

谈中国的基督教思想史，离不开对中国思想文化史的整体把握，而这其中儒释道三教之间的互动与融通无疑是汉代以来中国思想文化的主要线索，决定着中国思想文化发展的突出特点。因此掌握儒释道三教之间的关系是整体把握中国思想文化史的中枢，这点在唐代也不例外。中唐以前的盛世局面来自于开国者开阔的眼界与博大的胸襟造就的政治、经济格局以及这种格局与精神的持续发展，其中儒、释、道三教之间的冲突、鼎力与互鉴便为其中一个重要特征。在这种互动中，三教鼎力的新格局逐渐形成，景教思想作为中国文化语境中的一种外来文化，如若在中国文化语境中立足发展，它必须要在这种三教鼎力的格局中寻求自身的定位与发展路向，这其中的文化披戴与诠释功夫自不可免。在这种文明互借的过程中，景教思想亦不免呈现出同时代中国整体思想文化体系的若干特征。

在唐代，三教分立的格局逐渐向内在义理层面的融合转向，而这种融合充分体现在唐代汉语景教文献中。中国传统文化本质是以伦理为本位

---

[1] 翁绍军：《汉语景教文典诠释》，第163页，唐莉认为《大秦景教宣元至本经》所描写的内容与《圣经》启示录和以赛亚书有惊人的相似之处，详见唐莉《洛阳新出七大秦景教幢文初释及翻译》，或葛承雍主编《景教遗珍——洛阳新出唐代景教经幢研究》，文物出版社2009年版，第148页。

的，抽象的天与人、人与自然、人与社会的关系总会落实到具体的人与人的交往上，对于人伦与心性的关注是中国思想文化的核心特质。这点在唐代儒、释、道三教各自的发展路向以及三教合一所形成的焦点问题上均清晰地表达出来。景教自身义理在这种儒释道融合互动的过程中，逐渐受到影响，尤其是强调人为主体以及更多地强调恢复本性的修为，将注重绝对天道的基督教本真逐渐消解，将景教解读为以耶稣为楷模的为善之学。唐时及之前的儒家更偏重于世俗实践之学，忠君孝道虽对景教义理影响明显，但真正宗教义理层面的披戴要数佛、道教的影响与融合最为深入，且儒家此时作为主体性文化尚未如佛道教般需要靠一套理论学说维持其合法性的存在，景教没有与儒家进行义理层面的互动实属当然。尽管唐代景教在与佛道融合的过程中，尽力保持自己的信仰本色，但受众群体以他们对于这些宗教因素的理解方式来认知景教，自然在三者的义理层面也就交融于一处了，这点是外来的诠释者所无法掌控的，甚至是意想不到的结局，在这种宏大的义理融合的背景之下，基督教所本有的教义教理只能显现为一种小众之教，融于劝人为善、因果报应、无欲无为、无德无证的信仰脉络之中。边缘之教的存在地位，加之罕见本土信众的现实，随着武宗"会昌灭法"这一偶然事件的到来，本来根基不牢且无传教意愿、只为外来族群服务的景教在中原地区销声匿迹也就具有必然性了。

扩展阅读

葛承雍:《景教遗珍——洛阳新出唐代景教经幢研究》,文物出版社 2009 年版。
林悟殊:《唐代景教再研究》,中国社会科学出版社 2003 年版。
莫菲特:《亚洲基督教史》,中国神学研究院中国文化研究中心编译,香港基督教文艺出版社 2000 年版。
翁绍军:《汉语景教文典诠释》,生活·读书·新知三联书店 1996 年版。
朱谦之:《中国景教》,人民出版社 1993 年版。
Dennis Hickley, *The First Christians in China-an Outline History and Some Considerations Concerning the Nestorians in China During the Tang Dynasty*, Mission Aachen, 1980.
Encyclopedia of Early Christianity (Second Edition), Everett Ferguson ed., New York & London: Garland Publishing, INC.

第10讲

主讲人　　周伟驰

奥古斯丁复形说的东传及其问题

前　言

按照基督教的教义，人是上帝依照自己的形象创造的，因此，要了解上帝和人，就要先了解这个形象。在奥古斯丁看来，上帝的形象应该在人身上最高级的地方即人的心灵中去寻找。他在《论三位一体》这本书里专门探讨了这个问题，最后确认了两个形象：第一个是心灵对自己的"记忆—理解—爱"，第二个是心灵对上帝的"记忆—理解—爱"。关于第一个形象，他认为，心灵总是记得自己、理解自己、爱自己，同时记忆又可以说等于心灵，理解和爱也可以说等于心灵。记忆、理解、爱，这三样东西相互包含，你中有我，我中有你，但两个加起来并不比一个大，而是一样大，三个加起来也不比心灵本身大，而是相等。这就类似三位一体的情况：虽然有三个在神性上完全平等的位格，但是上帝并非三个，而只是一个。在心灵那里，心灵要理解自己，就要先有关于自己的记忆，记忆产生了"内在的言说"（内言，即思想），这就类似于圣父生出了圣子。内言一经表达，就变成了外言，被人听到或看到，这就类似于言成肉身，来到世间。记忆生内言，表明记忆与思想之间有一种爱，这个爱将二者连接在一起，这类似于将圣父和圣子连接起来的爱，即圣灵。但是奥古斯丁觉得，光是找到心灵对自己的"记忆—理解—爱"这个"形象"是不够的，因为"形象"的本义，是指向原型的，要以接近和肖似原型即上帝为旨归。所以他就提出了第二个形象，也是更真实的形象，即记得、理解并爱上帝（14:15）。

在确认这两个形象之前，奥古斯丁还曾经认为"心灵—知识—爱"（mens, notitia sui, amor sui）（9:4）也是一个形象。他说，心灵在反思自己时产生了关于自己的言（verbum mentis），类似于圣父生圣言（9:12）。但这个形象后来被他抛弃了，因为心灵是实体，而知识与爱是行为，层次不同。所以最后被他确认的"形象"只有前面所说的两个。

奥古斯丁把这两个形象跟救赎史联系起来，认为人有一个"得形—毁形—复形"的过程。原形是美好的，但因堕落而损害了，恢复只能靠恩典（14:22）。复形是一个类似于治病的过程，虽然使人皈依的恩典是药，但不能指望病在一下子就痊愈（14:23）。从罪性状态进入恩典状态，形象更新，得到神助，但仍非完满，要等到将来天上荣福直观时，人身上的上帝形象才会达到完美（14:24）。

但是奥古斯丁意识到，在记忆—理解—爱当中，记忆并不是一个现实的动作，它是潜在的、静态的，而理解和爱是显在的、动态的，不在一个层次上，作为类比是不恰当的（14:13）。他指出，所有类比都是不完善的，只能显示形象的某一个侧面。

通过彼得·伦巴德《章句集》，奥古斯丁"记忆—理解—爱"的形象观在中世纪得到传承。托马斯·阿奎那在形象观上，一方面继承了奥古斯丁复形论的框架；另一方面也作了重要修改，主要是将奥古斯丁的"记忆—理解—爱"中的"记忆"换成了"心灵"，这样形象就变成了"心灵—知识—爱"。其观点集中表达于《神学大全》第一集第93问。在93问第4条，回答"形象是在所有人身上吗？"时，他指出了有由低到高的三个不同等级的形象。第一个是所有人都有的本性中的形象，人人都天然地知、爱天主。第二个是接受了恩典者的形象，他们能超然地知、爱天主，虽不完善。第三个是有福者的形象，他们现知现爱天主，这在将来荣福直观时会实现。利类思译为："分有三像：一曰受造，二曰救赎，三曰相肖。首像在众人，次像在善人，三像在享真福之神圣。"[1]（ST I q.93 a.4）

为什么要进行这一修改？阿奎那指出，记忆是一种习惯或力量，不是现实的意向行为，而理解则是现实的意向行为，爱也是现实的。这是从潜能与现实的区分来分析问题。

这样，托马斯跟奥古斯丁形象观虽然都强调救赎论意义上的"复形"，但也有差异：奥古斯丁坚持"记忆—理解—爱"，强调心灵对上帝的记忆、理解、爱，阿奎那则侧重"心灵—理解—爱"，强调心灵对上帝的理解和爱。托马斯忘记了"记忆"，将奥古斯丁的"记忆生言"变成了心灵生言。

一

明清之际，随着耶稣会士来华，奥古斯丁的形象观也被译介到了中国。

1548年，耶稣会创始人依纳爵（Ignatius of Loyola, 1491-1556）出版了《灵性训练》（*Exercitia spiritualia*）[2]，这是一个为期四星期的信徒灵性训练课程。依纳爵先要规训灵魂，再通过灵魂管束身体行为。他将记忆、理解和意志称为"灵魂三司"。比如在"第一次操练：默想三种罪"里，对于恶天使之罪、始祖之罪和人的罪的默想，都要记起、悟到并有所意动。[3] 灵魂三司经过全面训练后，人就可以变成坚强的属灵战士了。

最早进入中国的耶稣会士是罗明坚和利玛窦。罗明坚1584年《天主

---

[1] 《超性学要》，见张西平主编《梵蒂冈图书馆藏明清中西文化交流史文献丛刊第一辑》（简称"梵藏"），第12册，大象出版社2014年版，第611页。此处"神圣"指圣人，不是指神。

[2] 通常译为《神操》，其在明清时期的中文全译，见《圣依纳爵神行工夫》，收入《耶稣会例》，载法国国家图书馆明清天主教文献第22册。原文为手抄，无作者、时间、页码的标示。

[3] http://spex.ignatianspirituality.com/SpiritualExercises/Puhl, 2017.7.12.

实录》尚未提到灵魂三司[1]，利玛窦 1603 年《天主实义》已提到心有"司欲、司悟二官"[2]。1605 年，利玛窦主持修订了天主教标准要理书《圣经约录》，将许多术语的中译统一起来。"神有三司"即司记含者、司明悟者、司爱欲者。[3]《天主教要》相当于教规教材，为后来者所承袭，影响深远。奥古斯丁的复形说通过对灵魂三司的规训而进入中文世界，比如高一志（Alphonse Vagnoni, 1566-1640）在《天主圣教四末论》[4] 除了多次引用奥古斯丁名言外，还开始将灵魂三司与其选择造成的后果结合起来。他说，在地狱中恶人的灵魂"三司"都要受苦刑，因此在生前对灵魂三司及身体五司（五感）进行训练和规范，就是必要的。

如果说奥古斯丁的复形观在高一志这里才刚刚开始，那么，它在艾儒略和毕方济那里就充分展开了。

艾儒略（Giulio Aleni, 1582-1649）《性学觕述》提到灵魂"以记含、明悟、爱欲为本用"[5]。《三山论学纪》记录了明朝天启七年艾儒略与相国叶向高在三山（福州）谈道问答的内容。在讨论为何人有善恶时，艾儒略谈到了明悟与爱欲。天主本赋人以明悟与爱欲，"第其原罪之染未除，则本性之正已失，明悟一昏，爱欲顿僻。由是趋避之路，因而渐歧。其为善恶之分者一也"。艾儒略此处未提"记含"。艾儒略指出，导致善恶之分的还有两个因素，一个是由形躯、血气，即所谓"禀气"带来的差异；另一个是由风气、习尚、习性带来的差异。[6] 艾儒略在这里借用了理学中"禀气"的概念，用儒家人性论中"气质之性"作为对恶的来源的一个解释，应该说，这是十分中国化的，因为在奥古斯丁和托马斯那里并没有直接的对等词。托马斯在讲到人违背自然法（相当于理学的"天理"）

---

1 罗明坚：《天主实录》，见黄兴涛、王国荣编《明清之际西学文本：50 种重要文献汇编》（简称"西学文本"），第一册，中华书局 2013 年版，第 13 页。
2 梅谦立：《〈天主实义〉今注》，第一册，商务印书馆 2014 年版，第 113 页。
3 利玛窦：《圣经约录》，西学文本，第一册，第 36 页。
4 笔者所读到的版本没有显示写作年代。高一志此书未被收入本文所参考的几个出版系列。
5 艾儒略：《性学觕述》，西学文本，第一册，第 259 页。
6 艾儒略：《三山论学纪》，见任延黎、王美秀主编《东传福音》（简称"东传福音"），黄山书社 2005 年版，基 3-82。

的原因时，举出了五个：情欲、邪恶的习俗、邪恶的自然倾向（an evil disposition of nature）（ST I-II q.94 a.4）、不正当的成见、不良的风俗习惯（ST I-II q.94 a.6）。[1] 这里"邪恶的自然倾向"可以用原罪来解释，跟中国哲学的"气"完全没有关系。

《口铎日抄》主要是艾儒略的言论集，由其门徒李九标等人记录，记载了1630-1640年间艾儒略及其他几位传教士在福建各地传教时，与教徒就天主教各种主题与问题所作的论述。在第四卷，有位林姓教徒问，艾先生您过去曾说过，在记含、明悟、爱欲三者当中，人往往不能兼备，是否如此。艾儒略回答，这三者互相促进，虽然常人难以兼备，但也有个别过人之士能兼备的。他接着又重点说到了要记住有益的内容，从根本上改变思想的内容："记含如库藏焉，为义理藏纳之府者也。故记含之司必纯而不杂。凡耳之所闻，目之所接，必其皆合于理道者，而记含于心，自此心之所悟，皆诸美好之物，而爱欲亦无有乖于道者矣。否则邪正杂陈，好丑并储，无论两者不相容也。即当真正用功之时，亦有别念窜入者，大抵皆记含之不清也。假如库藏所贮，悉皆金玉，绝不令丑且贱之物，杂其内焉。则凡心之所识，取而用之，莫非纯金美玉者矣。"[2] 记忆在奥古斯丁那里有重要作用，就是因为记忆与过去的整个历史，与潜意识及超意识（上帝光照）相连，相当于佛教的有漏无漏种子。因此把记忆修好，就意味从根本上把心灵修好。这跟灵魂之复形是密切相关的。

数日后，另一教徒从绰问男女灵魂有无差别，艾儒略答无，从绰又问，常见女子在记含与明悟上不如男子，如何解释？艾儒略答道，男女灵魂并无分别，只是有敏钝的不同，"亦由受者气禀有清浊之别耳。故论灵魂本体，原各有记含明悟之能，惟气禀浊者，其记含明悟必钝。此实效用之官不利，于灵性无关也。子不观之火乎？火之光明，其本性也，然油清者光必亮，油浊者光必减矣。斯岂火有明暗之殊哉！则油之清浊，有攸分

---

[1] 英译本，St. Thomas Aquinas, *Summa Theologica*, Translated by Fathers of the English Dominican Province, Christian Classics, Allen Texas, 1948. Vol. II, pp.1011、1013。
[2] 艾儒略《口铎日抄》，梵藏，第26册第702-703页。

者也"¹。这个问题其实是一个复杂的问题，首先是男女灵魂是否同等的问题，其次是个体差异的问题。在奥古斯丁那里，虽然他用亚当来象征高级理性（理智），而用夏娃来象征低级理性（实践理性），但总体来说，他并不认为男女灵魂有性质差别，他们都是上帝的形象。托马斯也认为男女在形象上是一样的。在回答是否男女形象有别时，托马斯指出形象只就明悟说，而非指身体说。²（ST I q.93 a.6）艾儒略认为男女均乃上帝形象，无疑是继承了奥古斯丁和托马斯的观点。经院哲学讨论过人的感官作为接受器的材质的问题，但在如何解释人在理性能力上的个体差异上，艾儒略这里很方便地借用了理学的"气之清浊"的观念来回答这个问题。这是他接受并运用理学术语的又一个例子。

第四卷记录了严赞化跟另一个传教士林本笃讨论圣子之"生"与圣灵之"发"的区别。林本笃考问严赞化对"生""发"差异的理解：为什么只有圣子可以说是"生"，而圣灵只说是"发"，不是"生"呢？严把以前艾儒略教给他的教义说了一番，林本笃略有不满：

（严）对曰："所云生者，必分其父之有，斯谓之生。今费略[按指圣子]之受生也，悉罢德肋[按指圣父]通体焉。非若斯彼利多三多[按指圣灵]，为爱情之发也。故不可以言生。"（林）先生曰："虽然，尚未尽生发之义也。天主三位一体，其义难明，解者多以神之三司为譬。罢德肋譬之记含，费略譬之明悟，斯彼利多三多则譬之爱欲。记含即生明悟，非若爱欲之有待于发也。试观'之'字焉，我记有斯字之形，即生有斯字之悟，是记含之主明悟者也，而不能必此心之尽爱，故必记含明悟，欣悦之情发焉，始成爱欲。此爱欲只可言发，而不可言生之义也。知此，则可通三位一体所云生发二

---

1 艾儒略《口铎日抄》，梵藏，第 26 册第 714-715 页。
2 利类思译《超性学要》，梵藏，第 12 册，第 618-619 页。利对"驳"与"正"的翻译与托马斯原文有出入，乃节译。段德智本，见第 376 页："上帝的肖像对于这两种性别是共同的，因为它存在于心灵之中，而在心灵之中，是根本没有什么性别之分的。"

义矣。"[1]

林本笃非常生动地用记得"之"字，就可以现实地想出"之"字这一"记忆生言"，来类比圣父生圣言（圣子）。至于爱欲，则只有当记含、明悟两相欣悦时才能发出，这正好可用来类比圣灵之作为圣父圣子之间的爱。这是非常典型的奥古斯丁形象说。

《口铎日抄》第六卷再一次有人就内三司问题请教艾儒略，这次跟默想连在一起：

> 其香（李九标）曰："闻教中有默想功夫，请问其略。"先生曰："人晨不默想，则灵性失其养矣。默想者，养灵性之粮也。但默想功夫，须用记含、明悟、爱欲三者为之。"其香曰："云何？"先生曰："一清记含。记含不清，则杂物乱入脑囊，默想时，遂有纷思憧扰之弊。故必蒐罗经典，取其精美者，括诸囊中，随所抽而用之，以启明悟之机。二充明悟。悟机既启，则触类引申，洞彻其隐，因揣其行为意义，取为法则，而爱慕之情动矣。三发爱欲。既悟斯理，遂热心向慕，或发痛悔之情，或生迁改之念，坚定己志，祈天主赐我神力，毅然行之。斯则默想之大略也。虽然，默想期于行，默而不行，是为无实。"[2]

这种师生问答的情景颇令人想起晚明讲道语录，只不过这里的内容换上了天主教。我们知道儒家讲存养功夫，佛教与道教都有相类似的修炼法，天主教没有打坐之类的修炼方法，重视的只是祈祷。祈祷中很重要的是默祷，沉思上帝。艾儒略在这里就从记含、明悟、爱欲全方位地对灵魂提出了要求，使它们都按照教规得到教化，知行合一。

---

1 艾儒略：《口铎日抄》，梵藏，第 26 册，第 718-720 页。
2 艾儒略：《口铎日抄》，梵藏，第 27 册，第 87-88 页。

毕方济（Francois Sambiasi, 1582-1649）口述、徐光启笔录的《灵言蠡勺》，是介绍西方灵魂论的著作。关于其与亚里士多德灵魂论的文本关系向有争议。[1]《灵言蠡勺》不是一本心灵哲学的书，而是在当时耶稣会神学框架下的一本带有规训意味的著作，可以说它带着浓厚的奥古斯丁色彩。

《灵言蠡勺》引用奥古斯丁之处甚多，其对灵魂结构的理解从一开始就是奥古斯丁的，它不仅用了奥古斯丁的"记含—明悟—爱欲"框架，还将"内言"采纳了过来。它之讨论记含—明悟—爱欲，是在救赎论意义上的"复形"的结构中进行的。这本书中关于灵魂的本体和功能、灵魂作为上帝的肖像和未来美好的趋向，都深受奥古斯丁心理三一论或"形象说"的影响。

在引言中，毕方济即引用奥古斯丁，指出哲学总归两大端，一论灵魂，一论上帝。[2] 它跟人的幸福密切相关。"亚吾斯丁曰：天主造成人之亚尼玛[按即灵魂，animal]，为通达至美好，通而爱之，爱而得之，得而享之。"[3] 灵魂有三种功能，分别为记含（记忆）、明悟、爱欲。毕方济认为，灵魂"之能有三司，不止记含，而记含则得称亚尼玛之能"，强调了记忆的作用。[4] 这完全是奥古斯丁的看法，奥古斯丁正是将记忆与心灵本身相等。这与不重视记忆地位的亚里士多德和托马斯迥异。明悟由于没有形质，因此它的一个独特性是能够自明，"明悟者能见万物，又能转见自己"。但这种自明又不是恒常的，这是因为，"一者须复念，自明其明，不须解脱，了无隔碍，应得恒明。但缘自明必须回光返照而得之，故非恒明也。二者，亚尼玛在人肉体，恒接于有形有质之物，中多混杂，不及时返照于己之无形无质也，故不获恒自能明也"[5]。这相似于奥古斯丁说心灵并不能总是现实地想着自己，而且常与外物混杂，将自己误认为外物，因此需要剥离外物，方显本相。爱欲则指灵魂意愿之所指，"所向为先所知之

---

1 梅谦立、黄志鹏：《灵魂论在中国的第一个文本及其来源：对毕方济及徐光启〈灵言蠡勺〉之考察》，《肇庆学院学报》2016年第37卷第1期。
2 毕方济：《灵言蠡勺》，西学文本，第一册，第319页。
3 毕方济：《灵言蠡勺》，西学文本，第一册，第322页。
4 毕方济：《灵言蠡勺》，西学文本，第一册，第326页。
5 毕方济：《灵言蠡勺》，西学文本，第331页。

美好"。它分为三种，一为性欲，指植物动物和人都有的天然欲求，如水向下流，火向上腾。毕方济说："亚吾斯丁曰：主造人心以向尔，故万福不足满，未得尔，必不得安也。"[1]这就是认为人天然有对上帝的渴求。一为司欲，指人的动物性的欲望，称为人的"下欲"。一为灵欲，是人和天神才有的，"是其情之所向，向于义美好，故在人也，居于亚尼玛之体，为上欲，为爱欲"。人的下欲是动物性欲望，如果没有上欲的管束，人就跟禽兽无异。[2]因此，通过对上欲进行规训来管理下欲，使之走入正道就是必要的。

毕方济重点谈到灵魂是上帝的肖像，与上帝相似。这种相似体现在三个方面，即性、模、行。性的相似，指性质上的相似："圣亚吾斯丁曰：亚尼玛乃无形无坏自立之体，与天主甚相似也。虽本无形像，有天主之像在焉。"[3]模的相似，指形式上的相似。毕方济在这里将奥古斯丁的"记含—明悟—爱欲"跟托马斯的形象三品说结合了起来。前者是从结构上说灵魂与天主的相似："亚尼玛之明悟者由于记含，亚尼玛之爱欲者则由记含与明悟。亚吾斯丁自为问答曰：亚尼玛何以为天主之像？曰：为其能记天主，能明天主，能爱天主，故为天主之像。"后者则是试图将形象说放在"本性像—恩宠像—荣福像"形象三品说（ST I q.93 a.4）这一"复形说"的动态发展中去理解。当然，如我们前面所知，托马斯的形象里省略了"记含"这一要素。[4]对于心灵的转变，毕方济强调圣灵的作用，圣灵在万物中运行一如灵魂在身体中运行。灵魂要依赖圣灵的恩宠，才能成善成圣，众行百为肖似天主。[5]行的相似，指行为方式上的相似。天主对于万物既是其始也是其终，灵魂对于其身体也与此类似。天主能知晓万物，灵魂也相似，虽然程度上远远不及。天主令万物活泼，正如灵魂使躯体有生命活力。作者

---

1 毕方济：《灵言蠡勺》，西学文本，第一册，第334页。此即奥古斯丁《忏悔录》1:1中的名言："你造我们是为了你，我们的心如不安息在你怀中，便不会安宁。"（周士良译本，第3页。）
2 毕方济：《灵言蠡勺》，西学文本，第一册，第335页。
3 毕方济：《灵言蠡勺》，西学文本，第一册，第339页。
4 毕方济：《灵言蠡勺》，西学文本，第一册，第340-341页。
5 毕方济：《灵言蠡勺》，西学文本，第一册，第345页。

说出的行为上的相似有十种，这里不一一列举。需要指出的是，作者跟随奥古斯丁和阿奎那，提到了"内言"这一类比。"亚尼玛通达物之际即生其物之内言（内言者，是物之义，若外言方出于口即通于耳。倘亚尼玛不先生内言，亦无以遽通物之性与理），天主通达自己之性，亦生内言（天主通彻己之性，则生自己内像为第二位费略，是为罢德肋之内言）。"[1] 我们应该惊叹，如此深奥的神哲学思想，在明末居然被译成了中文！

《灵言蠡勺》最后一章是"论至美好之情"，是说上帝至为美好，而灵魂若要达到这美好，就需要在圣宠（恩典）的帮助下，通过一定的步骤和方法，才能为美好所化。"神有三司：一司记含，一司明悟，一司爱欲。记含者记含此美好时即为至富，明悟者明悟此美好时即为至光明、至高贵，爱欲者爱欲此美好时即为至正、至尊。"[2] 以上帝为标的，通过灵魂三司的训练，既而做到超凡入圣。

意大利耶稣会士贾宜睦（Jerome de Gravina, 1603-1662）曾在文中提到奥古斯丁花园皈依的故事。他也谈到记含—明悟—爱欲这个三一形象，并有复形说的思想。在《提正编》中，他提到肉体与灵魂的关系，人不应该为肉体的欲望所控制，而应该让肉体变成灵魂的奴仆，天主赐给人肉体，本来的目的是让它辅助灵魂，以服务于天主。"灵魂为肉躯之主，其用有三：其一，明悟。凡理之精微，性之幽深，穷理超性之学，皆可以明悟之。其二，爱欲。即以所明悟者爱之。其三，记含。括明悟、爱欲之肯綮，由此保存勿失。三者之受于天主，非天主之全能，曷克有此?!"[3] 贾宜睦说，圣子是天主"内像"，而人是天主的"外像"。"盖天主造初人云：造人为吾侪像。自元祖获罪，坏主外像，故内像降生，以复全之。"[4] 人心受造，本以天主为指向，"主赋我灵，为肖天主。其贵莫拟，其量无限，因人溺形体而误所向，辄令灵不得安，今能奋然超出，不为牵引，而获归

---

[1] 毕方济：《灵言蠡勺》，西学文本，第一册，第342-343页。
[2] 毕方济：《灵言蠡勺》，西学文本，第一册，第351页。
[3] 贾宜睦：《提正编》，梵藏，第33册，第43-44页。
[4] 贾宜睦：《提正编》，梵藏，第33册，第57页。

于所定向，然后知我灵之贵，真与至善合"。[1] 人堕落于罪里，难以自拔，只能靠着天主言成肉身，来获得救赎。人应该凭借恩典，回归其形象受造时的本来指向。可以看出，贾宜睦有完整的"复形说"。

上面几位是明确提出复形说的，对灵魂提出全方位的修炼要求。这个传统在天主教内一直没有中断。比如，1935年上海土山湾印书馆印的《圣教切要》(编号240)，就用白话文对"灵魂三司"作出了详细的解释并提出具体的规训。[2]

有更多的作者只是在文中提到记含—明悟—爱欲这个类比。不管他们有没有明确提到这是奥古斯丁的思想，它都是典型的奥古斯丁形象观。如耶稣会阳玛诺、孟儒望、罗雅谷、冯秉正，方济各会的康和子、卞芳世，和多明我会的施若翰。何世贞亦然。李梅甚至想在内三司类比基础上用中国哲学发展之。作者不明的《默道神功》可能受到《灵性训练》影响，要求灵魂对上帝有记心、悟心和爱心（因涉及人数太多，在此不一一注明出处）。

关于圣父生圣子，明清流传着一个十分生动的"照镜生像"的比喻。杨廷筠（1557-1627）在《代疑篇》里用灵魂三司来类比三一，他说，"天主原为至灵，自照本体无穷之妙，而内自生一无穷之像，与己全同"[3]。并在《续代疑篇》中重复了这一比喻。[4] 潘国光（Franciscus Brancati, 1607-1671）《天神规课》也说："如欲见自己本身之面，用镜照之。镜内即生本身之像。我得明明见之。天主第一位于无始之时，明照自己本性，遂生本性之像，即第二位费略。"[5] 西班牙奥斯定会士白多玛（Tomas O.S.A.Ortiz, 1668-1742）《要经略解》说，"人自照镜，就镜内生得自己

---

[1] 贾宜睦：《提正编》，梵藏，第33册，第291页。
[2] 任延黎、王美秀主编：《东传福音》，基5-253/254。
[3] 杨廷筠：《代疑篇》，见钟鸣旦主编《法国国家图书馆明清天主教文献》（简称"法图"），台北利氏学社2009年版，第594-595页。
[4] 杨廷筠：《续代疑篇》，法图，第6册，《代疑续篇》原版第20页。
[5] 潘国光：《天神规课》，梵藏，第39册，第121页。《天神会课》中同一段落见：梵藏，第41册，第566页。

之像。天主圣父明照自己的性，就生自己之像"，等等。[1] 甚至连佛教徒释寂基在《昭奸》中也提到这个比喻，认为它十分荒谬。[2]

二

在复形观上，奥古斯丁的形象是指"记含—明悟—爱欲"，托马斯则是指"心灵—明悟—爱欲"，两人对记忆的态度不同。明清天主教的主流是奥古斯丁传统，但是，我们也可以看到托马斯的思想路线。虽然人数不多，但也可以说构成了一个支流。

汤若望（Johann Adam Schall von Bell，1592-1666）在《主制群征》里提及"凡具有明悟爱欲者，乃可称灵。"[3] 在《主教缘起》里虽然一开始提到灵魂"明""爱""记"三司，[4] 但在讨论灵肉关系时则只提明悟和爱欲，而不提记含。"肉体有司，耳目口鼻身是也。灵体有司，明爱是也"[5]。在《主教缘起》中，汤若望明确地用"心灵—知—爱"来类比三位一体："凡人能返想己，因生己像。凡人无不爱己。像既己像，因发爱情。像属明司，爱属爱司。人灵具此，岂天主独否乎？天主至灵，明爱无穷。明则生像，爱则发情，但人本属造有，其像与爱，皆依赖者。天主妙有，性绝依赖，则其所生所发，悉皆自立，非人比矣。"[6] 删除记含，只提明爱，这体现了托马斯主义。

利类思（Louis Buglio，1606-1682）翻译过《神学大全》第一集，中译名为《超性学要》。他以简洁的文笔写了一本类似于"系统神学ABC"的《主教要旨》。关于三位一体，虽然利类思是耶稣会士，应该遵

---

[1] 白多玛：《要经略解》，梵藏，第38册，第370页。
[2] 释寂基：《昭奸》，载《辟邪集》，见周岩编校《明末清初天主教史文献新编》（简称"文献新编"），国家图书馆出版社2013年版，第2003-2004页。
[3] 汤若望：《主制群征》，梵藏，第31册，第627页。
[4] 汤若望：《主教缘起》，梵藏，第32册，第43-44页。
[5] 汤若望：《主教缘起》，梵藏，第32册，第125页。
[6] 汤若望：《主教缘起》，梵藏，第32册，第72-73页。文中"依赖者"原有小注，指方案之方、白马之白这类"偶性"，而案、马则为自立者或实体。

从依纳爵以来的灵魂三司类比，但由于他深谙《神学大全》，因此服从于托马斯的路线，对"记忆"进行了"遗忘"。在《主教要旨》"天主体一位三"一章里，利类思说，人的理性只能知道天主有一，但对三位则不能理知，要有天主默示才能知晓。这无疑跟托马斯"下学而上达"的宇宙论证明进路是一致的。那么如何能对圣三略知一二呢？

> 须知凡有神性［按指灵魂］者，本有明悟，亦有爱欲。司明悟者，先引而使知，司爱欲者，后从而使行。司明悟者，既明事物，必生事物之像，而含存之。此神性之妙用也。凡有神性者皆然。天主至神，其具明达为何如？既明尽其性之妙，乃生其像，此像因为天主内发之全像，故于天主必同性体，而位则不同。盖有授受之次第焉。就其授之，谓之父，第一位也。就其受之，谓之子，第二位也。又父明其所生之子，必爱之，子明其所受生之父，必亲之。既相亲爱，则爱性情所由发矣。此爱情因为天主内发之情，故于天主，亦必同性体，但因其为两位相亲之所由立，不得不有次第之殊，而谓之圣神，乃第三位也。子虽由于父，圣神虽由于父及子，但其生其发，不待俄顷，同为一无始之真主焉。惟有元先后，而无时先后者也。[1]

此处即是说，人的理性中，有明悟和爱欲。在作为至神的天主那里，当他进行自我认识时，圣父自己的像就生成为"本体的真像"即圣子，圣父爱圣子，这个爱由父发出，而子亦有回馈之爱，此爱因为是在父子本体之内，故亦成一位格，而为第三位格。利类思特别说明，这里生发的先后不是指时间先后（时先后），而是指逻辑先后（元先后）。在明清讨论三一时指出逻辑先后与时间先后之区别的人可能不多。其中一人是西班牙方济各会士利安定（Agustin de San Pascual, 1637-1697），他说，因天主无

---

[1] 利类思：《主教要旨》，梵藏，第22册，第673-675页。

始，故生发只有"原之先后"（逻辑先后），而无"时之先后"。[1]

利类思在这里并不强调记忆的作用，他这里说的不是"记忆生言"，而是"明悟生言"。这是接受了托马斯形象观的结果。我们知道托马斯神学强调理性，高度抽象，在译介托马斯这样的文字时，利类思本人是清楚的，但我们可以怀疑，明清之际，完全没有学过教父哲学和经院哲学的中国人是否能看懂他在说什么。在这方面，利类思似乎做得不如艾儒略生活化、具体化。

利类思另一本著作《天主正教约征》约写于1669年，曾被呈献给康熙皇帝。利类思说，人含明、爱二德，世上宗教中，唯有天主教能使明德发扬，知晓天主及万物由来，以及人之归宿，亦唯有它能使爱德发扬，造就言行合一、切实实践的有德之人。当时在礼仪之争过程当中，利类思这是在为教会说话，也含有劝教之意。行文开始即从含有目的论的"复形说"出发：

> 夫人所以判然于物类者，因具灵性，内含明、爱二德，能至其本向而享永福也。明司推求物原与万物之性情，得知本灵之终向。爱司由明司所指之终向，从而亲焉。此造物初畀赋良知良能，原不须教，率性而得。只以性参气禀，物诱交侵，损其本良，而司明者昧于所当知，司爱者馁于所当行，何能得其终向而安。此教之所由起也。然教亦多端，真教惟一，独惟造性之主，为能治性之病，去其昧而加明于所当知，辅其弱而加力于所当行。[2]

这很明显是托马斯版的复形说：原人受造时，明爱俱正，堕落后明爱俱损，人性患病，陷于原罪所引起的不正之中，因此需要天主来治病，使明爱都复正位，人性得到医治。由于是给康熙看的，因此，利类思在文

---

[1] 利安定:《永福天衢》，梵藏，第40册，第393页。
[2] 利安定:《永福天衢》，梵藏，第33册，第601页。

中用"天命之谓性，率性之谓道，修道之谓教"的框架来装载天主教的内容。天主赋予人"良知良能"（明爱），这就是"天命之谓性"，若无堕落，人本可"率性"而行，无不合道。但由于有堕落的发生，偏离了"正道"，因此，才需要"修道"，才需要"教"。在解释偏离正道的原因时，利类思不方便直接提亚当故事，而只用了理学术语来含糊地说，"只以性参气禀，物诱交侵，损其本良"，良知良能（明爱）都受损了，所以才需要天主来救。而无论是在"明"还是在"爱"上，天主教都胜出他教，因此，应该承认并皈依天主教。可以看到，利类思应机说话，其语言是高度处境化的。"性参气禀"是跟艾儒略一样，用"气"来解释本良的损害，但这是否会改变托马斯主义的本意，同时导致中国读者的误解（以理学气质之性来解释天主教的恶的来源教义），他似乎还没有过多地考虑。

多明我会士赖蒙笃（Raimundo del Valle，1613-1683）在1673年出版《形神实义》，从托马斯主义立场来阐述人的身体和灵魂。[1] 赖蒙笃身为多明我会士，自觉地捍卫同会大师托马斯的思想。[2] 在该书"凡例"，他表示反对一直以来（在中国由耶稣会开始）对灵魂三司的分类法："他集以记含、并明悟、爱欲，分为三能，兹则系记含于明悟，无庸另提者。以记含原属明悟之用也。"[3] 在第四卷"论明悟受能有记含"一章，他重申了这一说法。[4] 跟耶稣会从依纳爵《灵性训练》开始就将记含、明悟、爱欲列为灵魂三司不同，赖蒙笃作为自觉的托马斯主义者，否定了"记忆"的地位。正如李九功在《形神实义》序中所说，赖蒙笃精微的灵魂论来源于托马斯《神学大全》。我们没能看到赖蒙笃论三一或形象的著作，如果有

---

1 赖蒙笃：《形神实义》，法图，第3册，《形神实义》。
2 16世纪早期托马斯哲学逐渐成为天主教官方哲学。耶稣会创始人依纳爵早年接受过多明我会的训练，耶稣会的首批神学与哲学教授也都是托马斯主义者。但从一开始，依纳爵就鼓励以一种"适合于时代"的方式来弘扬托马斯主义，因此，耶稣会的神学家如 Luis de Molina、Gabriel Vazquez、Francisco Suarez 都体现了一种折中风格的托马斯主义。这在托马斯本会的多明我会看来是太人文主义的，两派发生过长期的争论。Romanus Cessario, *A Short History of Thomism*, Washington D.C., Thomist, Catholic University Press, 2005.
3 赖蒙笃：《形神实义》，法图，第3册，《形神实义》原版"凡例"，第3页。
4 赖蒙笃：《形神实义》，法图，第3册，《形神实义》原版第4卷，第8-9页。

的话，那一定会是托马斯主义的"心灵—明悟—爱欲"。

尽管耶稣会也将托马斯主义奉为其官方神学，但我们应当看到，耶稣会和多明我会在理解和阐释托马斯思想上是有所不同的。就形象说与灵魂论来说，由于耶稣会创始人依纳爵对奥古斯丁三一论及其传统（伦巴德）的个人爱好，耶稣会对所谓"原汁原味"的托马斯思想，是有所偏离和改造的，从而导致了两会神学上微妙的差异。

与天主教相比，新教对奥古斯丁的形象说不感兴趣，他们把重心放在《圣经》和上帝的权柄上，因此对于有人类中心之嫌的心灵三一不太看重。但这不意味着他们不知道奥古斯丁形象观。比如，1936年再版的彭彼得《基督教义诠释》就介绍了奥古斯丁的心灵类比。[1] 而杨苑林译述的修慈（H.Maldwyn Hughes）《信仰的基础》，则专门用了一章"类取"（analogies）来介绍基督教史上的三一类比，重点提到了奥古斯丁的"记忆、理智和意志"形象，认为"这种人类意识的比喻，很易引人到撒贝留看法的地步。我们不能在一意识里找得三位人格，只能找得一人动作的三方面心态，但他还绝不像圣经所给我们表示的那样精粹、显明"[2]。这可以说是代表了19、20世纪新教对奥古斯丁形象说的基本态度，它跟天主教热衷传承教父哲学与中世纪哲学是有很大的差异的。

综上所述，明清时期传入中国的基督教形象观，以奥古斯丁传统为主流，但中间亦存在托马斯主义支流。在中国语境中，复形说强调灵魂的修炼，带有宗教规训和信仰生活化的意味，而对部分理学术语的采用则体现了一定的灵活性。

---

[1] 彭彼得：《基督教义诠释》，东传福音，基16-627。
[2] 《东传福音》第17册，第334—335页。《信仰的基础》为广学会出版，年代不详。

扩展阅读

[古罗马]奥古斯丁:《论三位一体》,周伟驰译,商务印书馆2015年版。
黄兴涛、王国荣编:《明清之际西学文本:50种重要文献汇编》,中华书局2013年版(简称"西学文本")。
梅谦立:《〈天主实义〉今注》,商务印书馆2014年版。
[意]托马斯·阿奎那:《神学大全》第一集第6卷,段德智译,商务印书馆2013年版。
任延黎、王美秀主编:《东传福音》,黄山书社2005年版(简称"东传福音")。
吴相湘编:《天主教东传文献》,台湾学生书局1964年版(简称"东传文献")。
吴相湘编:《天主教东传文献三编》,台湾学生书局1984年版(简称"文献三编")。
吴相湘编:《天主教东传文献续编》,台湾学生书局1986年版(简称"文献续编")。
张西平主编:《梵蒂冈图书馆藏明清中西文化交流史文献丛刊第一辑》,大象出版社2014年版(简称"梵藏")。
钟鸣旦主编:《法国国家图书馆明清天主教文献》,台北利氏学社2009年版(简称"法图")。
周岩校:《明末清初天主教史文献新编》,国家图书馆出版社2013年版(简称"文献新编")。

第11讲

主讲人　　董江阳

自然神论及其对美国开国者的影响

讨论美国是否是以基督教立国或者基督教是否是美国立国的精神根基这一问题时，有人认为那些"国父""开国者"或"制宪者"，依据自己的基督教信仰特别是清教主义，确立了立国之本和宪法精神；有人则指出那些"国父""开国者"或"制宪者"，大多数信奉的都不是传统或正统的基督教，其中有些人具有明显的宗教异端或无神论倾向，所以也就不能说基督教是美国立国的精神基础。那么，究竟应该怎样看待这两种相互对立的观点呢？这就涉及美国当时流行的自然神论信仰及其在18世纪后期对美国开国者的影响。*

一　自然神论与自然神论者

自从"启蒙运动"以来，传统基督教信仰在现代性压力下，围绕着面对现代精神的态度和方式而产生深刻的分化。启蒙运动是17世纪与18世纪主要发端并兴盛于西欧的一种思想运动，以大力鼓吹和倡导理性主

---

* 本文根据董江阳《迁就与限制》（生活·读书·新知三联书店2017年版）第2章和第3章相关内容扩充、改编和改写而成。

义、自然主义与个人主义而风靡一时。这种时代思潮的强劲影响，反映在基督教内部，就是形成强调理性而不是虔敬，强调自然而不是超自然，强调个人自主而不是教会社团生活的新派神学思潮和信仰。这种新派神学一改传统基督教的启示主义、虔敬主义、神秘主义和超验主义，转而尝试按照自然与理性原则来重新解释和建构基督教神学，并试图使基督教信仰成为符合自然主义与理性主义的新型宗教信仰。这种受启蒙运动精神影响而阐发的神学，在当时被统称为自然神论（deism），其倡导者被称作自然神论者（deist）。

从词源学上说，自然神论（deism）这个术语，是从拉丁文"*deus*"（意即"god"神灵）一词演化而来。它的字面本意为"神论或有神论"，与从希腊文"*theos*"一词演化而来的"theism"（神论或有神论）一词属于同义词。不过，这种在17—18世纪西欧兴起的"神论或有神论"，与传统教会信奉的传统神学或教义意趣迥异。它对神的理解因强调自然主义而被意译为"自然神论"，亦因强调理性主义而被意译为"理神论"。自然神论信奉的上帝是自然理性的，而非超自然启示性的。自然神论是对人与宇宙万物的一种新型宗教理解。自然神论作为一种独特的具有启蒙精神的宗教观，在英国和欧陆于17—18世纪一度形成一种松散的思想运动，并主要见于一些在正统教会之外的思想家和哲学家著述中。但它从未形成一种真正的群众性教会或宗教运动，并往往具有贬义的宗教和社会属性。

自然神论发端于17世纪晚期的西欧地区，在18世纪达到顶峰。此后多以改进形式，分散存在于一些思想家的著述与学派当中。在欧洲大陆以伏尔泰、卢梭、狄德罗等人为代表；而在直接影响北美的宗主国英国，则以培根（1561-1626）、牛顿（1642-1727）与洛克（1632-1704）等人为代表。由于北美殖民地的特殊历史发展与地理位置，在18世纪，鉴于当时的交通与通信手段，浩瀚大西洋所分隔开来的几乎是两个完全隔绝的世界。所以说，自然神论直到18世纪中期和后期才开始在北美地区一些开明或进步知识分子中流行起来。不过，在进入19世纪后，随着席卷美国的"第二次大觉醒运动"的展开，自然神论在美国就销声匿迹了；抑或，更恰当地说，改弦易辙了。

自然神论是对人与宇宙万物的一种新型宗教理解。自然神论之所以被称为"自然"，是因为它直接反对一切"超自然"与"非自然"的东西，并最终把一切事物，包括宗教信仰和上帝也归于"自然"之列。而"自然"是可以为人的理性所认识的，理性是上帝对人唯一的启示，理性是上帝对人唯一的言说，理性是一切真理的评判者或仲裁者。亦即，自然神论否定了"以色列的上帝"，而代之以"自然的上帝"。"自然神论"中包含的"神"字，表明这种思潮信仰仍然保留了传统的有神论或宗教形式。但是自然神论者通常摈弃传统的人格上帝形象，而代之以一些非人格性的称谓，譬如"第一因""大建筑师""神圣艺术家""宇宙创造者""自然的神""万善之神圣作者""神圣佑护者""至高者""最高审判者"，等等。在北美地区，托马斯·杰斐逊等人拟定的《独立宣言》，在用语与指涉上就明显带有这种自然神论色彩。

就人或世界与上帝的关系而言，在自然神论那里，上帝与信徒之间的亲密交流已不复存在，上帝也不再通过灵感默示或奇迹对信徒做出直接启示和交流。自然神论认为造物主在完成创造之后就不再以动态的方式作用于他的受造物，万物仅靠其在初始创造中秉承的机制和规律而自行演化。自然神论认为上帝是完全超验而非内在的，从而在这个世界里架空了上帝，排除了上帝。换言之，上帝在人与世界面前退隐了，而只是作为宇宙第一因或终极因而存在。上帝的旨意开始通过自然以间接的方式加以传达，自然成为介于上帝与人之间并蕴涵上帝向人所作启示的中间者，而人运用上帝赋予的理性，通过认识和了解自然与世界，就可以发现上帝的旨意与真理。自然神论将"自然律"看作对上帝"神圣律"的揭示，并在理论预设上将"自然律"与"神圣律"等同在一起，其隐含的逻辑前提必然是对自然的神化，将自然看作上帝的创造。而自然的神化，也必然需要预设上帝的存在。所以，自然神论仍然保留有神论框架，并以那一框架为出发点。

就这一点而言，自然神论通常不是无神论。它信仰上帝并以上帝为出发点；正是这个上帝赋予人以理性，赋予自然以秩序。人借助上帝赋予的理性及其官能，就可以认识和理解蕴含在自然及万物中的规律与法则。一切都是自然的，而自然事物则遵循或蕴含内在于其中的秩序与法则，而且这些秩序与法则是与人的理性与认识相一致的，因而也是可以为人所认识和理解的。上帝赋予人以这种理性，还具有一种"解放者"的作用。人们运用这种官能就能逐步摆脱压制性宗教与专制性政府而获得自由。在质疑甚或否定一部分传统宗教信条的同时，自然神论者在思想观念方面，仍然保留或接受了其他大部分传统宗教形式，使得他们成为传统宗教观念质疑或否定者的，只是在于他们否定了个别关键性教义，而很少是因为他们对传统宗教信仰的全盘否定与拒斥。在个体现实层面上，要做到后一点，在那个时期、那个处境下，其实是非常困难的。而对于缺乏足够自我独立意识与条件的人来说，甚至还是不可能的。而自然神论的出现，则为他们提供了一种方便的折中神学方案。

许多自然神论者，集中体现了那个时期人们的流行思想与观念。他们信赖自己凭借感觉与理性认识世界的自主能力，并在许多方面表现出前所未有的自信与乐观精神。在宗教信仰上也同样如此。许多自然神论的所作所为，完美体现了个人几乎"无所不能"的能力与能量。他们重新改写《圣经》，自己制定礼拜仪式，重新编订主祷文，批评一切宗教权威人物，淡化传统与传承的规范作用。他们甚至觉得可以自己创造出神，自己创建出宗教，自己左右信仰的一切。他们相信自己拥有足够能力去洞察一切虚伪，拥有足够能力去发现一切事情原初情形与本来面貌，拥有足够能力去对一切事物去伪存真并使其返璞归真。

在社会形态上，自然神论者从未组成一个教派或社团，从未形成一套固定不变的学说，从未发展成一种群众性教会运动。事实上，这种学说只是为一小撮激进知识分子和追随者所信奉。他们是一些彼此分散与独立的所谓进步人士和开明思想家，主要通过个人言论与著述，提出对于上帝及其造物的新理解与新看法。自然神论者，通常并没有抛弃传统宗教的有神论，但认为传统宗教信仰是过时与陈旧的，是脱离时代思潮的，因而也是需要改造和改善的。他们认为自己采纳的自然神论，就是比传统基督教更高级、更先进和更精练的真信仰。在其后续发展演化进程中，自然神论在基督教范围内曾深刻影响一位论（Unitarianism）和普救论（Universalism）教会的发展。

自然神论具有多种表现形式，并往往因人而异。就一般的自然神论表现形式而言，可以划分为"温和或保守的自然神论"与"激进或自由的自然神论"。还可以划分为保留某些基督教形式的"基督教自然神论"，与采取最一般有神论形式的"非基督教自然神论"。"激进或自由的自然神论"或"非基督教自然神论"，在逻辑上与不信仰和无神论往往只有一步之遥。

概括起来，自然神论一般具有以下六个方面的特征。

第一，在对待个人宗教信仰态度上，自然神论往往诉诸头脑而不是心灵。自然神论认为宗教信仰纯属观念性的东西，是建立在个人理解与认同基础上的。而传统宗教将核心集中于宗教虔敬、宗教情感与宗教实践的做法，则被自然神论看作一种"蒙昧过时"的表现、一种缺乏理性精神的结果。自然神论对个人宗教信仰，通常采取一种理性的超然态度，并很容易将这种理性态度，转化为冷静与冷淡的宗教情感。

第二，在对待《圣经》起源与权威性上，自然神论放弃了基督教传统的"神感默示论"和"双重作者论"。他们试图以理性主义与自然主义来解释和改写《圣经》，对于《圣经》记载的不合乎自然与理性的东西，试图以自然与理性方式来进行重构和还原。譬如托马斯·杰斐逊就曾试图改写部分《圣经》内容，以使《圣经》叙述能够符合现代理性与自然精神。

第三，在基督教神学教义上，自然神论大都否定了上帝的三位一体教义、在历史中的神启教义以及道成肉身教义；否定了耶稣基督的神圣性、十字架上的赎罪以及肉体复活升天教义。自然神论通常采取上帝一位论和耶稣一性论学说。在自然神论看来，上帝只是超然外在的上帝，上帝只是创造世界并任由世界按照自身规律运作；耶稣只是人类的伟大导师和楷模，而不再是什么超越人类的救赎主。

第四，在宗教起源与宗教实质问题上，自然神论大都采取某种化简论或还原主义立场。认为遵循理性和自然主义原则，就可以将宗教信仰化简或还原为某种自然因素或事物。所以，热衷于"还原与重构"的自然神论者，常常谈论所谓"原始的基督教""纯洁的基督教""基督教的实质"或"基督教的核心"；常常打着摆脱欺骗、反对迷信、祛除愚昧的幌子；常常试图向人们举荐一种"原始""原初"或"本真"的基督教。

第五，在宗教对于个人与社会的功用上，自然神论坚持宗教的道德伦理化，甚至采取将宗教等同于伦理道德的泛道德主义观点。自然神论还没有发展到无神论的极端立场，而是保留了有神论的宗教形式。自然神论不是要"消除"宗教，而是要"利用"宗教。自然神论非常强调宗教信仰对于塑造个人美德的重要性，认为宗教信仰特别是上帝佑护论以及善恶赏罚论，对于个人乃至社会的伦理道德是必不可少的前提和基础。在某些极端情形中，自然神论甚至认为宗教就等于道德，宗教仅仅是道德，宗教教导的一切就是一种特殊的伦理道德。

第六，在对待教会组织与社团上，自然神论大都采取反圣职和反教权主义立场，大都采取某种形式的极端个人主义。他们对现实中的宗教组织和圣职人员抱有明显的排斥与反感态度，但对自己理想中的宗教怀有崇敬仰慕之心。他们珍爱"宗教"，排斥"宗教组织"，认为宗教权威是对个人自由与权利的一种潜在威胁与竞争。托马斯·潘恩说，"我的心灵就是我的教会"。托马斯·杰斐逊说，"我自己就是一个教派"。其极端个人主义及独立精神可谓跃然纸上。

二 美国的自然神论与自然神论者

就自然神论在美国的发展历程而言，大约从18世纪早期起，受英国与欧陆影响，自然神论开始萌芽于北美殖民地。尽管遭到北美殖民地正统圣职人员和教会势力的强烈反对，自然神论仍在18世纪中期发展成型。在18世纪后期，北美自然神论的发展进入高峰期，并涌现出像托马斯·潘恩那样的激进拥护者。许多著名政治人物，譬如富兰克林、汉密尔顿以及美国的前五位总统，在某种程度上，都属于自然神论者。到19世纪初，随着托马斯·潘恩的去世，以及美国"第二次大觉醒运动"的兴起，自然神论作为一种可辨识的神学运动，其影响迅速走向衰落。有当代历史学家对此概括道，"有关早期共和国宗教史的一个最盛行预设，就是认为这个故事的中心线索，涉及在福音派与理性派之间、在宗教复兴势力与启蒙运动势力之间、在启示宗教与自然宗教之间、在心灵与头脑之间的一种竞争。传统智慧坚持认为，在与启蒙运动的理性主义经过短暂调情后，美国人更加紧密地拥抱了宗教复兴主义"[1]。

自然神论作为一种流行性时代思潮，在美国虽然仅仅持续了大半个世纪，但它对美国许多"开国者"和"制宪者"的宗教信仰产生了巨大影响。不过，北美地区的自然神论与欧洲相比，在形式与程度上要更为温和。在宗教方面，欧洲的启蒙运动及后续发展大都采取非宗教或反宗教的立场，而在美国则采取了与宗教相协调的折中立场。

美国许多著名"开国者"（Founding Fathers）与"制宪者"（Framers）都采取了某种自然神论立场。"开国者"，一般指美国革命、制宪与共和国初期的杰出政治领袖人物。"Founding Fathers"一般是复数而非单数形式，应译为"开国者"，而不宜译为"国父"或"开国元勋"。对此，中国学者易中天先生曾指出，"把'合众国的缔造者'（或'创立者'）理解为'国父'，是一种典型的帝制思维和专制思维"[2]。而译为"开国元勋"也含有居功与傲慢的成分。而"制宪者"则主要指"1787年美国宪法"与"1789年权利法案"的制定者。"开国者"与"制宪者"两者在很大程度上是相互重合的。对于许多"开国者"与"制宪者"而言，他们的宗教信仰明显不属于传统的基督教，但他们一直生活在一个具有浓厚新教色彩的世界里，并理所当然地接受了许多基督教预设与仪式。通过

---

[1] Nathan O. Hatch, *The Democratization of American Christianity*, Yale University Press, 1989, p.35.
[2] 易中天：《费城风云：美国宪法的诞生和我们的反思》，广西师范大学出版社2008年版，第33页。

继续保留传统基督教形式，并在某些方面按照理性与自然主义对其做出改造或更新，结果就只能是采纳某种形式的自然神论立场。

许多现代学者譬如悉尼·米德（Sidney Mead）[1]认为，在18世纪美国基督教内部存在两大运动：虔敬主义（pietism）和理性主义（rationalism），并分别对应于基督教外部的传统主义（traditionalism）和启蒙运动（the Enlightenment）。就其支持和拥护者而言，在基督教阵营内部，虔敬主义运动包括彼此交叉的正统派、虔敬派和福音派；而理性主义尽管可能孕育出怀疑主义和世俗主义，但在那个时期主要表现为自然神论；在19世纪以后，则主要表现为宗教或神学自由主义。

所以，在18世纪后期，亦即美国革命和创建新共和国前后，可以将北美人民及其领袖大致划为两大类：一类是正统派或虔敬派；另一类是理性派或自然神论派。虔敬派奉行的是强调心灵情感与超自然的虔敬主义；理性派奉行的是强调头脑理性与自然的理性主义。虔敬派强调的是宗教信仰与情感；理性派强调的是人的理性与世界的自然性。虔敬派看重的是人的心灵；理性派看重的是人的头脑。在构成人数上，虔敬派的人数要远远多于理性派，但理性派在当时社会文化精英阶层中大行其道。虔敬派的主要构成成员，包括传统正统派以及宗教复兴派或福音派；理性派则包括自然神论派、怀疑论派、一位论派和世俗主义者，其中以自然神论者最为重要和最具代表性。

那无疑是一个剧变的时代，并且那种剧变是包括宗教信仰在内的一切事物的剧变。那些开国者们的个人思想与看法，同样也处在迅速变化之中。而且作为公众与政治人物，他们的个人立场也不能不处在持续的妥协之中。自然神论及其拥护者由于采纳标新立异的新观念和新信仰形式，因而也受到不同程度的社会文化压力。有人甚至抨击，那些接受和遵循启蒙运动精神的"开国者"或"制宪者"，仅仅为名义上的基督徒。像杰斐逊等人的自然神论信仰，在当时就被大多数美国人看作一种"畸形"或

---

[1] Cf. Sidney E. Mead, *The Lively Experiment*, Harper & Row, 1963, chapter Ⅲ.

"怪胎"。

所以说，在那个时期的美国社会里，宗教正统派的势力仍然十分强大，那些接受自然神论的开国者，譬如富兰克林、华盛顿、亚当斯、杰斐逊与汉密尔顿等人，必须隐瞒自己的部分宗教观点，才能够获得社会公众的拥护与支持。而且，这种有些"不合时宜"的宗教信仰，往往也是同一些"不合时宜"的政治行为关联在一起的。譬如在共济会问题上。事实上，有不少坚持自然神论的知识分子和政治精英，都参加了诸如共济会一类的秘密组织。共济会（Mason or Freemason）是中世纪中期发端于英国并流传于其他地区的一个秘密准宗教组织。这个教导自然宗教的团体，与其说是一个宗教组织，不如说是一个由男性组成的形而上学秘密学会。共济会进入美国的时间，与自然神论在美国传布的时间，大致平行并互为促进。在美国革命前后，有不少政治人物都成为共济会成员，譬如富兰克林、拉斐特（Lafayette，1757-1834）、华盛顿与门罗等。

总之，在开国者和制宪者那里，尽管有相当一部分人，从严格宗教信条上讲，属于自然神论者或宗教怀疑论者，甚至还可能属于反宗教性的不信仰者。但他们绝大多数人，作为最初一代宗教怀疑者或反叛者，由于成长的家庭与社会环境，大都长期接受过传统信仰的熏陶和教育，从而在自觉或不自觉间接受了大量传统宗教信仰与观念。事实上，传统基督教信仰与思想，构成他们大多数人由以思考和言说的精神底蕴与思想背景。对于一些人来说，虽然他们在中年或生命后期开始变成怀疑者，但在他们身边，他们的配偶子女及其他家庭成员，他们的同事及所从事的社会文化机构都仍然处在传统信仰之内，这就使得他们的怀疑与叛逆变得极其困难和有限，他们的质疑与反叛因而也变得非常节制。事实上，他们自己往往也会经历极其痛苦的具有自我怀疑与否定性质的精神挣扎。而在很大程度上保留传统基督教形式的自然神论，则为那些反叛者和怀疑者提供了一种折中性信仰选择。

不过，自然神论虽然吸引了许多著名政治领袖和精英人物，但在北美主流社会人群中，正统基督教信仰，仍然牢牢占据着主流和统治地位。在

"开国者"和"制宪者"当中,自然也有许多正统或传统信仰者。譬如塞缪尔·亚当斯(Samuel Adams,1722-1803)、伊莱亚斯·布迪诺特(Elias Boudinot,1740-1821)和约翰·杰伊(John Jay,1745-1829)。其中,塞缪尔·亚当斯在美国独立革命期间是马萨诸塞最重要的政治家,被尊称为"美国革命之父"和"最后的清教徒"。他终生都保持着正统加尔文派信仰。伊莱亚斯·布迪诺特曾长期担任"大陆议会"主席,在晚年成为"美国圣经协会"的首任主席,终生都是一位虔敬的正统基督徒。约翰·杰伊亦是一位著名正统基督徒。约翰·杰伊曾担任"大陆议会"主席、联邦最高法院第一位首席大法官,以及"美国圣经协会"第二任主席。

三 自然神论在《独立宣言》中的反映

美国最著名的政治文献1776年《独立宣言》开篇就表明,这些英属北美殖民地,要与宗主国英国割断原有的政治隶属关系,并像世界上其他政治权力实体那样,取得自己的"独立与平等地位"。这份宣言为了佐证自己立场的正当性,在此宣称他们所谋求的这种"独立与平等地位",是"自然法则以及创造自然之上帝的法则"(the laws of nature and of nature's God)[1]赋予他们的。按照《独立宣言》起草者及签署者的理解,他们争取并应当获得的那种"独立与平等地位",不但是自然法则的授权,也是创造并主宰自然及万物的上帝法则的授权。所以,在他们的理解中,从大小前提而来的思想逻辑可以推断,这种来源或授权,其顺序应当是,"创造自然之上帝的法则,以及自然的法则";但从这种来源与授权的直接性与回溯性上讲,这种表述就变成那种授权来自"自然法则以及创造自然之上帝的法则",其暗含的逻辑推论是"创造自然之上帝的法则"是一切法则的终极法则;创造自然以及自然法则的上帝是万事万物的最终来源

---

1 Cited from Daniel L. Dreisbach & Mark David Hall eds., *The Sacred Rights of Conscience*, Liberty Fund, 2009, p.220 (*The Public Statutes at Large of the United States of America*, ed., R. Peters, Charles C. Little and James Brown, 1845).

和最高准则。很明显,这个上帝已经淡化了基督教传统信仰色彩,而具有诸多自然神论的意味。

而现有种种《独立宣言》中文译本,大都将这句话翻译为,是"自然法则和自然上帝"或者"自然法则和自然神明"的授权。这种译法是不贴切和易产生歧义的。说不贴切,是因为这种译法没有注意到原文"法则"一词使用的是复数形式,包括自然的法则以及创造自然之上帝的法则,这是两种不同等级与层次的法则。事实上,它们还是两种具有隶属关系或母子关系的法则,尽管这两种法则既可以独立行使,也可以协同行使。说易产生歧义,是因为"自然上帝"这种表述,易于使人将"自然"与"上帝或神明"等而为一,误以为"自然"就是"上帝",或者"上帝"就是"自然";而这种观点正是当时极少数美国自然神论者所采取的"神学异端"立场。况且,译为"自然上帝"的表述,也没有足够重视原文使用的是所有格语法形式,是想要表述"隶属于和来源于上帝的自然"。所以说,《独立宣言》开篇想要表述的是,他们正在谋求的那种权利,不但是"自然法则"赋予他们的,也是"创造自然之上帝的法则"赋予他们的。这种表述从暗含的理论、思想前提与背景上讲,自觉或不自觉地表述的是一种基督教有神论立场与看法;直接或间接透露的是起草者、修订者和签署者,在那个时期囿于其具体性的、最宽泛意义上的世界观。

这份著名政治宣言的主旨,是这样一种严正声明,"我们认为这些真理是不言而喻的:所有人都是平等受造的;造物主赋予他们一些不可剥夺的权利;这些权利包括生命、自由与追求幸福的权利"(We hold these truths to be self-evident: that all men are created equal; that they are endowed, by their Creator, with certain unalienable rights; that among these are life, liberty, and the pursuit of happiness).[1] 要准确翻

1　Cited from Daniel L. Dreisbach & Mark David Hall eds., *The Sacred Rights of Conscience*, Liberty Fund, 2009, p.220 (*The Public Statutes at Large of the United States of America*, ed. R. Peters, Charles C. Little and James Brown, 1845).

译和理解这段话，应注意到原文采用三个语法并列、语义递进的子句，还应注意到上下句之间采用的，"受造物"（created）与"造物主"（Creator）之间在文法上的相互修饰与呼应。现有中译本几乎都将第一个并列句译为"人人生而平等"；这句话简练而具有浓郁的箴言警句色彩，的确让人不忍放弃。但这种译法是一种易于产生误解的意译，在字面与含义上与原文出入较大。由此，《独立宣言》按照社会契约论基本原理，表明了政府及其权力的来源、组成形式和目标目的。而且，"为了保障这些权利，人民之间才组建政府，治人者的正当权利，来自被治者的同意。不论何时，不论何种政府形式，一旦违背这些目标，人们就有权变革政府，或废止旧政府、组建新政府，按人民觉得最能保障他们安全和幸福的办法，奠定政府的基本原则，组建政府的形式"[1]。

此外，《独立宣言》明确提到宗教信仰的用语，还包括"上帝""造物主""最高审判者"以及"神圣佑护者"等。《独立宣言》一共罗列了28项英国对北美殖民地造成的"冤情"。其中并没有明确提及宗教问题，因为在那个时候，北美人民并不认为英国对殖民地的宗教自由构成危险或束缚。在美国独立后，不仅作为团体性的宗教自由获得广阔发展，而且个体性的宗教自由也达到一个新阶段。个体性自由不仅提高了个人的尊严，而且也限制了政府影响的范围。在某种意义上，保障个人权利就成为政府行使其权力的一种有效制衡机制。总之，《独立宣言》这份重要政治文献，以一种具体而明确方式使人对当时流行的自然神论这种新型宗教理解管窥一斑。

---

[1] Cited from Daniel L. Dreisbach & Mark David Hall eds., *The Sacred Rights of Conscience*, Liberty Fund, 2009, p.220 (*The Public Statutes at Large of the United States of America*, ed. R. Peters, Charles C. Little and James Brown, 1845). 译文来自 [美] 亚历山大·汉密尔顿、詹姆斯·麦迪逊、约翰·杰伊《联邦论：美国宪法述评》，尹宣译，译林出版社 2010 年版，第 609 页。

四　美国最保守的自然神论者：
本杰明·富兰克林

虽然处在一个清教徒世界里，处在北美"第一次大觉醒运动"高涨的时代，与许多著名加尔文派领袖暨著名福音布道家，如乔治·怀特菲尔德保持着密切联系，但本杰明·富兰克林（Benjamin Franklin, 1706-1790）从年轻时代起就接受了自然神论，可以说他是美国历史上第一个著名的自然神论者。总体说来，富兰克林的自然神论是比较温和与克制的。他身边有许多加尔文派分子，无疑促使他在表达自己的宗教新见解时，变得比较谨慎。他把道德培育看作宗教的首要职能与作用。

有一个重要场合可以说明本杰明·富兰克林的宗教信仰。当制宪会议在1787年6月末，因分歧重重而陷入僵局时，本杰明·富兰克林在6月28日，做出下列具有宗教意味的书面发言：

> 经过四五个星期的关门会议，各方不断辩理，而我们进展甚微。差不多在每一个问题上，我们的情绪都不相同，在最近的几次表决中，赞成票与反对票旗鼓相当，不禁使我觉得忧从中来，证明了人的悟性绝非完美……这个会议目前的处境，大家仿佛都在暗中摸索，寻找政治真理，却很少有人在发言中指出，事情怎么会弄成这样。主席先生，迄今为止，为何我们从未谦恭地祈求于光明之父，让他来启迪我们的悟性？在与英国抗争的开始阶段，我们对危险十分敏感，每天都要在这个房间里祈祷，祈求神明的庇护。主席先生，我们的祈祷被听到了，并且得到仁慈的回答。所有我们这些投入斗争的人，都频频体验到这位至高无上的神明，在保佑我们。我们应该感谢他，给我们提供这样的幸福机会，在和平中商讨如何建立我们未来国家的幸福。现在，我们是不是忘记了这位强有力的朋友？或者，我们是不是以为不再需要他的帮助？主席先生，我已经活了很

长的时间,活的时间越长,越相信我见到这个真理的存在:是上帝在主宰人间的事务。连一只麻雀掉到地上,也逃不过他的注意,那么,没有他的帮助,一个帝国岂能兴起?主席先生,我们一直虔信神圣之笔,"若不是耶和华建造房屋,建造的人就枉然劳力"。我坚信这一点;我还相信,没有他的协力帮助,我们要想建造这座政治大厦,不会比巴比伦人建造他们的通天塔下场更好:我们将会被我们对小小地方利益的偏爱弄得分裂;我们的工程将会受到挫败,我们自己会成为受谴责的人,把恶名留给后世。而更为糟糕的是,今后的人类,会从这个不幸的例子里,对于用人的智慧来建立政府感到绝望,把这件事情让给机遇、战争和征服去解决。因此我请求允许我提出一项动议:从今天起开始祷告,祈求上苍协助,保佑我们的讨论,每天上午开始议事之前,先举行祈祷。[1]

不过,制宪会议因为议程和经费问题,没有对富兰克林这项祈祷动议进行表决。

德高望重的本杰明·富兰克林在制宪会议陷入僵持状态后,希望能够为摆脱僵持而另辟蹊径。他在这段发言里,提醒与会代表是否忘记了他们一直信靠的那位"强有力的朋友"。他在结合自身经验,论述祈祷与上帝神佑的神奇力量时,使用了一些大家熟知的传统《圣经》与神学语言,譬如《旧约》里的"诗篇"经文,和《新约》里的处在上帝掌控中的"麻雀"。但是,很明显,富兰克林信奉的上帝并不是传统的基督教上帝,而是一位外在于世界与人类进程的、只是偶尔对这个世界做出一些神奇干预的自然神论式的上帝。

---

[1] [美]麦迪逊:《辩论:美国制宪会议记录》(上、下册),尹宣译,辽宁教育出版社2003年版,第232-233页。此处译文基本援引尹宣先生的译作,但对极个别文字作了修改。其中的《圣经》引文,则采用中文《圣经》新标点和合本的译法,参见《圣经·诗篇》127:1。

五　美国最激进的自然神论者：托马斯·潘恩

如果说本杰明·富兰克林站在美国自然神论谱系的最右侧，是最接近传统或正统基督教的自然神者，那么托马斯·潘恩则是站在美国自然神论谱系的最左侧，是最远离传统或正统基督教立场的自然神论者。在许多问题上，托马斯·潘恩其实已经站在无神论立场上。

托马斯·潘恩（Thomas Paine，1737-1809）出生于一个英国贵格会家庭，成年后才从英国移民到北美地区。托马斯·潘恩是美国革命时期，最具影响力的论辩作者。他在1776年出版的《常识》一书，可谓轰动一时，并从理论上为北美殖民地摆脱英国统治提供了辩护。托马斯·潘恩的个人信仰背景，既包括基督教贵格会信仰，又包括卫理公会信仰。但随着革命进程的发展，他在信仰上逐渐转化为激进的自然神论，最终走向无神论立场。

在宗教问题上，托马斯·潘恩认为，仅有宗教宽容是不够的，还需要从宗教宽容走向宗教自由，才能达到完整意义上的良心与信仰自由。宗教宽容只是通向宗教自由的中途站，还带有许多专制的痕迹与意味。宽容意味着存在一种官方确立宗教，并仅仅属于一种可随时收回的立法恩赐，而非一种不可剥夺的权利。宽容意味着存在一种可以实施这种宽容的更高级权威。对此，托马斯·潘恩于1791年曾犀利地指出："宽容不是不宽容的对立面，而是不宽容的仿冒品。两者都是专制。一种窃取了撤销良心自由的权利，另一种则夺取了授予良心自由的权利。一种是备有火刑架的教皇，另一种则是贩售赎罪券的教皇。"[1]

托马斯·潘恩曾专门从北美赶赴法国参加法国大革命，并险些命丧雅各宾党人之手。只是由于当时美国驻法使节詹姆斯·门罗的积极营救，他才幸免于难。也正是在法国大革命期间，托马斯·潘恩撰写了《理性的

---

[1] Thomas Paine, "Rights of Man (1791)", *The Writings of Thomas Paine II*. G. P. Putnam's Sons, 1894, p.325.

时代》。在托马斯·潘恩看来,基督教及其《圣经》,就像古代神话传说一样,充满了荒诞与愚昧说法。这本论著全面否定了基督教传统信仰,在当时引发了诸多争论。潘恩坚持"我的心灵就是我的教会",认为信仰只能是合乎自然与理性的信仰,一切与理性相冲突的东西都是可以抛弃的迷信与愚妄。同时,他也反对"政"与"教"结合在一起"狼狈为奸"。

托马斯·潘恩最终于1794年出版了《理性的时代》。经常讽刺与嘲笑基督教基本教义与信仰的潘恩,代表了不信仰以及法国大革命倡导的无神论。许多人怀疑他们的最终目的是颠覆和摧毁基督教。对于自己的《理性的时代》,托马斯·潘恩后来曾辩解说,自己在法国革命时期撰写的这本著作是为了宣扬上帝信仰,并与法国大革命倡导的无神论相对抗。但这部充满极端观点著作的出版,还是使一些朋友包括美国第一位和第二位总统逐渐疏远了他。但是托马斯·潘恩与詹姆斯·门罗关系密切,后者在宗教观上深受其影响,并接受了较为激进的自然神论信仰。

此外,需要指出的是,托马斯·潘恩的这种激进自然神论在北美地区并不是孤证。他的同时代人约瑟夫·普里斯特利(Joseph Priestley, 1733-1804),亦是激进自然神论的著名代表。普里斯特利原系英国科学家和神学家,是氧气的发现者和一位论派教会的圣职人员。正是在杰斐逊等人建议下,受到压制的普里斯特利才离开英国,移民到北美宾夕法尼亚定居。他出版的一些神学著作,譬如《苏格拉底与耶稣比较》和《基督教腐败史》,对杰斐逊的自然神论宗教观影响至深。杰斐逊在阅读普里斯特利那些批判与嘲讽传统基督教的著作时,大有醍醐灌顶式的顿悟之感。

六 美国折中的自然神论者:以前五位总统为例

美国首位总统乔治·华盛顿(George Washington, 1732-1799)从小就生活在圣公会环境中,并曾担任家乡圣公会的教区代表。华盛顿对神学教义没有什么特别兴趣,但他一直保持和遵循着从小就已习以为常的教会崇拜仪式。在他一生中,只要条件和时间许可,他通常会参加当地的教会崇拜。宗教之于华盛顿，更多的是一种与生俱来的习惯与教养，而非积极热切的自我探讨与求索。受到时代思潮的影响，他也接受了温和形式的自然神论。这主要表现为，采取更为非人格化上帝的表述形式；远离或淡化传统的圣公会圣餐与坚信礼仪式；更加强调宗教的道德与伦理作用。

在有关乔治·华盛顿的一些早期传记作品中，有些作者可能是出于维护美国第一位总统信仰正统性的热情，而在这方面附加上一些流传甚广的趣闻逸事，譬如"小华盛顿与樱桃树"的故事，以及"在瓦利福奇（Valley Forge）林中雪地上跪倒祈祷"的故事，它们其实更有可能是出于想象与杜撰，而非历史事实。[1]

1783年，乔治·华盛顿在为辞去大陆军总司令而致各州的通函里，表示自己希望能够安静地享受私人生活，并以此来度过自己的余生。而这个新近独立与自由的国家，将成为那最耀眼舞台上的表演者，成为整个世界瞩目的对象与焦点。1789年5月，在乔治·华盛顿致弗吉尼亚联合浸信会的信函里，这位新当选的美国第一任总统写道："我恳请你们相信，没有谁比我本人更热心于建立起有效屏障，以防止精神专制之恐怖，以及任何种类之宗教迫害了。因为你们无疑还记得，我时常表达自己的这一观点，即任何人，只要表现为一个好公民，并为自己的宗教观念仅对上帝负责，那么就应当受到保护，以按照自己良心指令来崇拜上帝。"[2]虽然宪法未作要求，但乔治·华盛顿在就职仪式上，仍然遵循传统，将右手按在《圣经》上，并在最后祈求上帝的保佑。乔治·华盛顿流传下来的此类就职惯例，在21世纪联邦法庭上受到质疑与辩护。

1796年9月19日，乔治·华盛顿在那篇著名的《告别演说》里，代表那个时代和那个社会简要阐述了宗教与道德对于一个自由社会的重要作用与意义。虽然亚历山大·汉密尔顿为华盛顿起草了告别演说，但对比草稿和终稿，可以看到，华盛顿本人在修改这份演说稿过程中发挥了重要

---

1 Cf. David L. Holmes, *The Faiths of the Founding Fathers*, Oxford University Press, 2006, pp.68-70.
2 Cited from *The Sacred Rights of Conscience*, p.461 (*The Papers of George Washington*, vol. 2, eds., W. W. Abbot and D. Twohig, University of Virginia Press, 1987, pp.423-424).

作用。在面对美国人民发表的这篇《告别演说》里，他说道：

> 在导向政治繁荣的所有倾向与习惯中，宗教与道德是不可或缺的支柱。如若有人竭力想要颠覆人类幸福的这些重大支柱，颠覆人类与公民义务的这些最坚实基础，那他就只能徒劳无益地主张爱国主义的贡献了。纯粹政治家，同虔敬者一样，应当尊重和珍惜它们。用一卷书都无法穷尽它们与私人及公共福祉之间的所有关联；这里只是简单地追问，如果宗教义务感离弃了宣誓——后者是正义法庭上使用的调查手段，那么财产、荣誉与生命的保障又在哪里呢？我们应警惕于纵容这样一种假说：没有宗教也能维持道德。无论精致教育对具有特定结构的心灵会有什么影响，理性与经验都不允许我们预期，全国的道德在排除宗教原则前提下也能获胜。[1]

在华盛顿看来，道德或美德是民众政府的一个必要源泉，而宗教信仰则是道德或美德的基础与根本。培育宗教与道德是民主与自由政府的前提保证，也是其义务与职责。所以说，在这篇著名告别演说里，乔治·华盛顿再次重复了那个时代盛行的一则有关政教关系的三段论：美德对于自由共和政府是不可或缺的，宗教对于美德是不可或缺的，所以宗教对于共和政府来说也是不可或缺的。而反复强调宗教对道德的重要性，正是华盛顿自然神论宗教观的核心所在。

就像乔治·华盛顿自幼就生活在圣公会氛围中一样，美国第二位总统约翰·亚当斯（John Adams，1735-1826）自幼就生活在公理会信仰氛围中，并一直都热衷于参加教会的各种活动。他坚持每个主日都参加礼拜，每个主日还常常参加两场教会崇拜，自称是个"酷爱上教会的人"（a church-going animal）。约翰·亚当斯在年轻时期，曾希望成为一名圣职

---

[1] Cited from *The Sacred Rights of Conscience*, p.468 (*The Writings of George Washington, from the Original Manuscript Sources, 1745-1799*, ed., J. C. Fitzpatrick, GPO, 1940).

人员。但教会内部的神学争论，促使他最终成为一名律师。

约翰·亚当斯在信仰上受阿米尼乌主义的影响，并成为一名一位论派信徒。在正统信仰看来，自然神论或一位论属于信仰异端。但在自然神论或一位论信徒看来，他们自己或者恢复了基督教原初的纯洁信仰形式，或者代表着先进与时髦的现代信仰形式。其中有些人譬如约翰·亚当斯夫妇，还表现为最为积极活跃的那类宗教信徒。约翰·亚当斯坚持的那种一位论信仰，对基督教采取一种自然与理性的理解，摒弃了基督教的那些神秘因素。这种信仰否定上帝的三位一体教义，认为上帝只有一个位格，而耶稣只是伟大的道德宣扬与实践者。这样一些信仰立场，正是自然神论的典型特征。

在自然神论信仰上，约翰·亚当斯比乔治·华盛顿激进，但比托马斯·杰斐逊保守。美国第三位总统托马斯·杰斐逊（Thomas Jefferson, 1743-1826）是一位成熟的政治家，他对自己的宗教探索与见解，及其可能引发的物议与争论，不是没有清醒的认识与判断；他不会任由宗教问题毁坏他的政治生涯，所以在宗教问题表述上，他还是运用了一种应有的审慎与克制。这一点在他当选总统之前表现得尤为明显。尽管如此，正是因为杰斐逊持有的自然神论观点，新英格兰许多圣职人员在政治上反对杰斐逊。他的一些零散论述，还促使他的政敌有理由把他描述成一个不信仰者和无神论者。杰斐逊的宗教传记作者曾评价说："在相当有限的意义上，杰斐逊开始于一位圣公会信徒，并以同样方式而告终。"[1]这个"有限意义"就是指杰斐逊一生中基本遵守圣公会仪式，却没有为圣公会教义所束缚。他在行为上沿袭了传承的惯例做法，但在思想上接受了其他准则与标尺。

托马斯·杰斐逊从小就生活在英国国教会氛围里，因为他的父亲就是弗吉尼亚一位当地教区代表。就其早年经历而言，托马斯·杰斐逊生于弗吉尼亚州一个种植园主家庭，由于家境殷实，自幼接受良好教育，打下

---

[1] Edwin S. Gaustad, *Sworn on the Altar of God: A Religious Biography of Thomas Jefferson*, William B. Eerdmans Publishing Company, 1996, p.15.

扎实的语言、科学与人文方面的基础。1757年其父亲去世后,他在距家不远处跟随一位牧师学习古典文学。1760年春,他进入国教会教育机构威廉与玛丽学院学习两年。接着,又师从著名律师和政治家乔治·威思(George Wythe)学习法律长达五年之久。乔治·威思曾担任大陆议会代表,签署《独立宣言》,并出任弗吉尼亚州大法官。学习结束后,托马斯·杰斐逊在当地法院担任律师,从此走上法律与政治之路。

在1787年8月10日《致彼得·卡尔》[1]的书信里,托马斯·杰斐逊阐述了他以理性与自然眼光来看待《圣经》的立场。他认为,阅读《圣经》应当像阅读李维或塔西佗著作一样;应当以理智眼光来看待一切非理智的描述与记载;应当运用自然规律来解释各种超自然主张。《圣经》虽然声称是上帝的神圣默示之作,但其中包含的超自然记述,不应作字面写实解释。譬如《约书亚记》里描述的地球停止转动,就不应看作对客观事实的描述。任何不符合自然规律的说法,不论出于什么借口与因由,都是不可能的和无法令人相信的。

在1803年4月21日《致本杰明·拉什》的书信里,杰斐逊阐述了自己的基督教观:

> 这些看法是我毕生探索和思考的结果,与那些对我的见解一无所知的人强加于我的那种反基督教体系大相径庭。我对基督教的腐败当然是反对的,但是对耶稣本人的真正的戒律并不反对。我是一个在他希望每个人都是基督徒的唯一的意义上的基督徒;真诚地信奉他的教义而不信奉其他一切教义;把人类的一切美德都归因于他,相信他从不要求任何其他东西。[2]

在这封书信里,杰斐逊指出,古代犹太人的神人同形同性论,以及不

---

[1] [美]杰斐逊:《杰斐逊选集》,朱曾汶译,商务印书馆2011年版,第425-426页。
[2] [美]杰斐逊:《杰斐逊选集》,朱曾汶译,商务印书馆2011年版,第555-556页。

合理的伦理观,使得耶稣在那个背景里,向人们提供一种崭新道德体系成为需求和可能。耶稣的价值就在于为后人提供一种新型的伦理道德体系。

> 在犹太人的这种情况下,耶稣出现了。他的出身不明;他的条件简陋;他受的教育等于零;他的天赋伟大;他的一生行为端正、白璧无瑕;他性情温和、仁慈宽大、坚忍不拔、大公无私、口才超群出众……尽管有这些不利条件,耶稣还是向我们提供了一个道德体系。如果把他遗留给我们的丰富片段的风格和精神予以充实,将会是人类历来所教导的最完善和高尚的东西。[1]

在1813年10月13日"致约翰·亚当斯"的书信里,托马斯·杰斐逊认为流传至今的基督教,是教士僧侣对耶稣学说歪曲和篡改的结果;而回归基督教本源的尝试,就是回归耶稣本人的原初教导,唯有耶稣本人的原初教导才是"真正的基督教"。

> 在引申耶稣教导的纯正原则时,应该把它们的伪装剥掉,这些伪装是教士们给它们装上的,教士们把耶稣的原则歪曲成各种形状,作为他们自己获得财富和权力的工具……我们必须把内容简化为单纯的福音传道,从它们中仅仅挑选出耶稣的话,将意义含混的语句删去,福音传道者们常常忘掉或不理解耶稣说的话,把他们自己的错误想法当作耶稣的名言,并且把他们自己也不懂的话莫名其妙地讲给别人听。这样一来,剩下的就是有史以来提供给人类的最崇高和慈爱的道德准则。我曾经做过这个工作供我自己使用,办法是把《圣经》一句句剪下来,把明显是耶稣的话(这就像钻石混在粪堆里那样容易区别)加以整理,结果便是一本8开、46页的书,其中尽是简单易懂的教诲,就是不识字的使徒、使徒后期的教父以及公元1

---

[1] [美]杰斐逊:《杰斐逊选集》,朱曾汶译,商务印书馆2011年版,第559页。

世纪的基督徒们宣传并据以行事的那些。[1]

在杰斐逊看来,严格加尔文派信奉的神学体系是一派谎言。他还特别注明,那些谎言包括,"耶稣的无玷成胎、他之被神化、他之创造世界,他的神奇力量,他的复活和升天,他的肉体存在于圣餐中,三位一体、原罪、他为世人赎罪而受难及殉身,他的重生、上帝挑选、九级天使,等等"[2]。事实上,杰斐逊对严格加尔文主义奉行的传统基督教神学极为反感,认为那种传统神学代表着愚昧与落后的思想与观念,是与理性与科学不相容的。杰斐逊明确拒绝了传统加尔文主义神学。"我决不能和加尔文一起对他的上帝说话。他是个地道的无神论者,我绝对不会成为这样的人;或者不如说,他的宗教是魔鬼信仰。如果曾经有人崇拜过一个虚假的上帝,那就是他。他在他的五个要点中描写的上帝,并不是你我所承认并崇拜的上帝、宇宙的创造者和仁慈的主宰,而是一个居心险恶的魔鬼。完全不信上帝,也要比用加尔文的恶毒的属性来亵渎上帝更可以原谅。"[3]

不过,杰斐逊并没有抛弃传统宗教形式和基督教框架。晚年的杰斐逊表示自己信仰灵魂不朽,相信自己去世后灵魂将升入天堂。杰斐逊也相信上帝的存在,而且认为上帝的存在不一定必须经由启示而彰明,人们的理性探索本身就会推导出上帝的存在。在1823年4月11日《致约翰·亚当斯》的书信里,杰斐逊指出:"我认为(不求助于天启),当我们展望宇宙,观察它的一般部分或特殊部分时,人的头脑不可能不对其每一个原子的设计、圆满的技巧及无限的力量表示叹服……我说,人的头脑不可能不相信,在所有这一切设计、因果直至终极因当中,有一个从物质到运动一切事物的创造者,允许它们以目前的形式存在,并发展成为其他形式的保护者和调整者。另外,我们看到明显的证据,证明一定有一种监督

---

[1] [美]杰斐逊:《杰斐逊选集》,朱曾汶译,商务印书馆2011年版,第622页。
[2] [美]杰斐逊:《杰斐逊选集》,朱曾汶译,商务印书馆2011年版,第685页。
[3] [美]杰斐逊:《杰斐逊选集》,朱曾汶译,商务印书馆2011年版,第697页。

力量使宇宙维持它的进程和秩序。"[1] 杰斐逊认为，由此，人们就可以断定上帝的存在与伟大。

当然，自然神论的开明主张，也影响了杰斐逊有关宗教自由的看法。在1777年起草的《确立宗教自由法案》里，杰斐逊遵循英国哲学家约翰·洛克的理解，将教会看作一个自愿性团体。宗教自由意味着每个人都有权利就宗教信仰做出自己的判断与选择，可以自由表达自己的见解并按照自己的见解进行崇拜，每个人都不应因为自己的良心或信仰而遭受任何剥夺与惩罚，都不应被强迫以财力或物力支持任何宗教团体，即使是他自己所隶属的教会。具体说来，杰斐逊这部法案主张，第一，上帝创造的心灵是自由的，对心灵观念与信念的尘世性赏罚，只会产生虚伪和卑鄙，并否定了上帝通过理性而非强迫方式来影响心灵的原则。第二，一切统治者同其他一切人一样，都是堕落和有罪的，都没有资格担任他人信念的评判者，否则，就只能是由当权者自己持有的观念，来评判被统治者的观念，从而陷于自负与愚妄。第三，宗教奉献应当是自愿自主的。第四，公民的民事权利是自然权利，并不依赖于宗教观念，不应将两者捆绑在一起，或使前者因后者而蒙受连带责任。第五，政府或行政权力，应对的是人的行为而非观念，它无权也无能力涉足人的观念领域。第六，真理通过自由辩论而非人为干预来彰显自身。

托马斯·杰斐逊晚年筹划创立的弗吉尼亚大学没有设立神学教授。但这并不表明杰斐逊对神学教授一职怀有既定的敌意与偏见，而是另有他自己的想法。保持和推进宗教或教派的自由与平等是其首要考虑的目标，而弗吉尼亚大学作为面向全州的一般性知识教育机构，其提供的古代语言学和伦理学课程，已经足以为学生提供基督教的一般知识与理论，已经包含基督教经典学习与宗教基本内容的教育。而更为深入与具体的神学知识，则应由各个学生隶属的教派加以提供。而且，杰斐逊还倾向于鼓励各教派，在弗吉尼亚大学里开办各自的神学教育组织与机构，以便使教派神

---

[1] [美]杰斐逊：《杰斐逊选集》，朱曾汶译，商务印书馆2011年版，第698页。

学教育与大学普通教育结合在一起并相得益彰。

在托马斯·杰斐逊为自己设计的墓志铭上，铭记着他终身的三大成就：起草《独立宣言》和《弗吉尼亚宗教自由法案》并创办弗吉尼亚大学。而宗教问题，则是贯穿托马斯·杰斐逊一生的一个既令他着迷又让他困惑的主题。

美国第四位总统詹姆斯·麦迪逊（James Madison, 1751-1836）作为杰斐逊的同党和继任者，绝不像杰斐逊那样，反复表明自己的宗教信仰立场。事实上，麦迪逊对其个人宗教信仰，可谓守口如瓶、讳莫如深。进入政坛后，他几乎从未就宗教信仰问题在私下里表明过自己的个人观点。而在任何公共场合，他都是以一位成熟政治家的标准，对必须面对的宗教问题，发表一些正式官方言论。至于他个人的真实宗教见解，则并不完全为外人所知晓。

早在普林斯顿新泽西学院读书期间，詹姆斯·麦迪逊就受到苏格兰启蒙哲学的影响。苏格兰哲学家托马斯·里德（Thomas Reid）与弗朗西斯·哈奇森（Francis Hutcheson）倡导"常识哲学"，认为所有人都拥有一种内在感觉以识别真假善恶。信奉加尔文主义的新泽西学院院长约翰·威瑟斯庞（John Witherspoon, 1723-1794），在哲学上就隶属"常识学派"。这个学派不同于英国国教会的阿米尼乌派，也不认同苏格兰怀疑主义者休谟的哲学见解，而是求助于人类普遍具有的"常识"，来作为上帝与道德秩序存在的"证明"。约翰·威瑟斯庞在受邀前来担任这所命运多舛的"新光派"神学院院长时，也把他由来已久的反国教派观点，从苏格兰带到新泽西。威瑟斯庞后来成为在"独立宣言"上签名的唯一一位圣职人员。可以肯定，正是在新泽西学院这样一种氛围中受到的自由熏陶，使得年轻的詹姆斯·麦迪逊接受了这一激进观点，亦即，仅有宽容是不够的，宽容还必须上升到自由层面，在宗教领域尤其如此。

在1772年至1775之间，返回弗吉尼亚乡下闲居的詹姆斯·麦迪逊，与当时居住在费城的普林斯顿同班同学威廉·布拉德福德（William Bradford）进行过密集通信。两个处于人生转折期的年轻人，就未来以及当下许多问题交换了意见。在这些书信里,麦迪逊与老同学探讨了尘世幸福的空虚性、生命的目的与意义、从事教牧事奉的可能性以及宗教迫害与宽容等问题。其中,在标注日期为1773年12月1日的一封书信里,麦迪逊提请这位老同学和自己一起,思索这样一个重要问题:"在最高级政府里,一种官方确立教会,对于支持民事社会是绝对不可或缺的吗?这对一个从属性的州,会有多大危害呢?"[1] 麦迪逊对这个问题并不急于获得答案,而只是将它保留为一个有待探索的问题。事实上,这个问题也是他终生思考和探索的重大问题。同样是在这段赋闲时期,詹姆斯·麦迪逊还曾目睹发生在自己家乡邻近地区的宗教迫害。1774年,弗吉尼亚奥兰治县以扰乱治安为名,逮捕了几名浸信会传道人。地方政府为维护圣公会的官方确立地位,对在该地区活动的浸信会传道人实施人身迫害和惩罚。这种恶劣的宗教迫害行为,激发起年轻麦迪逊的深刻同情,并深感宗教自由的迫切与必要。

为反对宗教课税法,詹姆斯·麦迪逊于1785年撰写的《请愿与抗议》一文,被盛赞为对新世界宗教自由斗争作出最重要和最持久的贡献,是美国历史上为宗教自由作出最强有力辩护的文献。这篇文献运用时代思潮与传统基督教思想,阐明所反对的"宗教确立",包括政府对宗教的任何支持与援助。看似矛盾的是,这篇文献还表述了许多传统或正统基督教见解,这又使得它的许多看法可以获得传统派的支持。概括起来,它大致包含以下几方面的内容。第一,这篇文献首先援引1776年《弗吉尼亚权利宣言》对宗教及其自由所作的界定,认为宗教自由是人人具有的不可剥夺的权利;这种权利对于上帝而言就是一种义务,人对上帝的义务先于人对社会的义务;宗教免于社会及其立法机构的权威。民事社会及其政府,不能干涉人与造物主的关系亦即宗教,亦不能侵犯或剥夺人按照良心指令履行那种关系及其义务的权利。第二,宗教自由是建立在平等基础上的,不同宗教、不同宗派以及不同教派之间的平等性,是实施宗教自由的

---

[1] Robert S. Alley ed., *James Madison on Religious Liberty*, Prometheus Books, 1985, p.46.

关键。如果允许政府在各种宗教中确立基督教信仰，就会允许政府在基督教各种教派中确立某一种教派，这就会破坏各种宗教或者基督教各种教派之间的平等性。在宗教信仰问题上，所有处在民事社会里的人，都是平等的，都享有平等的自由权利。第三，行政当局既没有权力也没有能力评判宗教真理，也不能利用宗教来实现其社会目的。前者是愚蠢的傲慢，后者是不敬的亵渎。行政当局只能涉及民事事务，而无权涉及精神或灵性事务；宗教信仰只是涉及精神或灵性事务，而无权干涉世俗的民事事务。两者涉及与应对的，是两个不同的领域。第四，基督教的存在与发展不需要采取官方确立形式。对基督教的支持，应建立在自愿原则上。基督教的发展史证明，基督教自身就具有足够的活力。尘世权力对它的反对，无法遏制它自身的活力；尘世权力对它的支持，也无助于它自身的发展。将宗教与民事权威结合在一起，在宗教内部将会导致信徒与圣职人员的消极与懈怠，在宗教外部则会招致他人的怀疑与嫉恨。第五，自由而正义的政府也不需要通过确立宗教来获得额外支持。只有专制政府才需要确立教会为自己提供亟需的支持，而自由政府仅仅通过确保自由权利，就能获得一切必要的支持。第六，确立宗教是一种不宽容，有可能会发展成宗教审查与宗教迫害。借助于世俗权力来消除宗教不和，只能导致社会和谐的破坏，只能导致基督教仁爱精神的幻灭。第七，这项法案不利于基督教传播。确立官方宗教的做法，等于为自己修建一道围墙，并为内外自由往来增添麻烦与障碍。政府通过法律来实施一种实际无法现实的行为，其结果只能导致政府自身威信的降低。第八，议会无权颁布这项法案，大多数公民也不支持这项法案。一个自由的政府，就是一个遵守权力界限的政府。对政府权力保持审慎的忌妒是公民的第一义务，也是美国革命的最高尚特征之一。

纵观詹姆斯·麦迪逊这篇大师级重要文献，可以看到，文中分别运用了理性主义和虔敬主义的观点来阐述自己的立场。在这份请愿书的结尾，麦迪逊将基督教看作一种珍贵的恩赐，也许只是为了取悦广大的正统和福音派信徒，也许反映了他个人真实的宗教观。麦迪逊这种摇摆于自然神论和传统信仰之间的表述方式，为人们对它的不同解读提供了诸多可能。在制宪期间，麦迪逊倾向于认为，宗教有可能会为毁坏政权的派系或派别主义提供某种基础。但他并没有不顾现实地试图消除产生派系的根由，反而认为，一个政体正是在各种派系的相互权衡中，才能获得最佳生存机会。在权力与权力的制衡中，在权力与权利的互动中，宗教在这个新组建的共和国里亦构成一种权利，而这种权利理应得到尊重与正当运用，特别是在社会与文化领域。

总而言之，詹姆斯·麦迪逊在"新光派"神学院里接受过高等教育，在年轻时亦曾有献身教牧事奉的念头。进入政治领域后，他有关宗教问题的论述，亦能熟练运用正统基督教神学与仪式表述。譬如，他在1785年《请愿与抗议》里所阐述的虔敬与正统派基督教观点，即使在那些传统基督徒看来，也没有什么神学破绽。但随着个人精神与社会思潮的发展，詹姆斯·麦迪逊还是在有限程度上，接受了一些自然神论主张。不过，与杰斐逊相比，麦迪逊的自然神论色彩要淡薄许多。准确地说，詹姆斯·麦迪逊是一个处在正统基督教与自然神论交替影响下的成熟政治家。

在美国的前五位总统中，对宗教问题最为淡漠的就是第五位总统詹姆斯·门罗（James Monroe，1758-1831）。詹姆斯·门罗出生于弗吉尼亚一个信仰圣公会的家庭，在威廉与玛丽学院接受了教育。他终其一生都至少在形式上保留着他的圣公会信徒身份。他对宗教问题似乎没有什么特别兴趣，但他并非传统意义上的基督徒，受时代思潮影响，特别是受激进自然神论好友托马斯·潘恩与约瑟夫·普里斯特利的影响，他更倾向于自然神论立场。

七　自然神论在美国基督教内外的结盟、分裂与蜕变

美国社会及教会对待自然神论的不同看法，因1800年总统选举战而得到集中爆发，随后爆发的"第二次大觉醒运动"则使得美国自然神论的

主张与信奉者偃旗息鼓。

1800年的总统选举战，在联邦党与共和党双方的政治攻讦中，托马斯·杰斐逊因其激进的自然神论主张，而被对方攻击为不信教者或无宗教信仰者。其证据有三，一是他起草的《确立宗教自由法案》，对宗教在民事生活中的作用与地位没有予以足够的重视。二是他对反基督教的法国大革命表示同情和支持。三是他在《弗吉尼亚纪事》中表达了宗教异端观点。譬如，杰斐逊在《弗吉尼亚纪事》里曾指出："如果我的邻人说有二十个神灵，或者根本没有神灵，这对我并不构成伤害。这既没有扒窃我的钱包，也没有折断我的腿脚。"[1] 在此，杰斐逊将宗教信念看作一种纯粹的意识思维活动，一种与行为完全无关的纯观念活动，并将这种纯粹观念性的宗教信念或信仰的自由发挥到极致。这实质上是对宗教信仰的一种狭义理解，是对宗教信仰按照启蒙运动精神所作的理性化与观念化降解。对于真正宗教徒来说，宗教信念或信仰构成其安身立命统摄一切的最高原则。其信念或信仰不仅关乎意识思维，而且也关乎为人处事，将宗教信仰与宗教行为断然割裂开来的荒唐做法是无从设想的。但深受启蒙精神与理性主义影响的杰斐逊，却很轻易地割断宗教信仰与宗教行为之间的密切关联，将两者看作完全无干的东西。在这种极端二分法下，人已不再是身心合一的"完整人"，而是一种陷入自我分裂的"片面人"或"扭曲人"。杰斐逊这种自然神论宗教观，自然受到来自传统宗教阵营的批判与攻击。而这愈发强化了杰斐逊原有的反圣职人员、反体制化教会和反神圣权威与精神专制的立场。杰斐逊对联邦党阵营对自己人格与信仰的攻击深感苦恼，并将那些人斥为坚持教会与政府相联合的陈旧过时的"未启蒙者"。

在这场波及全国各阶层的政治选举战中，共和党人以及福音派不从国教者，为回击联邦党人的攻击，开始为杰斐逊的宗教信仰进行辩护。他们否认杰斐逊抛弃了基督教信仰，认为杰斐逊的个人信仰，仍然隶属传统

---

[1] Cited from *The Sacred Rights of Conscience*, p.292 (*The Works of Thomas Jefferson*, ed., P. L. Ford, G. P. Putnam's Sons, 1904-1905).

宗教范围之内。不过，当共和党人逐渐发现，难以为杰斐逊那些自然神论和无神论说法自圆其说时，他们开始更积极地强调宗教与政治的分离。共和党人以及许多不从国教派信徒认为，为保持教会与政治各自的纯洁性，应当使这两者分离开来并保持一定的距离，而不应使这两者结合在一起。这里，很明显存在一对矛盾组合。美国不从国教者福音派，特别是隶属于"新光派"阵营的浸信会与长老会，在 18 世纪后期，居然与杰斐逊和麦迪逊这样的自然理性派，不可思议地结成政治同盟军。这令许多人困惑不解。对于这个矛盾现象，著名历史学家悉尼·米德，在分析理性派与"虔敬派—复兴派"在 18 世纪后期的联合时指出，正是对宗教自由与平等的追求促成二者的联合。[1] 对他们而言，宗教自由更多的是一个实际与法律问题，而不是一个理论和教义问题，正是宗教自由这一实际目标，促成这两大派系的联手。虔敬派通过理性派获得政治代言人；理性派通过虔敬派获得群众基础。而在法律和形式层面上取得这一目标后，虔敬主义在发现与理性主义自然神论的种种潜在不协调后，迅速与后者分道扬镳，转而与传统或正统派结合在一起。

换言之，美国福音派只是为了现实宗教自由的政治目标，而暂时与自然神论"启蒙派"或"理性派"结成联盟。随着双方共同政治目标的实现，随着双方在神学信仰立场上的分歧变得越来越明显，当"第二次大觉醒运动"浪潮席卷全国时，福音派就迅速与理性派自然神论分道扬镳，转而与基督教正统或传统派结合在一起。所以说，自然神论作为一种流行性时代思潮，在美国仅仅持续了大半个世纪的时间。到 19 世纪初，随着激进自然神论者托马斯·潘恩的去世，以及席卷全国的"第二次大觉醒运动"的兴起，自然神论作为一种可辨识的宗教信仰和神学运动，其影响迅速走向没落。抑或，更恰当地说，改弦易辙了。

从 19 世纪后期起，自然神论在西方基督教世界特别是在北美地区，

---

[1] Cf. Sidney E. Mead, *The Lively Experiment: The Shaping of Christianity in America*, Harper and Row, 1963, pp.33-35.

逐渐演化蜕变为另一种"新派神学"。那时，北美传统基督教面临着来自教会内外两方面的压力。在教会外部，科学、理性以及世俗化的影响渐趋增强，现代性趋势的增强使得原有宗教观念及神学教义的合理性受到越来越多的怀疑。实证科学的发展，特别是达尔文进化论的传播，更是对《圣经》的权威性构成直接挑战。在教会内部，社会文化的时代特征已引发日趋明显的回应。其中，最重要的回应，就是自由主义或现代主义神学的长足发展。顾名思义，"自由派神学"（以"自由"地对待基督教传统而得名）或者"现代派神学"（以积极面对"现代"世界做出神学调整而得名），为了迎合当时社会文化中实证化、理性化与世俗化的趋势，积极以时代精神来重新诠释传统的基督教教义。早先自然神论的许多主张，经过演化和蜕变，在自由派神学那里得到回应和重现，并采取了变本加厉的推进。譬如，在多数自由派神学看来，上帝的特征就是完全的仁慈，所有人都是上帝的子民；罪不会使人与上帝产生疏离与隔阂；在人自身之中甚至就存在着"神圣的因素"；人在内心深处都是善的，所需要做的只是鼓励人们去发扬这种自然的善；耶稣基督不再是道成肉身的神，而是成为人自我完善的导师和楷模，人只要向这种楷模或榜样学习就能获得救赎；上帝之国在这个世界上通过人的努力就能够实现；基督与人的差别不再是绝对的、无限的；基督教同其他宗教信仰的差别亦不再是绝对的;《圣经》也不再是绝对无误的神圣启示，而是包含历史与事实错误在内的人的宗教经验表述，等等。所有这些自由主义神学主张，与之前的自然神论立场，形成遥相呼应之势，大有异曲同工之妙。

总之，自然神论在17、18世纪兴起于西欧，在18世纪后期繁荣于北美。可以认为，在18世纪后期美国基督教内部存在着两大运动：虔敬主义和理性主义，并分别对应于基督教外部的传统主义和启蒙运动。就其支持和拥护者而言，在基督教阵营内部，虔敬主义运动包括彼此交叉重叠的正统派、虔敬派和福音派；而理性主义在那个时期则主要表现为自然神论。在受到来自基督教传统派的批评与抵制后，自然神论经过自身内在逻辑的演化与发展，通过与新兴时代观念与社会思潮相结合，在19世纪逐渐蜕变为另一种新派或新型神学，亦即自由主义神学。自由主义神学在一个时期内取得强劲发展，分别于19世纪晚期在西欧和20世纪早期在北美达到鼎盛时期，并一直持续到20世纪60年代以后才转呈下降之势。而正是为对抗自由主义神学的强劲发展，基督教保守传统派先是以基要派形式，随后以新福音派形式，继续将美国基督教信仰与实践推向新的发展阶段。

扩展阅读

[法]托克维尔:《论美国的民主》(上、下卷),董果良译,商务印书馆1988年版。(Alexis de Tocqueville, *Democracy in America*. translated, edited, and with an introduction by Harvey C. Mansfield and Delba Winthrop, University of Chicago Press, 2000.)

[美]亚历山大·汉密尔顿、詹姆斯·麦迪逊、约翰·杰伊:《联邦论:美国宪法述评》,尹宣译,译林出版社2010年版。

[英]约翰·奥尔:《英国自然神论:起源和结果》,周玄毅译,武汉大学出版社2008年版。

[美]詹姆斯·麦迪逊:《辩论:美国制宪会议记录》(上、下册),尹宣译,辽宁教育出版社2003年版。

Jeffrey R. Wiglesworth, *Deism in Enlightenment England: Theology, Politics, and Newtonian Public Science*, Manchester University Press, 2009.

Peter Byrne, *Natural Religion and the Nature of Religion: The Legacy of Deism*, London & New York: Routledge, 2013.

Sidney E. Mead, *The Lively Experiment: The Shaping of Christianity in America*, New York: Harper and Row, 1963.

第12讲

主讲人　　杨华明

再洗礼派神学家尤达与基督教和平主义

一　尤达生平简介*

约翰·霍华德·尤达（John Howard Yoder，1927-1997）是当代著名的再洗礼派神学家，也是基督教和平主义神学的代表人物，其代表作《耶稣政治》(*The Politics of Jesus*，1972）一书的问世，让尤达在当代的神学舞台占有了自己的一席之地。尤达神学汲取了再洗礼派思想中反君士坦丁主义的政教分离观点、"做门徒"的基督教伦理、非暴力和平主义主张、会众解经模式以及普世教会观念，发展出一种独具再洗礼主义色彩的耶稣政治伦理观及相应的基督教和平主义神学，在当代神学界引起了较大反响。对尤达神学思想的探究，乃是把握当今基督教和平主义脉搏的必经之路。

1927年12月29日，尤达出生于美国俄亥俄州北部史密斯维尔（Smithville）的一个基督教门诺会家庭。向前追溯百年，尤达的高曾

---

* 本文为笔者承担的国家社会科学基金项目"基督教激进改革派研究"（项目批准号：19BZJ032）的阶段性研究成果。

祖父、曾祖父乃至他的父亲都是这里橡树林门诺会教会（Oak Grove Mennonite Church）的牧师。这里的教会坚守着洗脚、蒙头、圣吻、不抵抗、不宣誓以及不与世界妥协等再洗礼派特有的宗派传统，成为年幼的尤达信仰与神学的启蒙地。

尤达在1945年进入了一所门诺会大学——歌珊学院（Goshen College），这里也是他父母曾经就读的母校。在那里，尤达遇到了对他影响深远的两位老师：盖·赫什伯格（Guy F. Hershberger）与哈罗德·本德尔（Harold S. Bender）。前者关于战争、和平与不抵抗问题的思想与后者关于再洗礼派神学的研究，都成为尤达思想的发源地。

1949年，尤达在门诺会中央委员会（Mennonite Central Committee）的委派下前往法国开展青年工作。尤达一踏上欧洲的土地便陷入当时关于和平主义问题的争论。"约翰·尤达在这些争论中扮演着中心的角色，在很多会议上都发表了重要演讲。"[1]

在欧洲的这一段生平为尤达继续其学术深造提供了前所未有的优良条件。他于1962年获得巴塞尔大学的神学博士学位。在那里，卡尔·巴特（Karl Barth）的教会教义学、奥斯卡·库尔曼（Oscar Cullmann）的新约神学以及卡尔·雅斯贝尔斯（Karl Jaspers）的存在主义哲学都对尤达的神学思想产生了影响。在其博士导师恩斯特·斯戴荷林（Ernst Staehelin）的指导下，尤达完成了其博士学位论文，即后来出版的著作《瑞士的再洗礼主义与宗教改革：关于再洗礼派和改革宗之对话的历史与神学探析》(*Anabaptism and Reformation in Switzerland: A Historical and Theological Analysis of the Dialogue Between Anabaptists and Reformers*) 之第一部分。

1958—1959年，尤达在歌珊圣经学院教授新约希腊语与当代神学。从1959年到1965年，尤达进入门诺会布道董事会（Mennonite Board

---

[1] Mark Thiessen Nation, *John Howard Yoder: Mennonite Patience, Evangelical Witness, Catholic Convictions*, Wm. B. Eerdmans Publishing Co., 2006, p.18.

of Missions）工作，负责海外事工的行政工作。在此期间，他还在埃克哈特（Elkhart）的门诺会圣经学院（Mennonite Biblical Seminary）担任教员，讲授洗礼、教牧及正义战争论等神学主题。

尤达一生笔耕不辍，除了让他享誉世界神学舞台的《耶稣政治》一书，他另有十六部专著、数百篇文章，更有未发表的论文数百篇。1997年12月30日，尤达在圣母大学因心脏病突发去世，去世前，他还在写一部以非暴力为主题的著作。

要考察尤达的和平主义神学，要追溯至其思想的再洗礼主义根源。这里有必要对基督教再洗礼派的历史与神学做一简单介绍。

二 再洗礼派历史与神学掠影

再洗礼派（Anabaptists），亦称重洗派，是16世纪宗教改革时期一些否认婴儿洗礼的效力、主张成人洗礼的激进派别之总称。相对于路德、加尔文和茨温利等人展开的主流派宗教改革（或称威权式宗教改革 magisterial Reformation）与公教会相应发起的反宗教改革而言，再洗礼派改革可称为第三类改革。之所以将再洗礼派归为"激进派"（Radicals）[1]，是因为"激进"一词不仅能表达出该派相较于主流改革派更为彻底的革新教会之理念与手段，而且体现出该派"回到初代使徒教会"、回归根源的神学宗旨（"激进"一词的拉丁语词根原本就有"根源"[radix]之义）。因此，相比于将之简单归结为"宗教改革的左翼"（Roland H. Bainton）或以修辞方式喻之为"宗教改革的布尔什维克"（Preserved Smith）而言，"激进派"的名称更合乎再洗礼派的历史身份与神学立场。

历史上的再洗礼派并非一个组织严密、思想统一的教派，在瑞士、德国—奥地利南部及荷兰等地都有该教派信徒。由于激进派的成员主要来

---

[1] George Williams 认为，激进派除了再洗礼派之外，还包括属灵派（Spiritualism）和福音理性派（Evangelical Rationalism）。

自于下层社会民众，而这一阶层民众的宗教热情往往与改变自身受压迫受奴役状态的革命运动相关，因此长久以来的宗教改革研究者都习惯于将再洗礼派运动与农民革命运动联系起来。事实上，不同地域宗教文化传统的差异，导致各地再洗礼派倡导的神学重心与具体的教会革新实践皆有不同。一方面，"激进派"诚然有采取暴力革命、尝试建立"人间天国"、提倡财物共有的"激进"行为；另一方面，最早的"激进派"甚至更多的"激进派"则在坚持和平主义的基础上，采用非暴力不抵抗的原则拒绝与世俗权威的合作，以期能达到重返初代教会根源的"激进"目的。由此看来，"激进派"本身是一个内涵丰富且张力十足的运动团体，那么，暴力革命与和平主义在该派内部并举共存的现象就可以理解了。

从历史上来看，各地激进主张各有侧重、激进行为各有不同的派别之所以可被归于"再洗礼派"名下，不仅仅是因为他们都否认公教会一直奉行的婴儿洗礼而主张成人洗礼，更主要的原因在于其对公教会的叛离、与主流改革派的分歧、对世俗权威的无视而导致他们共同成为一个遭受谴责的边缘性群体，从而结成了兄弟联盟的关系。

事实上，"再洗礼派"一词最初是公教会与主流改革派用在所有不属于罗马公教会、路德宗和改革宗之人身上的一种贬义称呼，德语地区的再洗礼派信徒更倾向于用"Brüder"（兄弟）来称呼自己；而低地国家的再洗礼派更愿意使用"Doopsgezinde"（重视洗礼者）一词自称。[1]

再洗礼派认为当时的宗教改革者没有真正将《圣经》教训应用于实践，反对主流改革派普遍采纳的教会仰仗政府支持的立场，认为此立场易导致抹杀世界与教会之界限的恶果，因而他们主张政教分离原则、反对借政府之力强制人加入教会，强调教会成员必须是"真正委身于基督"的人。再洗礼派的这些激进原则，再加上他们采取的一些激进行为，导致该派被视为异端，并遭到公教会、主流改革派和世俗权威的多重迫害。

---

[1] 参阅 J. Denny Weaver, *Becoming Anabaptist: The Origin and Significance of Sixteenth-Century Anabaptism*, Second Edition, Herald Press, 2005, p.19。

在宗教改革运动兴起之初，再洗礼派与路德、加尔文及茨温利等主流改革者的理念并无显著差异，但再洗礼派信徒很快发现，改革运动的主张并不能实现其让教会回到"使徒教会"的激进理想。尤其是茨温利等改革者在面临教会秩序与世俗权威之间的张力时，采取了让教会沦为君士坦丁式的"国家教会"的路线，新教为取得改革的成功向政府求助，从而与国家权势结合起来，采用了"神权政治"的形式，这种情况让再洗礼派看到，威权式新教教派与他们力主推翻的天主教会并无二致。再洗礼派对之深感失望，所以他们逐渐从主流宗教改革派别中分离出来。

在再洗礼派看来，婴儿洗礼和政教联手是造成教会腐败的重要原因。他们之所以对"洗礼"问题如此看重，是由于作为基督徒进入基督获得重生重要标记的"洗礼"已逐步失去了其灵性内涵，婴儿洗礼是在人尚未有自由意志进行自愿信仰选择的前提下迫使人进入教会的做法，这是君士坦丁主义政教联手体制下的产物，人们的宗教信仰身份完全消弭于国家、民族、社会等多重身份中。例如，在反对婴儿洗礼的茨温利等宗教改革者看来，"圣礼不单是表征对教会的忠诚，也是对苏黎世城市整体的忠诚。故此，拒绝让自己的小孩受洗，即是对苏黎世城市整体不忠诚的行动"[1]。再洗礼派看到，茨温利等人只是将洗礼视为个体信徒归属教会的外在行为，而忽视了洗礼的灵性意义，在这些与国家权柄联手以推进统一的宗教改革计划的人眼中，洗礼更重要的意义在于对建制与秩序的维系，公民身份认同的重要性远甚于信仰的委身。

瑞士再洗礼派于1527年2月24日在施莱特海姆召集秘密会议，通过了以耶稣"登山宝训"的伦理训导为核心的兄弟联盟七项纲领。这就是再洗礼派最重要的纲领性文献《施莱特海姆信纲》。《信纲》分别对"洗礼""禁令""圣餐""与恶分离""神职人员""拒用武力""宣誓"做了规定，确立了成人洗礼、与不顺服于上帝的"世界"相分离以及不抵抗的和

---

[1] [英]麦格夫（Alister E. McGrath）：《宗教改革运动思潮》，赵崇明译，基道出版社2006年版，第261页。

平主义立场。《信纲》的核心宗旨是"分离",这包括与官方建制教会、再洗礼派早期的群众教会以及农民革命的分离,表达出再洗礼主义与其他所有建制相分离的独立精神。

1540年,再洗礼派各支派的信徒基于《施莱特海姆信纲》达成共识:所有重生并且受洗的基督徒都应拒绝使用暴力,面对迫害,要坚持不抵抗主义。不抵抗不是持无政府主义的观点,而是在强调基督徒应"顺服"掌权者的前提下坚持一种分离主义(separatism)立场。"不抵抗"或许是当时势单力薄的少数派面对世俗权威与主流教派的压迫而采取的一种权宜之计,然而它背后隐藏的政教分离原则、宗教自由精神与基督教和平主义思想在基督教历史上产生了深远影响,更成为再洗礼派自我身份认同的一个重要标记。

归纳起来,再洗礼派的基本主张包括以下几个方面:(1)反对给婴儿施洗,认为人应在心智成熟后才可依据自由意志选择受洗成为基督徒。(2)在政教关系问题上,反对政教合一,倡导宗教自由,坚持在教会与政治之间划清界限;坚持自由教会路线,重视地方会众的自主性,反对教会中的政治、社会等建制因素;坚持不抵抗主义,服从政府,但同时坚持"分离主义",保持教会的自我身份认同。(3)倡导"做门徒"(discipleship)的基督教伦理,以爱的伦理建设基督教共同体(community)[1],鼓励财产共享。(4)倡导和平主义与非暴力,反对武力与死刑,拒绝服兵役。(5)禁止信徒采取法律行动,拒绝宣誓。

历史上的再洗礼派在经历了各种苦难与迫害后竭力避开各种外在建制因素的束缚,逐渐成为基督教和平主义、非暴力、不抵抗等理念与实践的重要教派力量。从19世纪末开始复兴的再洗礼派,迄今已有逾160万名信徒,其中最大的派别门诺会信徒超过100万人。很多当代再洗礼派信徒并不认为存在某个称为"再洗礼派"的教派,而认为再洗礼派表示的

---

[1] "community"在这里译作"共同体",亦可不同语境中译为"社区""社团"或"公社"。但"共同体"更能体现秉持同样信仰理念、共同生活在一起的社会人群之含义,"社区""社团"似乎更具世俗性因素,而公社似乎更体现出财产共有的所有制因素。

是16世纪的一个运动派别。他们认为，今天任何教派的信徒只要接受再洗礼主义的基本观念都可自称再洗礼派。换言之，再洗礼派的教派认同乃基于其政教分离、和平主义等教义理念，而非其历史传承。所以，除了门诺会、胡特尔派、兄弟会和阿米什派等各种有再洗礼主义历史基因的派别外，再洗礼派还可以包括历史上不拒斥基督教王国的教派之人士或团体，如英国伦敦门诺会中心（London Mennonite Center）中包括圣公会、循道宗、浸信会与安息日会等教派的信徒，他们会定期作为再洗礼主义者聚会研讨，讨论和平与非暴力的问题，所以他们可以说："我属于某个教派，但我的确也是一个再洗礼主义者。"[1] 由此可见，再洗礼派这个在宗教改革史上被边缘化、受到迫害的少数派在今天的基督教舞台上扮演着一个不可忽视的角色。

若要对再洗礼主义的神学主张有更深入的理解与认识，尤达的著作是很好的切入点，其《耶稣政治》一书阐释了极具再洗礼派特色的基督教伦理观，是当代再洗礼主义首屈一指的代表性作品。

三 《耶稣政治》的再洗礼派伦理观与反君士坦丁主义立场

了解再洗礼派的基本历史与主要观念是解读尤达神学的前提，而尤达本人在再洗礼派历史与神学的研究方面也颇有建树。尤达的博士学位论文选择以16世纪瑞士再洗礼派的相关主题作为研究方向，成为其著作《瑞士的再洗礼主义与宗教改革》中的第一部分。

再洗礼派持一种"分离主义"伦理观，该观点强调教会要与"世界"[2]保持距离。在尤达出身其间的美国门诺宗农业社会，在自己的社区（或称

---

[1] J. Denny Weaver, *Becoming Anabaptist: The Origin and Significance of Sixteenth-Century Anabaptism*, Second Edition, Herald Press, 2005, p.23.
[2] 尤达所说的世界是《新约》里所说的世界，并不等同于上帝的全体造物，也并非意指教会之外的领域，而是不顺服与反叛上帝意志的现实历史。

之为信仰共同体）与更广阔意义上的社会之间划清界限，是当时门诺会信徒的一种普遍观念。历史上遭受主流教会迫害的再洗礼派将强化自我宗派认同、与主流社会相区别的基因保留了下来。

然而，再洗礼派的这种分离主义传统与伦理却遭到了以莱茵霍尔德·尼布尔为代表的北美新教伦理观念的挑战。尼布尔认为，"责任"高于基督教"爱"的伦理，乃是维持西方文明的伦理基点。从这一点出发，拒绝社会参与、脱离社会责任的分离主义实际上是一种避世消极的伦理观。尤达意识到再洗礼派传统中的分离主义立场所遭到的诟病，被指责为拒绝社会参与、脱离社会责任的"宗派主义"。那么，如何在"与世界相分离"和"担负社会责任"之间的张力中找到平衡点，保持"在世而不属世"（in the world but not of the world）的警醒，就成为尤达写作《耶稣政治》一书的出发点。

尤达认为，《新约》中的福音书叙事不仅仅是教会伦理（如"登山宝训"）的根源，也应成为整个社会的伦理规范。耶稣宣讲的上帝国福音给现实政治提供了另一条道路。他在《耶稣政治》一书中开宗明义："本书的目的是要将《新约》研究与当前社会伦理结合起来，尤其是由于后者专注于权力和革命思想的缘故。神学家们总是在问耶路撒冷与雅典有何关系，而我们的问题则是伯利恒与罗马何干。"[1]

显然，尤达要进行的是一种跨学科研究的尝试，是圣经解释学和社会伦理学的一场联姻，其中包含新约时代与当下现实之间的历史张力。受再洗礼派会众释经模式影响的尤达持一种"圣经实在论"（biblical realism）的解经方法，即摒弃基要主义与怀疑主义，让《圣经》说出自己原本要说的内容，追溯《圣经》作者对当时读者所要表达的原意。

尤达批判了以莱茵霍尔德·尼布尔为代表的新教主流伦理观。尼布尔认为，耶稣不抵抗的和平主义伦理不能直接运用于罪恶的社会，堕落的社会需要武力维持公义。登山宝训的伦理是一种不可能实现的理想，对于

---

[1] John Howard Yoder, *The Politics of Jesus* (second edition), Wm. B. Eerdmans Publishing Co., 1994, pp.2-3.

不道德的社会而言是不现实的，跟随耶稣就是退出社会的"责任"。尤达看到，这种强调教会的"社会相关性"与"责任感"的新教伦理，呼吁教会要承担起社会责任，以实现国家与民族的利益为己任，"适切性""相关性""有效性"等实用主义与现实主义因素支配着人们的头脑，这无疑是君士坦丁主义在当代的复兴，基督徒的信仰认同完全消弭于公民的国家认同，而美国成为"基督教国家"的样板，以实现世界的"基督教化"为宗旨，此可谓一种"新君士坦丁主义"。新君士坦丁主义与中世纪罗马帝国的君士坦丁主义从本质上讲并无区别，基督教会以"国教"的姿态附庸于政治权柄，新教伦理成为社会的基本伦理准则，美国宣扬的民主、人权、平等、自由等观念被标榜为"上帝国"神圣维度在地上的彰显。

若以尤达的视角观之，这种新君士坦丁主义式的公民宗教，在教会之于社会的相关性、新教伦理的普世化等华丽外衣下，恰恰否认了耶稣及其教会本身所具有的政治—社会—伦理的维度，因为耶稣宣扬的上帝国本身就是一个社会"政治"秩序，这一耶稣的"政治"不是要"相关于""适切于"现实的社会，而是面对现实政治给人们提供"另一个选择"。在尤达那里，"政治"一词不是现代意义上用于指涉与暴力相关的政府、政党治理国家的行为，而是在广义上基于其词根"城邦"（polis）来运用"政治"概念的，意指社会中公共事务及群体秩序的安排，是社会各群体人们之间的关系结构，因此，广义的"政治"概念包含着社会、伦理等多重维度。通过《路加福音》的解经，尤达得出"耶稣叙事所表现出的伦理最好应称为政治（political）的"[1]这一结论。选择和平顺服地走上十字架的耶稣，其"政治"提供了不同于暴力"政治"的另一个选择。

尤达指出，"基督教王国的根本性错误在于它非法地接管了世界，将基督教信仰归给没有信仰告白之人"[2]。国家伦理与基督教伦理之间有明显分野，这是由"信"与"不信"造成的，而君士坦丁主义误将国家政治当

---

1 Thomas N. Finger, *A Contemporary Anabaptist Theology*, Inter Varsity Press, 2004, p.61.
2 See Nigel Goring Wright, *Disavowing Constantine: Mission, Church, and the Social Order in the Theologies of John Howard Yoder and Jürgen Moltmann*, Wipf and Stock Publishers, 2000, p.63.

作福音使命的载体。在尤达那里，耶稣及其教会自有其政治、伦理维度，这一维度是教会与国家间保持既有距离与张力的根本所在，是耶稣宣告的上帝国与"基督教世界"之间形成对峙的根本所在。

尤达决定从《新约》叙事入手来阐明自己的观点，正如芬格所言，尤达"拒斥文化相对主义，强调所有的诠释都应有一个标准。这一标准就是耶稣的生命、死亡与复活，这是我们生活所得以形塑的依据，这在尤达口中有时称为一种叙事"[1]。尤达预先提出了自己的假想："对耶稣的使命与宣告的理解……应将之视为一种特有的社会—政治—伦理的选择。"[2]尤达继而指出其研究有两项任务：（1）让读者认识到耶稣这个人对社会伦理有直接意义。（2）耶稣不仅与伦理相关，而且是当前基督教社会伦理的准则。

那么，论证耶稣的社会—政治—伦理维度便是《耶稣政治》一书的第一项任务。这是《耶稣政治》第一章至第五章的基本立意，尤达立足于福音叙事寻找耶稣的政治身份，他选择《路加福音》作为论证耶稣伦理相关性的经文依据。他指出，"国度"与"福音"的概念都属政治范畴，是在社会当中传颂的"好消息"。耶稣传道前受到的三次试探无不与"成王""权柄"等政治因素有关；耶稣传道要给人带来解放与自由显示出耶稣的政治领袖身份；福音叙事的高潮"十字架事件"不单单是平息上帝怒火的挽回祭，更是"在骚乱与平静之间的一种政治性抉择"[3]，耶稣被钉十字架的罪名就是因为在罗马人眼中，这个犹太人的王是煽动群众革命的领袖。尤达指出，耶稣由于其人性会受到骄傲、嫉妒、愤怒、贪心等方面的试探，但福音书对此并不关注，未提及耶稣在面临这些试探时的挣扎，作为人的耶稣一次次面临的是以公义之名发动暴力革命从而行使社会责任的试探。考虑暴力的可行性是耶稣在历史中受到的最后一次试探，而事实上，他甚至有门徒是主张以暴力推翻罗马统治的奋锐党人。在选择当王还

---

1 Thomas N. Finger, *A Contemporary Anabaptist Theology*, Inter Varsity Press, 2004, p.60.

2 John Howard Yoder, *The Politics of Jesus* (second edition), Wm. B. Eerdmans Publishing Co., 1994, p.11.

3 John Howard Yoder, *The Politics of Jesus*, p.36.

是选择十字架的两难中，耶稣选择了后者，这是耶稣政治身份认同之最具张力的特质：耶稣不是非政治的，他的弥赛亚身份、他宣告的国度、他带来的解放无一不带有鲜明的政治色彩；然而，他对政治的认同却摒弃了常常与政治联手的暴力、杀戮与战争，而采取了非暴力的和平主义方式。尤达得出的结论是："耶稣不仅仅是一位其教诲有某种政治含义的道德家；也并非是一位其公开宣教不幸被视为有政治目的的灵魂导师；他不止是一只待宰的羔羊，或是一位神—人，因其神圣性而让我们忽视他的人性。在上帝赐予他的先知、祭司与国王的身份中，耶稣成为人类、社会因而也就是政治关系之新的可能性的载体。"[1]

通过论证耶稣的政治身份认同，尤达指明了耶稣政治和平主义路线与国家政治强权暴力路线的分野，体现出将"上帝国"从"基督教世界"中剥离出来的反君士坦丁主义路线。尤达继而从福音书转向使徒书信，进一步考察耶稣政治身份的相关性问题，这也是《耶稣政治》一书的第二项任务：耶稣政治应成为基督教社会伦理的准则。该书第六章至第十二章立足于保罗书信来认识门徒对耶稣政治身份的认同及实践。信仰的皈依是让人进入上帝国，因此，教会是一个神学政治的概念。耶稣宣告的上帝国不是一个脱离现实的彼岸世界，而是一个在现实历史中的社会政治秩序，使徒教会在面临社会问题时并未采取"退出"的态度。与此同时，使徒教会具有不同于世界的"他性"，当教会拒绝了奋锐党人采取暴力革命的诱惑、以十字架代替刀剑之际，实际上就彰显出教会相对于世界而言的"他性"，这个"他性"植根于力量而非软弱，朝向解放而非奴役。由此可见，弥赛亚将上帝国带到世界当中，不是对现实历史的认同与肯定，而是借着其中的终末性与现实历史之间形成了对峙与张力，并由此赋予更新历史的革命力量，呈现出历史发展的新的可能性。

由上可见，肯定耶稣的政治身份认同是耶稣政治的第一步，论证这一认同的相关性则是第二步。通过查考《新约》，尤达看到，无论是从耶

---

[1] John Howard Yoder, *The Politics of Jesus* (second edition), Wm. B. Eerdmans Publishing Co., 1994, pp.52-53.

稣的政治身份认同，还是从门徒对耶稣之政治身份的认知与实践，都可以论证自己最初提出的假想——耶稣身上有社会、政治、伦理等现实维度，并在此基础上有力驳斥了主流伦理学关于耶稣不具备社会伦理相关性的观点。可见，本书的两部分内容恰恰与尤达最初提到的两项任务相照应：耶稣的社会—政治—伦理的相关性及其在"做门徒"伦理中的标准与尺度地位。以耶稣政治观认识社会、参与社会，并以耶稣的政治身份认同为准则构建相应的基督教伦理，让上帝国的终末视野成为现实社会的依据，使耶稣政治成为世界政治中的革命性酵素。基于"认同性"和"相关性"双重要素之上的耶稣政治，构建出完整的反君士坦丁主义思想：耶稣位格本身具有的政治、伦理维度打破了基督教伦理须以国家政治为载体的君士坦丁主义模式；耶稣政治因其十字架和平主义，与维持国家政治所需的暴力、军队、战争等破坏性力量形成了鲜明比照，从而成为相关于现实政治与伦理的"另一种选择"。

通过对《新约》的考察，尤达看到十字架不是通往国度路上的障碍，"甚至也并非通往国度的道路本身,而毋宁说它就是临到的国度"[1]。当耶稣说"上帝的归上帝，恺撒的归恺撒"，并不是说要在属灵的与属世的东西间划清圣俗界限。尤达认为，属上帝的东西并不尽然是属灵的东西，它与归恺撒的东西是有重叠或相对峙的，人们不应否认耶稣的政治相关性。由此，尤达批判了那种说属上帝的和属恺撒的是不同层面的东西、从而二者间不会发生冲突的观点。[2] 耶稣的弥赛亚身份包含历史、建制、上帝国、政治、社会等多方面的现实维度。[3] 耶稣传讲的福音并非仅关乎个人的灵魂得救，身为弥赛亚的他预告上帝国的到来势必给当时的罗马帝国带来威胁，而背负十字架跟随他的门徒也就要随时面对来自社会与政治上的迫害。

---

[1] John Howard Yoder, *The Politics of Jesus* (second edition), Wm. B. Eerdmans Publishing Co., 1994, p.51.

[2] John Howard Yoder, *The Politics of Jesus* (second edition), Wm. B. Eerdmans Publishing Co., 1994, pp.44-45.

[3] John Howard Yoder, *The Politics of Jesus* (second edition), Wm. B. Eerdmans Publishing Co., 1994, pp.102-109.

君士坦丁之后，基督教国家取代以耶稣为头的基督教会成为救赎历史的主体，从而形成了一种错误的弥赛亚主义，基督教的普世救恩转变国家及其文化扩张的使命，教会成为公共秩序的一部分：教会要获得公共权力，而国家要获得宗教认可的合法性。尤达《耶稣政治》一书中包含的反君士坦丁主义立场，以"传教使命"（mission）为纽带实现了"耶稣政治"与社会的关联，将教会置于与社会秩序的传教关系当中。[1] 博施在《传教使命的转变》一书中指出，基督教从根本上讲是传教性质的。基督教的传教表达出上帝和世界之间的动态关系。传教的神学基础在于"上帝在耶稣基督中的自我交通"[2]。故而，传教的首要含义是"上帝的使命"（missio dei），它源于内在三位格的关系，表现为上帝对世界的参与。"missio"原本就是一个运用于三位一体的词语，表达父派遣子、父与子派遣灵的含义。传教首先界定的是上帝的存在，其次是教会的存在；既是上帝对世界说"是"，也是对世界说"不"。博施提出，上帝对世界说"是"表达出教会与社会的一致，但同时福音的传布还是上帝对世界说"不"，表达出教会与世界的相对。[3] 这正反映出基督教信仰"在世而不属世"的基本立场。从 *missio dei* 的角度出发，教会若与国家联合，貌似有助于教会传教使命的扩张，却忽略了福音使命向世界说"不"的因素，实际上只能导致福音活力的丧失、阻碍福音使命的实现。传教作为从上帝到世界的运动，教会本身是传教的客体，其传教的驱动力来自圣灵、源于上帝的传教使命。在君士坦丁之后，教会成为传教的主体，传教的驱动力来自帝国扩张的权势欲，教会成为一套与帝国政治相互嵌合的等级森严的救赎机制。教会影响的范围不断扩张，但其使命已不再是使徒那里的"传教"：传布上帝国的福音，而是一种基督教的"炒作式宣传"（propaganda）。对于教会而言，异教主义与文明缺失为同义语，而传教等同于基督教文化

1　See Nigel Goring Wright, *Disavowing Constantine: Mission, Church, and the Social Order in the Theologies of John Howard Yoder and Jürgen Moltmann*, Wipf and Stock Publishers, 2000, p.4.

2　David J. Bosch, *Transforming Mission: Paradigm Shifts in Theology of Mission*, Orbis Books, 1991, p.9.

3　David J. Bosch, *Transforming Mission: Paradigm Shifts in Theology of Mission*, Orbis Books, 1991, p.11.

的传播。[1] 尤达认识到"mission"一词已被滥用,偏离了其神圣根源,与其说教会是传教使命的代理人(agent),不如说教会是传教使命的处所(locus)。尤达提倡用不含强制性的词语"herald"(宣告)来表达福音的传布。[2] 福音的"宣告"突破了现代意义上"传教"概念中的"胜利主义":似乎战争的胜利与地域的扩张就能带来人们信仰的皈依;"宣告"肯定了听到消息者的尊严与自由,人的信仰应该是在自由中追随耶稣的十字架来实现的,教会也应该是由这些信仰者自由结合而成的共同体。这反映出再洗礼主义传统中的"自由教会"或"信仰者教会"观念。

尤达看到,一旦基督教成为社会普遍认同的意识形态,就会毁坏以基督为主的信仰,因此,他推崇的是"少数派—传福音"(minority-missionary)的教会,而非君士坦丁主义"建制性—教导型"(established-pedagogical)的国教式教会。恰恰是少数派群体才是带来变化的因子。尤达的这一观点显然是受到再洗礼派在历史上作为受迫害的少数派从而提倡"分离主义"的传统的影响。尤达认为,耶稣当时面临四种政治党派的选择:一为接受现状的现实主义的撒都该派,二为发起暴力战争反对压迫者的奋锐党人,三为退出社会寻求自身洁净的艾赛尼派,四为持守正确宗教、坚守律法的法利赛人,而耶稣选择的是一种"独创的革命(original revolution)",要创建一个持相异价值观的少数派团体:新创造不仅是个体的信仰皈依,而且是新的共同体。在教会共同体中,兄弟姐妹间的爱、圣灵的自由运行以及克里斯玛的普遍存在,都打破了社会阶层的划分,成为"民主"观念的基础;擘饼成为家庭或"社会主义"经济团结的伦理行为;通过洗礼构建出一个新民族,开辟出一条平等主义路径。这是一个属于救赎秩序的弥赛亚共同体,为其他社会群体甚至是政治与社会秩序提供了借鉴的范式:公义、平等、和平、多元以及民主等因素

---

1 David J. Bosch, *Transforming Mission: Paradigm Shifts in Theology of Mission*, Orbis Books, 1991, p.201.
2 Nigel Goring Wright, *Disavowing Constantine: Mission, Church, and the Social Order in the Theologies of John Howard Yoder and Jürgen Moltmann*, Wipf and Stock Publishers, 2000, p.66.

让教会共同体成为社会应该成为但尚未成为的样式。[1]这种观点和巴特的说法一致:"真正的教会必须是真正的国家的样式和原型。"[2]教会必须成为范本,其存在应成为更新国家的源泉、维持国家的力量。

尤达的"耶稣政治"成为再洗礼派反君士坦丁主义立场的代表性思想,基于耶稣拯救之核心的教会共同体重申了福音宣讲带给社会的革命要素,从而纠正了弥赛亚主义在君士坦丁主义语境下出现的偏差;以耶稣宣告的上帝国否定了君士坦丁主义的基督教王国,以耶稣十字架的和平主义政治向暴力政治提出了挑战。

四　尤达的和平主义神学

通过上文关于尤达思想的再洗礼主义渊源及其代表作《耶稣政治》一书的考察,可以大致得出尤达神学的论说逻辑。以尼布尔为代表的新教主流伦理学强调教会的"社会相关性"与"责任"的思想,在尤达眼中是君士坦丁主义在当代政教关系理念中的新形式。建设以美国社会为样板的"基督教国家"(Christendom),实现世界的"基督教化"是新君士坦丁主义的旨归。参考尤达《耶稣政治》一书,新君士坦丁主义实际上否认了耶稣与教会的政治相关性。那么,由于政治维度的缺失为教会无差别容纳世界提供了一个"空间",所以政教之间便无张力可言,隐含政教融合理念的君士坦丁主义之合法性便是自然而然的了。

再洗礼派的反君士坦丁主义立场及其相应的政教分离观点包含宗派分离主义的倾向,在某种意义上是小教派维持自我身份认同的方式,易遭致主流伦理派别关于其脱离现实社会、消极避世的诟病。

再洗礼派反君士坦丁主义的政教分离理念让尤达时刻警醒于教会与

1　Nigel Goring Wright, *Disavowing Constantine: Mission, Church, and the Social Order in the Theologies of John Howard Yoder and Jürgen Moltmann*, Wipf and Stock Publishers, 2000, pp.81-88.

2　Nigel Goring Wright, *Disavowing Constantine: Mission, Church, and the Social Order in the Theologies of John Howard Yoder and Jürgen Moltmann*, Wipf and Stock Publishers, 2000, p.11.

世界之间的界限，不过，他并未受限于再洗礼派传统的"分离主义"，而是向前进了一步：认识到教会与国家的界限虽为必要，但并不充分。政教分离并不是说作为教会之头的耶稣只关注灵魂、超验的层面，与政治、社会、伦理等现实因素无关，尤达在《耶稣政治》中论证了耶稣及其教会的政治相关性，由于耶稣本身秉持的政治身份而让他所宣告的上帝国与现实的世界政治（也就是现实的"基督教世界"）之间形成了对峙与张力。因此，反君士坦丁主义与政教分离只是第一步，更重要的是第二步：以耶稣政治观认识社会、参与社会，并以耶稣的政治身份认同为准则构建相应的基督教伦理，让上帝国的终末视野成为现实社会的依据，使耶稣政治成为世界政治中的革命性酵素。

通过对尤达神学论说逻辑的总结与反思，可以看到，"基督教国家"与"上帝国"两个概念的分野是至关重要的。"基督教国家"的概念模糊了教会与国家的界限，对应的是君士坦丁主义的政教融合的思想，表面上是要实现国家与世界的基督教化，实际上却对教会与国家带来双重损害：教会想要凭借国家的力量获胜却沦为世俗权柄的工具，而国家要借着教会维持统治却陷入自我神化、自我称义的渊薮；"上帝国"的概念则凸显出作为上帝国在现实历史中之载体的教会所包含的终末维度：教会存在于现实的世界，然而它异质于世界，并将上帝国的终末质素带入世界，为世界的转变带来革命性力量。从尤达的神学立场观之，"上帝国"的概念应是对"基督教国家"概念的一种扬弃，既包含教会之异于世界的维度，又彰显教会之进入世界继而变革世界的维度。那么，建立基督教国家、实现世界的基督教化与基督教的世界化就不应成为教会追求的目标，教会应致力于将上帝国的终末视野置于世界历史当中，在上帝国与世界的全然相异中为世界的更新提供革命的力量，而革命的力量恰恰源自貌似与革命形成悖论的顺服与和平主义。

尤达在《耶稣政治》第一版序言中就已经指出："主流基督教神学忽

略了《新约》信息中隐含的和平主义思想，这就是本书要做的回应。"[1] 尤达的和平主义神学是再洗礼主义与当代非暴力和平主义结合的产物。从整体而言，我们可将尤达的和平主义神学概括为四个层面：顺服的和平主义、革命的和平主义、合一的和平主义与终末的和平主义。

（一）顺服的和平主义

尤达在《耶稣政治》一书中曾专门对"掌权者"（power，这里采用《新约》的译法）和"顺服"（subordination）的概念进行阐述。他在考察《新约圣经》时发现，尽管《新约》中提到"掌权者"一词时往往指向堕落、败坏，但不可否认它们也曾为上帝好的创造中的一部分，包括它们在内的万有都分有了圣子的存在，如《歌罗西书》中所言："爱子是那不能看见之神的像，是首生的，在一切被造的以先。因为万有都是靠他造的，无论是天上的、地上的、能看见的、不能看见的，或是有位的、主治的、执政的、掌权的，一概都是藉着他造的，又是为他造的。他在万有之先，万有也靠他而立。"（《歌罗西书》1:15-17）即便掌权者堕落了，也不能将其视为无限的恶，其在维持秩序方面仍发挥着作用。尤达认为，顺服上帝创造的掌权者乃是人之为人的一个因素，没有掌权者便没有历史、社会与人性，因此不能简单地毁坏或忽略那些堕落的掌权者。

《罗马书》第13章1节有言："在上有权柄的，人人当顺服他。因为没有权柄不是出于神的。凡掌权的都是神所命的。"尤达认为："这里说的顺服是对任何既有掌权者的承认、对任何统治结构的接受。这段经文并未如传统观念那样断言是上帝建构或设立了某一特定政府。"[2] 因此，上帝并未创造、建构或任命了掌权者，而是给予其秩序，给它们以定位。尤达用了非常形象的类比：上帝和政府的关系就好像图书馆员和书籍之间的关

---

[1] John Howard Yoder, *The Politics of Jesus* (second edition), Wm. B. Eerdmans Publishing Co., 1994, p.x.
[2] John Howard Yoder, *The Politics of Jesus* (second edition), Wm. B. Eerdmans Publishing Co., 1994, pp.198-199.

系，他没有创造出书，也不会从道德意义上认可书。[1]

尤达对"顺服"的概念做了具体诠释，这对理解他的和平主义思想极为关键。"顺服"是对希腊文 *hypotassesthai* 一词的翻译，他指出，《罗马书》中用的是"顺服"（subordination）不是含有征服与践踏之意的 subjection，亦非意为被动屈服的 submission，也没有用意指"全然将自己的意志与行为屈从于他人的意愿"的"服从"（obedience）一词。保罗使用的"顺服"概念和上帝对掌权者的安排整顿（ordering）有共同的字根，那么顺服就是指甘愿接受某种秩序的存在，这种接受是出于自由意志的选择。从"顺服"之根本不同于"服从"就可理解以下的情况：耶稣走上十字架实际上是顺服掌权者的行为，而他之所以被钉十字架恰恰是因为他拒绝服从这些掌权者自我荣耀的统治权；同理，基督徒虽然拒绝崇拜恺撒，却接受恺撒处死他们，这就是不服从的顺服（subordinate, even though not obeying）。[2]

尤达在考察《新约》中发现，新约伦理家规命令的关键在于"居下位者"的顺服，即不越过自己的界限甘愿接受某种秩序的存在。他指出，家规的语气是自上而下的，包括主人对奴仆、丈夫对妻子、父母对子女等方面，因此，家规是针对在某人之下的人制定的。而对于居上位者，《新约》中规定，做父母的不可激怒儿女，丈夫也要爱他们的妻子，这实际上表现出"顺服"伦理的双向性：不仅居下位者要顺服居上位者，居上位者亦应顺服居下位者。可见，居下位者与居上位者之间是相互顺服的。双向性的顺服伦理包含一种革命性的创新：社会中的"居下位者"都有伦理决断的自主权，他们"在既定的社会秩序中接受顺服的要求，并非承认顺服者在道德和价值方面的低劣性；而恰恰相反，我们能够让顺服者自由地接受顺服的要求，正如家规中的要求那样，就标志着顺服者已经具备一种其

---

[1] John Howard Yoder, *The Politics of Jesus* (second edition), Wm. B. Eerdmans Publishing Co., 1994, p.201.

[2] John Howard Yoder, *The Politics of Jesus* (second edition), Wm. B. Eerdmans Publishing Co., 1994, pp.208-209.

他社会所不能给予他的价值"[1]。他们要在社会中负起责任，接受他们在社会中的地位，他们的信仰赋予他们责任，这些在自己的文化中没有道德地位的人成为伦理的决断者。相互顺服实际上将现存的社会秩序相对化、去神圣化了。尤达进而指出，教会不应超越自己的界限将这一转变强加于社会当中，因为基督徒的新世界秩序并不是当下世界的对立面，而毋宁是其全新的生活方式，因此，"我们的主张不是立即以暴力的方式用新世界取代旧世界，而是新旧两个世界在不同层面上并存"[2]。

顺服的和平主义以教会与世界之间的张力为前提，以耶稣在十字架上的顺服为效法的标尺，在顺服世界秩序的同时将异质于世界的耶稣政治带入世界，为现实历史提供了否定性、批判性与革命性的力量。因此，顺服的和平主义不是一团和气的抽象和平主义，它带来的不是万物间相互被动妥协而形成的某种和谐共存的虚假表象，而是万物彼此间主动开放、相互邀请以至合一的终末式伦理景观。从这个意义上讲，顺服乃是"革命性的顺服"，顺服的和平主义必然也就是革命的和平主义、合一的和平主义与终末的和平主义。

（二）革命的和平主义

"革命性的顺服"是尤达在《耶稣政治》中使用的一个关键概念，也是理解其和平主义思想不同于一般的非暴力和平主义的关键点。非暴力、不抵抗、顺服与和平主义如何与往往带有武力、血腥和杀戮色彩的革命联系在一起呢？"革命性的顺服"恰恰是尤达和平主义思想充满张力与生机的根源。

尤达的和平主义之不同于贵格会、新教自由派与社会福音派等诸种基督教和平主义，乃在于其再洗礼派激进伦理的渊源。如前文所论，在再洗礼派反君士坦丁主义思想的影响下，教会自君士坦丁时期开始的堕落成

---

1 John Howard Yoder, *The Politics of Jesus* (second edition), Wm. B. Eerdmans Publishing Co.1994, p.181.
2 John Howard Yoder, *The Politics of Jesus* (second edition), Wm. B. Eerdmans Publishing Co.1994, p.186.

为尤达《耶稣政治》一书针对的问题点。来源于"城邦"（*polis*）字根的"政治"一词在现代意义上一般用于指政府、政党治理国家的行为，往往与暴力有着各种各样的联系，从这个角度出发势必会导致这一结论：选择和平主义、顺服地走上十字架的耶稣是与政治无关的，是非政治的。尤达运用的"政治"概念是广义的政治，意指社会中公共事务及群体秩序的安排，是社会各群体人们之间的关系结构（the structuring of relationships among men in groups），因此，广义的"政治"概念包含社会、伦理等多重维度。通过《路加福音》的解经，尤达得出"耶稣叙事所表现出的伦理最好应称为政治（political）的"这一结论。[1] 政治性的耶稣向一般意义上的"政治"概念的界定提出了挑战，他表明没有暴力的共同生活是切实可行的。

耶稣政治的载体是教会，尤达在《瑞士的再洗礼主义与宗教改革》一书中指出："历史的真正动力是教会，她的使命是通过其信徒的共同生命让上帝在道成肉身中实现出来的'政治'得到有形可见的彰显。"[2] 当耶稣的政治通过教会在现实中表现出来，就与现实的政治形成了对峙之势。基督教传统思想中有两个王国的理论：灵魂的、永恒的王国——教会与政治的、暂时的王国——国家，前者的责任在传福音，后者的责任在维持政治秩序，二者有圣俗之分野。路德拒斥了两个王国的传统神学，但提出了另一种二元观：人处于身为基督徒与身为既定国家公民的二元身份张力之中。作为基督徒，人应效法基督，而作为公民，人应遵循自然法。尤达意识到这种伦理二元观模糊了教会与国家的圣俗分野、削弱了基督徒对世俗世界的抗拒，[3] 其最终导致的恶果就是国家的神圣化，当国家取代了教会的神圣领域，基督徒社会活动的指针也就变成爱国主义与实用主义。

---

1 Thomas N. Finger, *A Contemporary Anabaptist Theology*, p.61.

2 John Howard Yoder, *Anabaptism and Reformation in Switzerland: A Historical and Theological Analysis of the Dialogue Between Anabaptists and Reformers,* Pandora Press, 2004, p.vii.

3 Earl Zimmerman, *Practicing the Politics of Jesus: The Origin and Significance of John Howard Yoder's Social Ethics*, Cascadia Publishing House, 2007, p.115.

尤达认为，教会作为世界性的人类共同体，超越了所有的国家认同。他在《祭司王国》(*Priestly Kingdom*) 一书中甚至提出了"教会先于世界"的观点。他由此对尼布尔的社会伦理提出批判，认为其忽略了教会，不是从上帝的救赎而是从人类的困境出发构建伦理的，这是对基督教伦理根基的一种背离。教会是克服了人对上帝说"不"之普遍情形的地方，它在社会中应是作为非主流的少数派力量运行的。然而，自君士坦丁以来，教会将自身认同于社会的主导政治结构，从而切断了耶稣的社会政治伦理的相关性。尤达指出，教会的任务"不是从宗教上圣化这类权力结构，而是号召它们在行使其权力时要把握尺度"[1]。上帝对掌权者位置的安排不是在教会里，而是在同样处于基督统治下的世界范围内。由此才有了基督是教会和国家共同的主，并且能在教会与国家之间划清界限的观点。这种在基督统治下的教会、国家和掌权者的关系理论成为尤达思考社会，政治维度的出发点。在此基础上，他扬弃了再洗礼派分离主义的观点，进入了更为广泛的社会领域；也正是在这一基础上，他扬弃了美国新教伦理片面强调社会责任的观点，在伦理中突出了教会的意义。

再洗礼派坚持教会作为社会少数派的观点或许和该派别曾作为少数派而遭受主流社会与教派迫害的历史有关，但更主要的原因在于，唯有坚守教会之独立于世界的地位才可让教会保有自身的革命力量。尤达认为，耶稣顺服地走上十字架的非暴力态度比暴力的反抗更具有革命性。非暴力不应视为某种从社会责任中退出的消极和平主义，它既非从社会责任中退出（即某种宗教分离主义），亦非为了获取某种社会目标或取得政治权力而采取的一种和平策略；顺服也不是消极地接受命运、被动受苦的一种意愿，而是一种参与和反抗的策略。[2] 因此，顺服蕴含革命的力量，是对世界的反叛与拒绝。基督徒顺服掌权者绝不等同于与掌权者联手，在特定的

---

1 Earl Zimmerman, *Practicing the Politics of Jesus: The Origin and Significance of John Howard Yoder's Social Ethics*, Cascadia Publishing House, 2007, p.186.
2 Earl Zimmerman, *Practicing the Politics of Jesus: The Origin and Significance of John Howard Yoder's Social Ethics*, Cascadia Publishing House, 2007, p.130.

情况下还应以非暴力的方式拒绝与掌权者合作。尤达指出：

> 如果耶稣基督的门徒拒绝行使某种权力，并不仅因这些权力本身，因为权力就权力而言也是上帝美好的造物。门徒选择不行使某种权力乃因为在特定的场景下，这种特定的权力结构的背叛性根深蒂固到如此程度：要负起责任的最有效方式就是拒绝合作，在这种拒绝中站在受害者一边，这些受害者恰恰是受到这些权力的压迫。这种拒绝并非从社会中隐退，而毋宁是一种社会转变过程中的否定性干预力量，哪怕是为了一个值得的目的也不能采取一种不值得的手段。[1]

这种拒绝与掌权者合作的和平主义不是消极的和平主义，其核心并非拒斥武器与暴力的手段，而更在于以否定的方式参与到社会、政治及其结构的革命性转变中。这种否定与革命恰恰存在于似乎与否定、革命形成悖论的顺服当中。因此，在尤达那里，和平主义的革命性必定植根于"顺服"当中，那么革命的和平主义也必定是顺服的和平主义，"革命性的顺服"就成为尤达和平主义神学的最鲜明特质。

（三）合一的和平主义

再洗礼主义有两个核心概念：共同体与门徒性（discipleship），从这两个概念出发理解尤达的和平主义，就会看到尤达的和平主义是以合一为旨归的和平主义。尤达认为，一般的新教伦理强调的追随基督更多的是在个体伦理选择中对基督的效法，忽略了作为门徒共同生活、共同信仰的教会信众共同体。尤达在《耶稣政治》"基督的门徒与耶稣的道路"一章中查考了《新约》中关于效法基督的"门徒性"的章节，他发现，《新约》中关于如何效法基督并未形成一个统一的说法，但有一点乃是"效法基

---

[1] John Howard Yoder, *The Politics of Jesus*, p.154.

督"的关键——"十字架的社会意义"。门徒效法基督、背负十字架并不仅是要完成个体灵命的救赎，而更是在彼此服侍的社会关系中彰显出耶稣在十字架上的"革命性的顺服"。

根据再洗礼主义门徒"在世而不属世"的观点，门徒与世界乃处于一种格格不入的对立状态，这种对立让门徒从世界中分离出来，这就是所谓的成圣。《约翰福音》17章19节有言："我为他们的缘故，自己分别为圣，叫他们也因真理成圣。"这里所说的"为圣""成圣"，原意是使某种特殊的事物与其他事物隔离开来，从这个意义上讲，门徒的成圣就是保持门徒的身份，保持在真理中圣化和在世界中生活之间的张力。[1]那么，成圣的门徒构成的教会共同体如何能在不属世的前提下进入世界呢？尤达通过对"因信称义"思想的和平主义式解读对此问题做了解答，表达出门徒的共同体在与世界相区别的前提下同时与世界"合一"的和平主义思想。

马丁·路德宗教改革让《罗马书》中的"因信称义"思想主要成为关涉个人与上帝之关系的教义，即个人凭借信心就可罪得赦免、与上帝重新和好，因此，"信"是对上帝的信，"义"也是与上帝关系的和好。尤达在解经过程中发现，保罗的因信称义思想并不仅关涉个体的灵魂，更具有社会意义。保罗在向外邦人传教时看到了犹太人与外邦人、男人和女人、主人与奴仆之间存在敌对关系，而敌对双方的合一仰赖信心的力量，只有凭借信心实现合一，其团契才会让上帝称之为义。尤达认为，保罗在《以弗所书》中就强调了因信称义的社会意义："你们从前远离神的人，如今却在基督耶稣里，靠着他的血，已经得亲近了。因他使我们和睦，（原文作因他是我们的和睦）将两下合而为一，拆毁了中间隔断的墙。而且以自己的身体，废掉冤仇，就是那记在律法上的规条。为要将两下，借着自己造成一个新人，如此便成就了和睦。既在十字架上灭了冤仇，便借这十字架，使两下归为一体，与神和好了。并且来传和平的福音给你们远

---

[1] 参阅谢文郁《道路与真理——解读〈约翰福音〉的思想史密码》，华东师范大学出版社2012年版，第474—478页。

处的人，也给那近处的人。"(《以弗所书》2:13-17）由此可见，基督的工作不仅是拯救个人的灵魂从而使人彼此间更加相爱，他的工作更是带来和平，拆除分裂的墙，这本身就是在建立新团契。受圣经学者马库斯·巴特（Markus Barth）影响，尤达认为《加拉太书》的关注点是犹太人和非犹太人基督徒应在共同团契中和睦生活，因此，《加拉太书》2章16节"既知道人称义，不是因行律法，乃是因信耶稣基督，连我们也信了基督耶稣，使我们因信基督称义，不因行律法称义"中，"称义就是《以弗所书》中的带来'和睦'或'拆毁了中间隔断的墙'"。尤达援引马库斯·巴特的话：

> 在基督里称义并非是发生在这个人或那个人身上的奇迹，好像这是人可以自己寻求并获取似的。毋宁说借着恩典称义是这个人与那个人、近处的人和远处的人之合而为一；……这是一种社会性事件。[1]

如此看来，上帝称人为义并不仅仅是人际关系和好的前提，并不是说在先的信心让人发生改变、从而带来在后的爱人。上帝称人为义原本就有人与人之间彼此和好的含义，这二者之间并非简单的因果关系。尤达由此对《哥林多后书》5章17节"若有人在基督里，他就是新造的人，旧事已过，都变成新的了"进行了全新的解释，他提出，对于"If anyone is in Christ, new is creation"的翻译不应局限于个人的层面，新译文应该是，若有人在基督里，"就会有一个全新的世界"。这里强调的不是个体本体论意义上的改变，而是人接受基督后在生活处境上的改变，这里包含了多重关系层面上的和平。故而"旧事已过，都变成新的了"指的是社会历史意义上而非个体情感意义上的改变。[2] 因此，每一个在基督里改变的人都是

---

[1] John Howard Yoder, *The Politics of Jesus*, pp.220-221.
[2] John Howard Yoder, *The Politics of Jesus*, pp.221-223.

改变了世界的人。通过对因信称义思想的重新阐释，尤达强调了"义"的社会维度，指出"服侍而非主宰，宽恕而非敌视"才是效法基督之道。[1]

如果说"成圣"更强调门徒的不属世性，那么"称义"就更侧重门徒的在世性。一般对称义与成圣关系的理解是前提与结果的逻辑关系，只有上帝称人为义，人才可成为圣徒。然而通过对尤达关于称义思想的阐释可以看到，"义"不仅是道德意义上的"公义"，而更是关系的和好、对立面的合一，联系"圣"所内含的"隔离"之义，可以发现，称义与成圣的关系在这里有一个逻辑的转换：门徒在"分别为圣"与世界相隔离、保持自我身份认同的前提下效法基督、成为义人，从而进入世界，将教会中相互服侍、相互宽恕的门徒关系模式带入世界，由此看来，成圣的旨归乃在于称义，在于担负起在社会中的责任。尤达强调这一点显然是对再洗礼派所受"分离主义"诟病的一个回击，体现出其和平主义中包含的"合一"特质。

（四）终末的和平主义

尤达在《耶稣政治》最后一章"羔羊的战争"中从终末论的角度批判了当代社会政治伦理中的人类中心主义与历史进步论的倾向，并阐述了自己的和平主义伦理观。尤达认为，《启示录》第 5 章 12 节中的经文"曾被杀的羔羊，是配得权柄，丰富，智慧，能力，尊贵，荣耀，颂赞的"要表达的意思是："决定历史意义的是十字架而非刀剑，是苦难而非残酷的武力。"义人的胜利来自复活的力量，而绝非是计算因果效力的结果，"上帝子民的顺服与上帝目标的实现之间不是因果关系，而是十字架与复活的关系。"[2] 所有计算得失与价值，考量处境与意义的伦理学在十字架与复活的关系中都失去了立足之地，十字架上的顺服在终末的复活启示中获得了革命性的胜利。因此，耶稣走上十字架的顺服与和平主义在尤达那里被称为"羔羊的战争，"他刻意使用与"和平"相对的字眼"战争"以彰

---

1 John Howard Yoder, *The Politics of Jesus*, p.131.
2 John Howard Yoder, *The Politics of Jesus*, p.232.

显十字架的革命意义及其在终末带来的胜利盼望。耶稣在十字架上放弃的与其说是形而上学层面上的圣子的形象，不如说是他在肉身与人性中的那种不受限制的君王权柄，"他的虚己、采取奴仆的样式、顺服地走上十字架，恰恰是他放弃君王地位的写照"[1]。

尤达指出，福音书中说的跟随主背负十字架，并非意指受苦本身具有救赎效力，更非是说殉教是人应追求的某种价值，背负十字架这个看似失败的顺服"策略"不同于其他的和平主义，其他类型的和平主义可能只是一种相对廉价、具有较小危险性的手段，以非暴力的方式强加自己的意志于他人之上，以实现自己的目的，这实际上是"强制"的另一种形式。十字架上的顺服却并非在强调人不用暴力达到自己的合法目的，而是说当人的目的不能通过合法手段达到时，就要放弃目的本身。

正义战争论认为为了更大的善可以采取恶的手段，与正义战争论相对立的和平主义则认为非暴力的手段同样可以实现正义战争论所谓的"善"的目的，然而，无论是正义战争论，还是与之对立的和平主义，都默认了一个前提：存在一个推动历史前进的大善。这种饱含人类"自我称义"色彩的历史进步论走的是一条"手段—目的"的逻辑进路，无论是战争还是非暴力，都成为推动历史"进步"、实现人类"大善"的手段，然而，"进步"与"大善"前提确立的根据在哪呢？当目的成为可质疑的，手段自然就失去了意义。尤达显然认识到基督教终末论和平主义的价值正在于它超越了"手段—目的"的逻辑：

> 基督教和平主义的神学基础在于上帝的位格和耶稣基督的做工，我们的顺服及其最终带来的效力之间的因果链条已然断裂，因为上帝的胜利来自于复活，而非有效力的统治或有确保的幸存。[2]

1　John Howard Yoder, *The Politics of Jesus*, p.235.

2　John Howard Yoder, *The Politics of Jesus*, p.239.

顺服与和平主义不是为实现某个崇高目的而采取的手段，不是计算效力、考量因果的权宜之计，手段—目的、原因—结果的逻辑链条在这里已经断裂，和平主义本身就是目的、就是结果、就是意义。这里的"和平"不是战争的平面对立物，二者并非处于同一逻辑层面。十字架的顺服与终末的复活之间不是因果关系，如德国神学家莫尔特曼（Jürgen Moltmann）所言，"十字架与复活并非是同一层次上的事实；十字架标志着一个历史性的事件，复活则标志着一个末世论的事件"[1]。因此，作为终末性事件的"复活"与历史中的"十字架"不是同一逻辑关系的概念，唯有如此，复活才可揭示出十字架的意义。十字架的意义并不来自历史，而来自超出历史的终末，来自标志羔羊的战争最终获胜的复活。从这个意义上讲，尤达所倡导的基督教和平主义是一种终末论和平主义。

五 结语

尤达的和平主义神学诞生于美苏争霸、展开核竞赛的全球背景下，但是其影响远远超越了有限的历史背景，因为和平主义本身有独立的逻辑系统，它并非基于战争与和平的矛盾对立关系之上而秉持价值与意义。"和平"就其本体论意义而言乃是指万有存在之和谐共处、生生不息的美好状态，不应将之简单地理解为"战争"的对立面，这两个范畴并不在同一个层面。"战争"始终只是为了达到某个目的而采用的"手段"，而"和平"从其希伯来语"*shalom*"的原意来看，"表达出上帝关于创造的意图，包括肉体的康健、适宜的社会关系与道德的完善。就此而言，我们可将和平界定为人类的繁荣与对创造之整体的维系"[2]。在基督教甚至在更广泛的宗教语境中，"和平"既是世界本然的状态，亦是应然的状态，相应地，和平主义也就并非为达成某个目的的手段，它甚至也不是目的本身，因为

---

1 [德]于尔根·莫尔特曼：《被钉十字架的上帝》，阮伟等译，上海三联书店1997年版，第248页。
2 Earl Zimmerman, *Practicing the Politics of Jesus*, p.213.

上帝的造物原本就是和谐统一的存在，这不是人类历史自然发展会达到的一个阶段，而是历史最初的源头，从这个意义上讲，"和平"就是回到源头，"和平主义"就是对这个"回到源头"的理论阐述与反思。从"激进"一词的原初含义——"根源"的角度讲，被划为"激进派"的基督教再洗礼派，势必成为和平主义的倡导者。因此，尤达的和平主义带有鲜明的再洗礼主义色彩，激进、革命、否定等一些与"和平主义"看似绝缘的概念成了尤达和平主义思想的基本内涵，顺服与革命之间形成的张力中蕴含世界大同、万物合一的终末旨归。以"顺服""革命""合一"与"终末"为基本元素构建而成的和平主义逻辑体系，让尤达的神学成为一种充满生机的基督教和平主义。

扩展阅读

David J. Bosch, *Transforming Mission: Paradigm Shifts in Theology of Mission*, Orbis Books 1991.

Earl Zimmerman, *Practicing the Politics of Jesus: The Origin and Significance of John Howard Yoder's Social Ethics*, Cascadia Publishing House, 2007.

John Howard Yoder, *The Politics of Jesus* (second edition), Wm. B. Eerdmans Publishing Co., 1994.

John Howard Yoder, *Anabaptism and Reformation in Switzerland: A Historical and Theological Analysis of the Dialogue Between Anabaptists and Reformers*, Pandora Press, 2004.

Nigel Goring Wright, *Disavowing Constantine: Mission, Church, and the Social Order in the Theologies of John Howard Yoder and Jürgen Moltmann*, Wipf and Stock Publishers, 2000.

第13讲

主讲人　　　黄瑛

朋霍费尔《伦理学》手稿中隐藏的和平伦理学

一　导言*

1945年4月9日，纳粹德国战败前一个月，因为参与刺杀希特勒的行动，迪特里希·朋霍费尔（Dietrich Bonhoeffer, 1906-1945）在弗洛森伯格（Flossenbuerg）集中营死于纳粹的绞刑架，终年39岁。战争结束后不久，他在普世教会运动的朋友在德国境外开始纪念他。1945年7月27日，英国奇切斯特主教贝尔（George Bell, Bishop of Chichester）在伦敦为他举行追思礼拜；他的荷兰朋友神学家胡夫特（Willem Visser't Hooft）则在1945年年末为他出版第一本纪念文集《福音的见证》（*Das Zeugnis eines Boten*）。

与他在普世教会运动受到的普遍赞誉不同，朋霍费尔与参与1944年7月20日刺杀行动的同仁一道，在德国受到普遍的质疑：朋霍费尔是否违背了信义宗从宗教改革家马丁·路德接受的关于两个国度的教导；朋霍

---

* 本文最初以《朝向和平的冒险——从潘霍华和平概念的发展看〈伦理学〉手稿中隐藏的和平伦理学》发表于邓绍光编《解读潘霍华〈伦理学〉》，香港德慧文化2018年版，第131-158页。现经增补、修订和改写而成。

费尔的选择是否与基督教和平主义信条相违背，如何解释他所参与的行动可能导致的暴力与作为上帝"诫命"[1]的和平之间的矛盾呢？理解朋霍费尔的和平主义思想，特别是理解他参与筹划刺杀行动期间写作的《伦理学》手稿，是理解朋霍费尔晚期思想和行动的关键。然而，从朋霍费尔写于第二次世界大战期间（1940年2月至1943年4月5日）的《伦理学》草稿中发掘他对和平的思考，困难重重。在《伦理学》草稿中，明显提及和平的地方并不多。朋霍费尔究竟有没有在《伦理学》中继续他早年关于和平的思考？如果答案是肯定的，我们应该如何分辨朋霍费尔在战争期间以隐秘的方式书写的和平伦理学呢？

为克服这些困难，从未完成的《伦理学》手稿隐秘的书写中窥见朋霍费尔伦理学中的和平观的真实面貌，本文将运用历史考证的方法，考察比较朋霍费尔不同历史时期论述和平的文本。这种考证一方面旨在勾勒和平概念在朋霍费尔文本里生成和发展的轨迹，从而借助朋霍费尔早期对和平的论述——特别是朋霍费尔20世纪30年代受和平主义者及基督教普世教会运动影响的和平观——帮助我们在朋霍费尔文本基础上、实事求是地重构他的《伦理学》中的和平观念，避免对未完成的《伦理学》手稿做过度解读[2]。另一方面，通过历史考证的方法，朋霍费尔不同时期的和平观念与其所处特殊时代之间的关联将被阐明，他的和平观念和他个人的选择和行动之间的关联和冲突将得到展现。本文将由以下五个部分构成，第一部分导言，叙述本文要研究的问题、研究方法和文章结构；第二部分简要

---

[1] 朋霍费尔认为和平是上帝的诫命，它的具体内容是路加福音中的"地上的和平"（《路加福音》2:14）。参见 Dietrich Bonhoeffer, *London 1933-1935*, Dietrich Bonhoeffer Werke, Band 13, München: Chr. Kaiser Verlag 1994, p.298. 以下简称 DBW 13.

[2] 莫科若什（Reinhold Mokrosch）在《什么叫"促成和平"？》（Reinhod Mokrosch," Was heißt 'Frieden stiften'? ", Reinhold Mokrosch/Friedrich Johannsen/Christian Gremmels, *Dietrich Bonhoeffers Ethik, Ein Arbeitsbuch für Schule, Gemeinde und Studium*, Güntersloher, Chr. Kaiser/Guetersloher Verlagshaus 2003）一文中认为，为重构朋霍费尔隐藏的和平伦理，研究者必须在《伦理学》的语句中寻找朋霍费尔和平概念的"同义词"（第133页），这些同义词是朋霍费尔和平讯息的巧妙"伪装"（第133页）。从这一假设出发，莫科若什认为在《伦理学》手稿的"基督，现实性和善"一章中找到了答案，他声称："在朋霍费尔这里善就是和平的同义词。"（第137页）莫科若什没有历史文本支持的假设无疑是对朋霍费尔伦理学中和平观的过度解读。

介绍朋霍费尔生平与著作；第三部分进入正题，研究分析朋霍费尔《伦理学》手稿之前的和平理论，展现朋霍费尔和平概念的历史发展；第四部分在朋霍费尔和平概念历史发展的启发下重构《伦理学》手稿中的和平观；第五部分是结论。

二 朋霍费尔生平和著作

朋霍费尔 1906 年出生于德国布雷斯劳（今波兰弗罗茨瓦夫）的一个大家庭中，朋霍费尔和他的双胞胎妹妹是这个共有八个孩子的世俗化的基督教家庭的第六位和第七位孩子。其父卡尔·朋霍费尔是当时和弗洛伊德、荣格齐名的精神科医生。

1923 年春夏，朋霍费尔在德国南部城市图宾根开始学习神学。两个学期后，他转学到柏林，1924 年夏季学期到 1928 年年初，朋霍费尔极其勤奋地完成了神学基础学位和博士学位论文《圣徒相通》（*Sanctorum Communio*）[1]的写作，不仅以"最优等"的成绩博士毕业，也顺利通过了第一次神学结业国家考试。在他的博士学位论文《圣徒相通》中，他超前地将跨学科的方法引入教会论，综合运用哲学、社会学和神学的概念工具分析解决教会的二维性的张力——教会既是启示又是历史中的经验教会这二者之间的张力。1928 年到 1929 年，朋霍费尔在西班牙巴塞罗那进行了为期一年的海外牧师实习。1929 年 2 月他返回柏林，并且开始写作其第二本学术著作——教授资格论文《行动与存在》（*Akt und Sein*）[2]，这一次他把目光由教会论转到了更为根本的启示问题，希望从系统神学的角度讨论上帝的启示究竟是一次性的行动还是实体性的存在。这本书同样展现了一个年轻的教授的野心，他希望借着这本书挑战当时主流的德国观念论、存在

---

[1] Dietrich Bonhoeffer, *Sanctorum Communio. Eine dogmatische Untersuchung zur Soziologie der Kirche*, Dietrich Bonhoeffer Werke, Band 1, München, Chr. Kaiser Verlag, 1986. 以下简称 DBW 1.

[2] Dietrich Bonhoeffer, *Akt und Sein. Transzendentalphilosophie und Ontologie in der systematischen Theologie*, Dietrich Bonhoeffer Werke, Band 2, Gütersloh, Chr. Kaiser/Gütersloher Verlagshaus, 1988. 以下简称 DBW 2.

主义对上帝启示和人的生存的理解。1930年朋霍费尔结束了他的第二次神学考试,在按牧前去美国纽约协和神学院又度过了一年学习时光。在纽约流行的美国的自由神学没有引起他的兴趣,反而是黑人教会的神学宣讲和黑人社区哈莱姆文艺复兴运动(Harlem Renaissance)给他以思想上的启发,此外,与法国和平主义者让·拉萨尔(Jean Lasserre)的友谊在他的思想里种下了和平主义的种子。

1931年朋霍费尔回到德国,他结束了学习时代,开始同时活跃在学术界和教会实践界。在柏林他同时担负老师、牧师、普世教会运动积极参与者三个不同的角色。学术方面,1931—1932年他在柏林大学开设课程,这些课程包括:教会的本质、创造与罪(1933年《创造与堕落》[Schöpfung und Fall]出版)、基督论讲座(讲稿被收入朋霍费尔汉语选译集《第一亚当与第二亚当》)等。

1933年是德国历史上剧烈变动的一年,1月30日希特勒掌权,仅仅两天后,朋霍费尔就在电台广播演讲《青年人当中的领袖和个人》中不点名地对希特勒蛊惑人心的能力进行了激烈的批评。1933年4月7日《公职人员重置法》通过后——该法案含有将犹太人排除在公职外的"雅利安条款"(Arierparagraph),朋霍费尔的犹太人朋友和亲人也受到波及。1933年6月他发表了《教会面对犹太人问题》,呼吁教会帮助犹太人,停止在教会中贯彻"雅利安条约"。他无疑是德国最早关注犹太人问题的神学家之一。

1933年10月到1935年,朋霍费尔在伦敦履行海外牧职。1935年4月他回国领导德国认信教会(Bekennende Kirche)新成立的五间神学院之一,也就是后来迁到芬肯瓦尔德(Finkenwalde)的新教神学院。他在学生中讲了题为"跟随基督"(Nachfolge)的五节讲授课,同名书籍后来在1937年整理出版(中文版译为《作门徒的代价》)。1936年8月朋霍费尔被禁止在大学担任讲师,1937年9月朋霍费尔领导的芬肯瓦尔德神学院被盖世太保查封,之后这间神学院仍然存在,直到1939年10月再次被盖世太保关闭。1938年9—10月,朋霍费尔在芬肯瓦尔德写作了聚焦个人灵修和团体灵修的《团契生活》(*Gemeinsames Leben*)，该书于1939年面世。1940年，在芬肯瓦尔德神学院彻底关闭后，朋霍费尔在其姐夫多南伊（Hans von Dohnanyi）的介绍下加入刺杀行动中来。另一方面，从1940年2月至1943年4月5日他被捕之日，因为已经被禁止出版和演讲，他一直在坚持写作一本留给下一代的《伦理学》(*Ethik*)。1943年4月5日朋霍费尔被捕，一开始他只是因为涉嫌帮助犹太人而被传唤。1943年11月起第一阶段的审讯结束后，直到1944年10月他参与抵抗运动被发现为止，他被允许与他的好友和家人通信，他在狱中还创作了诗歌、剧本和小说，这些书信和文学作品都在第二次世界大战后被陆续收集和出版，德文选集题为《抵抗与顺从》(*Widerstand und Ergebung*)，中文译名为《狱中书简》，其中就包括中文世界熟悉的诗歌"所有美善力量"。1945年4月9日，朋霍费尔被绞死在弗洛森伯格集中营，终年39岁。正如由其幸存的狱友在1945年4月7号带给主教贝尔的最后讯息所云："对我来说这是结束，它也是新的开始。"朋霍费尔生命的结束也是人们对他的研究的开始。

三 朋霍费尔早期的和平理论

（一）"神圣战争"

1929年2月8日，朋霍费尔在巴塞罗那德国侨民团契中作了题为"基督教伦理学的基本问题"的报告，它是朋霍费尔对和平及战争观念最初的系统思考。尽管他在这篇报告中合理化战争的论述让一些研究者感到陌生和"非常失望"[1]，然而他关于和平/战争的思考的基本结构，即他对和平/战争、上帝诫命与个体责任之间关系的强调，在这篇报告已然清晰

---

1 Michael Welker, "Bonhoeffer über Frieden", Jürgen Moltmann/Michael Welker/ Eurich Johannes/ Philipp Stoellger(hg.), *Bonhoeffers Friedensgedanke und Frieden in Ostasien*, Seoul/Heidelberg: Seoul Theological University/Universität Heidelberg, 2016, p.71.

可见。

在这篇报告中朋霍费尔谈到战争的合理性问题和基督徒是否应该参战的问题。他首先谴责一切战争违反了十诫中"不可杀人"(《出埃及记》20:13)的诫命:"战争不仅仅是谋杀,它更是一种犯罪。基督徒不应该参战。"[1]然而,朋霍费尔认为这样谈论战争过于抽象,基督教伦理必须回答具体的问题,而非停留在抽象的原则上。例如当基督徒面对自己的民族受到攻击的"自卫战争"时,所面临的不可杀人和爱邻人的选择的"两难"[2]。受20年代逐渐上升的德国民族意识和其神学领域的代言人创造秩序神学(Schöpfungsordnungstheologie)影响,朋霍费尔很快地用民族在创造秩序上的优先地位化解了这种两难。民族和家庭一样属于"上帝的(优先创造)的秩序,因为上帝创造了民族……所以,除了牺牲邻人的利益之外没有其他办法"[3],基督徒必须为了保护家人和民族参战。当然,基督徒个体必须同时遵循爱邻人的诫命,这体现在他在战争的严酷处境中,仍然"不能仇恨他的敌人……他必须在战斗中为他的敌人和其灵魂祷告,即使他将在战斗中亲手结束敌人的生命,他必须为他祝福,即使他自己死于敌人手下"[4]。在这种脱离人性现实的、对个人爱邻人的能力乐观地高估的前提下,朋霍费尔最终得出结论:"对民族的爱会使谋杀变成祝福,使战争成为神圣的。"[5]

(二)基督的和平主义

1. 转向和平主义

贝特格(Eberhard Bethge)把第一次美国之行(1930-1931)前后

---

1 Dietrich Bonhoeffer, *Barcelona, Berlin, Amerika 1928-1931*, Dietrich Bonhoeffer Werke, Band 10, Gütersloh: Gütersloher Verlagshaus, 1992, p.336. 以下简称 DBW 10.
2 Dietrich Bonhoeffer, *Barcelona, Berlin, Amerika 1928-1931*, Dietrich Bonhoeffer Werke, Band 10, Gütersloh: Gütersloher Verlagshaus, 1992, p.336.
3 DBW 10, p.337.
4 DBW 10, p.337.
5 DBW 10, p.338.

朋霍费尔的思想转变准确地描绘为从神学家到基督徒的转变。[1]这种从神学家到基督徒的变化，从为战争的合理性辩护到发展出真正的基督教和平伦理学，与朋霍费尔三个方面新的经验息息相关。首先是与和平主义者结下的深厚友谊拓宽了朋霍费尔的眼界，带他走出20年代他所持守的民族主义。1929年末与犹太裔神学家赫尔德勃朗德（Franz Hildebrandt）缔结的友谊[2]，以及1930年秋到1931年夏在纽约协和神学院与法国牧师拉萨尔的相遇[3]，对朋霍费尔来说都是崭新的体验。这种跨越种族的友谊让朋霍费尔不再坚持民族主义和创造秩序神学，而是通过切身体验认识到，基督教信仰是欧洲不同民族的精神土壤，它们在这片土壤中深埋的根茎彼此紧密相连、不能分离。其次，朋霍费尔在1931年开始在柏林担任教职和牧职的同时，也积极参与当时方兴未艾的现代基督教普世教会运动，他于1931跻身于普世教会运动组织国际联盟（Weltbund）的三位青年秘书长之列。这使他能够经常在国际舞台上和不同国家的代表一起讨论和平、战争和个体的伦理责任的问题。最后，1933年1月30日希特勒掌权给朋霍费尔带来了一场精神"危机"[4]，然而它同时也是一个契机——朋霍费尔"第一次转向了圣经"[5]，对圣经特别是登山宝训的阅读让朋霍费尔经历了一场生存论意义上的转变。他关于和平的思考开始扎根于上帝的话语，特别是登山宝训之上。

在朋霍费尔关于和平的论述中也能直观地察觉到这种变化——朋霍费尔30年代的和平论述与1929年初巴塞罗那时期的思考在品质上截然不同。1930年代，朋霍费尔在多篇报告、讲道和书籍中阐发了对和平和战争的思考：1930/31年他在美国不同的团体中反复演讲"关于'战争'

---

[1] Eberhard Bethge, *Dietrich Bonhoeffer. Theologe, Christ, Zeitgenosse*, München, Chr. Kaiser Verlag, 1970, pp.11-12.
[2] Eberhard Bethge, *Dietrich Bonhoeffer. Theologe, Christ, Zeitgenosse*, München, Chr. Kaiser Verlag, 1970, p.161.
[3] Eberhard Bethge, *Dietrich Bonhoeffer. Theologe, Christ, Zeitgenosse*, München, Chr. Kaiser Verlag, 1970, p.190.
[4] DBW 13, p.272.
[5] DBW 13, p.272.

的报告"[1], 1932 年 7 月在捷克斯洛伐克举行的世界青年和平会议上的报告"世界联盟工作的神学依据"[2], 1932 年年底在普世教会运动工作小组的报告"基督与和平"[3], 1934 年 8 月在丹麦斐洛举行的世界联盟大会上所做的会议主题发言"教会和民族世界"[4], 1937 年出版的《跟随基督》[5]等。这里我们仅以 1932 年的"基督与和平"和 1934 年的"教会和民族世界"为例考察朋霍费尔这一时期对和平和战争的思考。

2. 战争作为集体的罪和个体的罪[6]

在为 1934 年斐洛报告所写的提纲[7]中,朋霍费尔再一次思考战争合理性及战争责任的问题,他彻底地抛弃从民族的创造秩序上的优先地位出发为战争辩护,与为战争辩护或是推卸战争责任的不同观点进行争辩。他把这些为战争辩护的观点归结为三个方面。第一种说辞是普通民众常常拥有的对战争的理解,他们普遍认为战争是贯彻政治家意志的手段,战争是这些政治家们论述中获得未来的和平、维护本国利益不可避免的方式,因此发动战争自然而然是政治家的"符合道德、应该承担的责任和权力"[8]。普通民众因而对战争并不需要负疚或者担责。第二种被朋霍费尔视为"现实主义[和]自然主义的"[9]战争辩护策略,将战争视为无法为人力所改变的现象,因而没有人需要为战争承担责任。第三种对战争的合理性解读通过鼓吹战争中的牺牲者的伟大,从而忽视战争的残酷。这三种对战争的理

---

1 DBW 10, pp.381-388.

2 Dietrich Bonhoeffer, *Ökumene, Universität, Pfarramt 1931-1932*, Dietrich Bonhoeffer Werke, Band 11, Gütersloh, Chr. Kaiser/Gütersloher Verlagshaus, 1994, pp.327-344.

3 Dietrich Bonhoeffer, *Berlin, 1932-1933*, Dietrich Bonhoeffer Werke, Band 12, Gütersloh, Chr. Kaiser/Gütersloher Verlagshaus, pp.232-235. 以下简称 DBW 12.

4 DBW 13, pp.298-301.

5 Dietrich Bonhoeffer, *Nachfolge*, Dietrich Bonhoeffer Werke, Band 4, München, Chr. Kaiser Verlag, 1989.

6 § "2.2. 战争作为集体的罪和个体的罪"以及 § "2.3. 世俗主义和基督的和平主义"。参见 Huang Ying, *Von der religiösen Gemeinschaft zum Reich Gottes, Das Verständnis der Religion in Bonhoeffers frühen Schriften (1924-1935)*, Dissertation der theologischen Fakultät der Uni Heidelberg (Abgabetermin: 26. Oktober 2017), Kapitel III, § 2.3, Der christliche und der religiös begründete säkulare Pazifismus。

7 DBW 13, pp.295-297.

8 DBW 13, p.296.

9 DBW 13, p.296.

解在朋霍费尔看来都未能认识战争之罪的本质，也无助于区分战争中个体和集体罪责的问题。

在朋霍费尔看来，战争是一种"体现人的意志的有意识的行动"[1]。它又是一种"与上帝为敌的 [……] 权势"，它揭露了这个世界的真相，即世界是在"死亡的律法"[2]之下的。朋霍费尔在这里把战争与罪类比，把战争拟人化比作一种罪恶的权势，以此在存在意义上静态地描绘战争的本质。此外，他又把战争的现实意义理解为一种意志行动，以此涵盖战争的内在动态的张力，即战争行动不光是一个民族、一个国家的意志，同时也代表了作为民族或者国家成员的个人的意志。

这种从存在和行动两方面，又从社会哲学的角度把战争表达为个体和集体之间意志的冲突和联合的思考，贯彻了朋霍费尔早期两本学术著作，即他的教授资格论文《行动和存在》与他的博士论文《圣徒相通》中创造性地用社会学的方法思考原罪[3]的方法论。朋霍费尔追问原罪中个体的罪责和总体的罪性之间的关系，并用社会学的概念来加以诠释。他把总体的罪性透过社会学的概念——集体人格（Kollektivperson）——加以解释，进而创造出"亚当中的人性"（Adamsmenschheit）这个专有名词，用来指称与总体的罪对应的集体人格意义上的罪——它是一种超越个人的罪的权势；而归属于亚当的人性这一集体人格中的每个个人又都分担了亚当的罪

---

[1] DBW 13, p.295.

[2] DBW 13, p.296.

[3] 在《圣徒相通》和《行动与存在》中朋霍费尔创造性地把原罪理解为一种"总体的罪性"（"die Allgemeinheit der Sünde"，DBW 1, p.71），从而对原罪和个人之罪的划分转变成为追问和"总体的罪性"和"个人的罪责"（"die Schuld des Einzelnen"，DBW1, p.71）的问题，即人性之罪和个体的罪（die "Geschlechts- und Einzelsünde"）之间的划分。他运用社会学和社会哲学的方法来回答my问题。原罪在本质上被理解为既是一种作为集体人格（Kollektivperson）的亚当的人性（Adamsmenschheit）的存在。又在现实性上被理解为是一种集体的意志的抉择行动，即"与上帝为敌的意志上的自我抉择"（"das willentliche[·] Sich-entscheiden gegen Gott"，DBW2, p.143）。与这一集体人格相对，尽管个体人格（Einzelperson）的意志抉择行动彼此之间或许不能达成绝对的一致，甚至是互相针对，但他们和集体人格的关系是一种代理（Stellvertretung）的关系。集体人格的总体的意志行动代表了个体的意志的总体，而个人也对集体的每一个意志行动负有责任。由此朋霍费尔宣称："因为人是个体，所以他也是人性的总体。"（"Der Mensch ist, indem er Einzelner ist, Geschlecht"，DBW1, p.72）在此意义上，罪既是个体性的，也是总体性的。

性。同时，朋霍费尔又把总体的罪性在现实性的意义上理解为一种集体的意志行为，即与上帝为敌的意志，它代理（stellvertreten）了个体的人格（Einzelperson）的意志行动，即个体的罪责；但同时，个体的人格的意志又对集体的人格的总体的意志行动负有责任，每个个体都必须承担自己的罪责。由此清楚地揭示了原罪是个体的罪责，也是集体的罪性。

战争应在与原罪类比（Analogie）的意义上被理解。朋霍费尔在存在意义上把战争的本质理解为抵抗上帝的罪恶权势，又在现实性意义上将战争定义为民族或国家的意志行为。由第二种定义可以清楚区分战争中发动战争的国家的集体的罪和作为该国成员的个体的罪。战争作为民族、国家作这一集体人格的总体的意志行动，可以被视为是对民族、国家的每一成员的意志的代表。尽管这一集体人格中的个体的成员的意愿可能不一样，但他们每一个人都对这个民族、国家这一集体的战争行动负有不可推脱的责任。无论是集体还是个体，都必须在"完全的范围内[为战争]担责"[1]。战争的罪既是集体性的，也是个体性的。在1934年的斐洛报告中，朋霍费尔在社会学意义上划分战争中个体和集体的罪责，指出无论是个体还是国家，都须对战争的罪承担完全的责任。此时他和1929年的巴塞罗那演讲中为战争辩护的自己已经划清了界限。

3. 世俗主义的和基督的和平主义

在视战争为"和平的敌人"[2]的同时，朋霍费尔在1932年的"基督与和平"和1934年的"教会和民族世界"这两篇报告中，区分一种基督的和平主义（"de[n] christliche[n] Pazifismus"[3]）和一种世俗主义的和平主义（"de[n] säkularen Pazifismus"[4]）。世俗的和平主义以人的"平安的福

---

[1] DBW 13, p.295.

[2] DBW 13, p.295.

[3] Dietrich Bonhoeffer, *Illegale Theologenausbildung: Finkenwalde 1935-1937,* Dietrich Bonhoeffer Werke, Band 14, p.113.

[4] DBW 13, p.297.

祉"[1]为标准,为达到"更好的世界"[2]而奋斗。世俗的和平主义不承认战争的罪的本质,对战争的责任只愿保持中立,仅认为和平较战争更能实现人的福祉。世俗的和平主义要求以人的政治、经济行动为手段来获取和平,这些手段包括:签署政治协议,建立国际组织,扩军和进行军备竞赛……[3]朋霍费尔认为,世俗的和平主义必然失败的原因在于,它"混淆了和平和安全"[4]。人们意图维持所处世界的安全,他们期待通过政治和经济的手段可以取缔战争,这显然是幼稚的。战争是罪,是深植于人的本性之中的,如同人和人之间为了"权力、骄傲、追逐荣耀及名誉、或因傲慢又或被贬低,或因对他人的恐惧……"[5]而发生争吵,国家、民族之间也无法避免为了"生存空间及食物"[6]等原因而发生战争。

与世俗的和平主义相反,基督的和平主义充分认识战争的罪恶本质,然而它仍然对和平抱持信心。这种信心不是建立在对人性战胜罪恶的罗曼蒂克的幻想之上,而是建立在上帝的诫命之上。"真正的和平仅仅在上帝那里并且来自上帝。上帝让基督把这一和平带给了我们,这就是说,和平与福音不可分离。"[7]在他20世纪30年代的文献中,朋霍费尔从三个方面理解基督的和平主义:基督教的教会作为追求和平的主体,和平的"应许"[8]性质,以及个体的和平责任。

首先,正如战争应在与原罪类比的意义上加以理解,和平也应该在基督战胜原罪的背景下加以理解。朋霍费尔重视原罪的社会哲学的意义,同样,他也注重教会作为基督徒的团契及基督在十字架上胜过原罪的这一历史事件的意义。朋霍费尔认为教会是建立在基督集体人格基础之上,基

---

[1] **DBW** 13, p.296.
[2] **DBW** 13, p.296.
[3] **DBW** 13, p.300.
[4] **DBW** 13, p.300.
[5] **DBW** 12, p.234.
[6] **DBW** 12, p.234.
[7] **DBW** 12, p.235.
[8] **DBW** 12, p.233.

督是作为团契存在的（"Christus als Gemeinde existierend"[1]）。在基督的团契里，亚当的人性作为人性的罪（Geschlechtssünde）及罪的总体（die Allgemeinheit der Sünde）被基督的人格所取代，这就是说，在属于亚当里的罪人们的总体意志（die kollektive Willensentscheidung）被属于基督的基督徒的教会的总体意志抉择所取代。同样，战争这一国家、民族的总体意志也必须在基督的团契里，即在教会的努力下被和平所取代。因为教会作为在基督里的集体人格代理了基督徒个体追求和平的总体意志。和平不能由为自己的安全的人们依靠政治和经济手段取得，和平是由"全世界基督的神圣教会组成的普世公会"[2]的一致努力来达成的。对朋霍费尔来说，这个"神圣的、坚不可摧"[3]的合一教会超越所有的因"历史、血缘、阶级和语言"组成的联盟，因为教会的基础就是基督的集体人格。在斐洛会议上朋霍费尔提到的"普世公会"的原型显然是他20世纪30年代初起积极参与的世界联盟，它为世界和平所做的努力被第二次世界大战的爆发证明为失败的。朋霍费尔对"普世公会"的期待因而被证明是一种"幻象"（Illusion）[4]。然而，结合时代背景，在德国种族主义被视为政治正确的大时代中，朋霍费尔从对基督和其教会坚定信赖的角度批评从历史、民族、阶级和血缘角度对战争的合理化诉求，重拾人们对和平的信心，他的洞见超越了他自身的时代。

第二，朋霍费尔在一种已然开始而尚未完成的末世论意义上讨论和平，和平是一种应许。基督对和平的应许可以在登山宝训得到明证。在登山宝训中耶稣给一切受压迫、被遗弃、被诅咒的人祝福；带给受诅咒的世界希望，因他要带来"地上的和平"（《路加福音》2:14）。然而和平不是依靠眼见，而是植根于对上帝信实（Treue）的信赖之中。这种信实被希伯来书的作者准确地加以描述，它是"所望之事，是未见之事"（《希伯来

1　DBW 1, p.76.
2　DBW 13, p.301.
3　DBW 13, p.299.
4　莫尔特曼（Jürgen Moltmann）语，根据笔者2018年3月24日在德国图宾根与莫尔特曼的谈话。

书》11∶1）。正因为和平的应许性质，基督徒和教会必须以巨大的信心为基础，为追求和平而冒险，这种冒险不断地使和平成为当下的现实。和平是"一种巨大的冒险（Wagnis）"[1]。这种冒险带来具体的伦理责任。既是给教会的，也是给个体的。

对于个体的和平责任，朋霍费尔在20世纪30年代有关和平的讨论中仅仅抽象地加以提及。他谈到基督徒应该带着"单纯的顺服"（einfältigen Gehorsam）[2]并且定意"追随基督"（Nachfolge Christi）[3]。这种追随应该放弃对上帝和他人的善恶的"反思"（Reflexion）[4]，这并不是说，要带着盲从和对人性的盲目乐观追随基督，而是要求追随者带着对上帝和平诫命的巨大信任，随时做好自我牺牲的准备。此外，朋霍费尔还要求每个基督徒应该对他人负有"好撒玛利亚人的责任"（Samariterdienst）[5]。因为每个基督徒都追随基督的榜样，像耶稣为他人担罪一样，基督徒应随时愿意在代理的意义上（im stellvertretenden Sinne）[6]为他人承担责任。在对他人担责的意义上，每个基督徒都"被禁止参加任何战争的准备"[7]。

4. 小结

朋霍费尔20世纪30年代的文献明显带有反战及和平主义的立场。在日益临近的战争威胁中，他已完全抛弃了20世纪20年代末的为战争合理性辩护的观点。他对和平的思考仍然着重于上帝诫命、和平/战争的选择和个人责任之间的关系，在社会哲学的意义上指出战争是个人的罪也是集体的罪，个人和民族对发动战争的罪责皆无法逃避。和平是上帝的诫命和应许，基督的教会和基督徒应带着信心为和平冒险。这种冒险带来伦理责任，既是给教会团体的也是给个人的。朋霍费尔在20世纪30年代

1　DBW 13, p.300.

2　DBW 12, p.234.

3　DBW 12, p.234.

4　DBW 12, p.233.

5　DBW 12, p.234.

6　关于代理的意义，参见本文第四部分"（二）1.负责任生命的结构"一节。

7　DBW 12, p.234.

的文献中对个体的和平责任并没有详加论述，而是着重教会团体的和平使命。尽管朋霍费尔对和平的论述深受他所参与的基督教普世教会运动和认信教会活动的影响，他把普世教会运动作为追求基督的和平的主体被历史证明是有其局限性的，但朋霍费尔对战争的罪恶本质，对世俗和平主义和基督教和平主义的辩论今天仍然值得人们注意。他区分和平和安全，指出为获得真正的和平必须带着对上帝的信心冒险，这些思考在今天的处境中仍然振聋发聩。

四 朋霍费尔《伦理学》中的和平理论

讨论朋霍费尔《伦理学》草稿中的和平理论，必须面临缺少直接涉及"和平"的文本，以及朋霍费尔的和平伦理似乎无法解释其参与刺杀希特勒的行动这两重难题。通过前面历史文本的考证，我们描摹出了朋霍费尔和平论述的基本结构。他的和平论述由和平／战争、上帝的诫命，以及个体责任这三个方面构成。聚焦于具体处境中对和平的追求和个人应该如何行动。的确，朋霍费尔在《伦理学》中难以直接论述和平。但是，朋霍费尔却以对战争和个人责任的反思还在隐秘地续写他的和平伦理学。在1940年秋开始写作的《伦理学》手稿"遗产和衰败"部分、1940和1941年秋冬之交写作的"自然生命"一章、1942年年初至夏季写作的"负责任的生命结构"和1942年夏至该年年底撰写的"上帝的爱和世界的瓦解"中，朋霍费尔深入探讨了战争和个人责任的问题。

（一）战争和"边缘状况"（Grenzfälle）[1]

在《伦理学》手稿"负责任的生命结构"这部分，战争第一次被朋霍费尔诠释为国家的边缘状况。不同于20世纪30年代对战争本质的罪论解读，《伦理学》是处于战争现实的朋霍费尔从战争和国家关系的角度

---

[1] Dietrich Bonhoeffer, *Ethik*, Dietrich Bonhoeffer Werke, Band 6, München: Chr. Kaiser, 1992, p. 273. 以下简称 DBW6.

出发对战争的思考。朋霍费尔这样解释边缘状况，它产生于国家的正常的治国法则和人的"赤裸裸的生活的必需"[1]发生冲突的时刻；是"不再被法律调节的、最后的必需的例外状态"[2]。在这种状态下，理性的和法律的手段都不能解决问题，唯有依靠"终极的手段"（ultima ratio）[3]。朋霍费尔继而论述："在政治领域里这种终极手段就是战争"[4]。

所谓的边缘状况，必然是和一种常态国家理论相对应的。朋霍费尔的国家的理论深受信义宗两个王国（Zwei-Reiche-Lehre）教义影响，认为国家和教会分别从上帝那里得到他们的职事（Amt）。国家的职事是由创造决定的"对生命加以维持的秩序"（Ordnung der Erhaltung des Lebens）[5]。而教会则应宣讲耶稣的受难复活及新的创造，教会给世界带来和解的信心，使得人们脱离罪，得以与上帝一起重新与他人联合。这种两个王国的理论奠定了朋霍费尔20世纪30年代和平和战争理论的基础。在教会的属灵职事基础上，朋霍费尔认为教会应遵循诫命，朝向和平而冒险；但教会斗争也必须遵循和平及非暴力的性质，这正是由于信义宗的教会作为灵里的权威不能反抗代表世界上的权威的当权者（Obrigkeit）的教义。

第二次世界大战中的朋霍费尔经历了对国家和教会的两层的常态的破坏。国家不再履行其职事，维持生命，而是使用了终极手段，发动了战争。信义宗为主体的教会一旦受限于教义，在战争这种"边缘状态"里，教会职事也不再可能。

（二）边缘状况中的个人责任

受限于教义和现实，教会无法继续作为主体为了信仰促进和平，朋霍费尔转而思考个体为推进和平应担的责任，朝向和平的冒险这一要求在战争这一边缘状况中成为了个体的责任。朋霍费尔认为，抗争"总是并且只

1　**DBW** 6, p.272.
2　**DBW** 6, p.272.
3　**DBW** 6, p.273.
4　**DBW** 6, p.273.
5　**DBW** 12, p.273.

是每一个个体的具体抉择"[1]。在《伦理学》手稿的"负责任的生命结构"和"遗产与衰败"中，朋霍费尔展现了他对个人责任的极具创造性的思考。

1. 负责任生命的结构

朋霍费尔视责任为个体生命的基本特征，这是因为他从两个方面考察个体生命。首先，他理解的个体生命并不是个人主义的（individualistisch）封闭的生命结构。而是一种在和上帝及他人的关系中的，具有社会性的个人。人和上帝之间的关系、人和他人之间的关系对个人的生命至关重要。[2] 这种关系又是一种基督论式的关系。基督在十字架上为人代理罪责是朋霍费尔理解人和上帝关系以及人和人的关系最重要的基础。出于对基督为人担责的效仿，基督徒应该为他人在代理的意义上承担责任。同时，这种为他人担责的生命应与两种对代理的滥用区分开来，第一种是代理者的自我绝对化，这会导致权力的暴力，这种对代理的滥用政治关系中常常发生；第二种滥用是把他人绝对化，它使人轻视了自己在上帝面前的责任。基督论式的代理的定义如下："代理也就是责任关系仅存在于一种完全的为了他人献出自己的生命中。"[3] 负责任的生命的特征因此可以归纳为"自我牺牲"（Selbstlose）[4]。其次，个体生命必须在自由中负责。[5] 自由被实在所限定，因为自由需符合人的受造性，让他人和上帝成为人的"界限"（Grenz）和"本原"（Ursprung）。此外，个体又在具体的自由抉择中冒险（Wagnis）。朋霍费尔在这里深化了冒险的含义。冒险不仅是因为和平的应许性质，它是在艰难现实中的期盼，也因为当个体愿意负责任自由行动时，他也必须付出代价。

2. 负责任行动作为冒险

当个体面对边缘状况时，个体负责的行动就必须成为一种冒险。边缘状况中团体如教会的负责任的行动受到了束缚，然而，一种个体的"负

---

[1] Dietrich Bonhoeffer, *Konspiration und Haft 1940-1945,* Dietrich Bonhoeffer Werke, Band 16, Gütersloh, Chr. Kaiser/Gütersloher Verlaghaus, 1996, p.522.

[2] DBW 6, p.256.

[3] DBW 6, p.258.

[4] DBW 6, p.258.

[5] DBW 6, p.256.

责的自由"（die Freiheit des Verantwortlichen）[1]也同时被唤起。自由是有代价的，朋霍费尔把它理解为良心的冲突。负责任的自由的行动必须选择忍受良心的冲突，这就是朋霍费尔"冒险"的含义。

在《伦理学》手稿"负责任的生命结构"与"上帝的爱和世界的瓦解"两章中，朋霍费尔发展了自己在《创造与堕落》中从圣经创世传统展开的对主体论哲学良心观的批评。哲学视角的良心[2]被朋霍费尔概括成人内心的一种统一状态，在它之上人的认识和行动达到了一致，知行统一而天良无亏。朋霍费尔用海德格尔式的话语定义良心："良心是从内心深处而来，它在个人意志和理性的彼岸，是一种来自人的生存深处的呼唤，要求人与自身达成一致。"[3]朋霍费尔正确地指出了良心的呼唤和作为主体的"我"的自治（Autonomie des eigenen Ich）之间的关系，自治的本源（Ursprung）和目标（Ziel）是良心的呼唤[4]。然而，这种在良心中人与自身达成一致只是一种哲学的幻象。

朋霍费尔从神学角度特别是圣经的创造和堕落的传统描述出发，指出良心发生在第一个人亚当吃了善恶树上的果子，开始认知善恶之后，当上帝呼喊他的名字，他试图逃避上帝的声音。良心实际上是人对上帝的逃避（Flucht）[5]，对他人的抵挡（Abwehr）[6]。它是人囿于自我的屏障，它试图扭曲人、上帝、他人三者之间的关系[7]，取消他者的存在的真实性，企图使他者的真实性也建立于主体的"我"之上，以至于他者和"我"的关系

1　DBW 6, p.274.
2　良心是朋霍费尔终身感兴趣的话题。在他早期的教授资格论文《行动与存在》（比较 DBW 2, p.63）中，在他的 20 世纪 30 年代在柏林的讲座手稿《创造与堕落》（比较 Dietrich Bonhoeffer, *Schöpfung und Fall*, Dietrich Bonhoeffer Werke, Band 3, München, Chr. Kaiser Verlag, 1989, pp.119-122. 以下简称 DBW3）中，在《伦理学》手稿中，在根据狱中书信汇编的《抵抗与顺从》（比较 Dietrich Bonhoeffer, *Widerstand und Ergebung, Brief und Aufzeichnungen aus der Haft*, Gütersloh: Chr. Kaiser/Gütersloher Verlagshaus, 1998, p.402。以下简称 DBW 8）中都收录了关于良心的思考。
3　DBW 6. pp.276-277.
4　DBW 6, p.278.
5　DBW 3, p.119.
6　DBW 3, p.120.
7　DBW 6, p.309.

变成了自我内部的关系。这种自治的良心事实上成为了隔绝了自我和上帝、自我和他人的屏障，使人陷入罪——朋霍费尔认为罪就是意识囿于自我。只有离开自我的罪，与历史中的基督耶稣和他的团体联系起来，人才能真正地从良心中得到解放。良心本质上阻碍了自我的认识和行动达到统一，而基督则带来良心的解放。

基督对良心的解放体现在对担罪的接受上。在哲学良心观中，良心无愧代表了最大的善，代表了自我的知行合一。但基督的行动的目标却并不是良心无愧，而是为他人担罪。朋霍费尔创造性地把基督的善与"准备好担罪"(die Bereitschaft zur Schuldübernahme)[1] 联系起来。因为负责任的生命是效仿基督，基督的担罪为我们展现了负责任生命的顶峰，他的行动是"无罪的担罪"(sündlos-schuldig)[2]。同样，人突破了良心的屏障，不再追求良心无愧，而可以为他人使自己的良心担罪，同时他自身却是无罪的。在边缘情况下，这种为他人担罪的良心成为了效法基督的冒险。

3. 负责任行动的实践

在《伦理学》手稿中朋霍费尔要求个人负责的担罪作为一种冒险，个人要为了上帝和他人愿意承担良心的罪咎。理解朋霍费尔的神学良心观，即在边缘情况下可以担罪的良心，使我们更理解朋霍费尔因参与抵抗运动而陷入的"基督徒式的挣扎"[3]。朋霍费尔以个人的身份参与到史陶芬博格刺杀希特勒的行动里来。尽管是为了将来的"公义的和平"[4]，但要做出参与暴力的个人选择，却并不容易。他的挣扎在《伦理学》手稿中反映了出来。

在"遗产和衰败"部分，朋霍费尔第一次不再以十诫中的"不可杀人"探讨是否应该加入战争或者为战争做准备。而是回顾西方战争的历

---

1 DBW 6, p.275.

2 DBW 6, p.276.

3 Christiane Tietz, "War Dietrich Bonhoeffer Pazifist? Oder: Dietrich Bonhoeffers Äußerungen zum Krieg", Petra Bosse-Huber/Christian Drägert(hg.), *Festschrift zum 65, Geburtstag von Nikolaus Schneider*, Neukirchen-Vluyn, Neukirchener Verlagsgesellschaft, 2012, p.40.

4 《致德国人民（第二版）》，Ludwig Beck 和 Carl Friedrich Goerdeler 起草，原计划于 1944 年 7 月 20 日 Stauffenberg 刺杀希特勒及政变成功后发给全德国人民的呼吁，根据盖世太保针对 1944 年 7 月 20 日刺杀行动成立的特别委员会笔记，德国抵抗运动纪念馆单张，2016 年 12 月获得。

史,寻求避免一种"采用一切可以想到的为自己民族自保服务的手段"[1]的"全面战争"(der totale Krieg)[2],这种全面战争可能使用"残杀无辜、折磨、勒索等也许有效但违背上帝在地上的国手段"。与这种全面战争相区别的是"正义的和被容许"[3]的战争。在"负责任的生命结构"这一章的最后,正义的战争被视为尽管充斥着谋杀、谎言、欺诈,但也只有通过它使得生命、真理和财产能重新被重视[4],朋霍费尔在深知上帝不可杀人的诫命的情况下选择参与刺杀行动,也因此他再一次思考正义战争的可能性,而这一次,他不再囿于信义宗创造秩序教义的限制,而是将他的选择视为个人的抉择,是在为保护生命、真理和财产的具体情况下的具体选择。让读者惊讶的还有他在"自然生命"一章中为杀人的辩护,"杀人只在一种非如此不可的紧急状态中是可能的"[5]。这种紧急状态在朋霍费尔的处境中显然就是纳粹在战争中对犹太人犯下的大屠杀罪行。

五 结论

直到1943年入狱,朋霍费尔也不曾放弃思考和写作他的伦理学,抱着为第二次世界大战后的世代写作伦理学的愿望,这本《伦理学》的写作贯穿了朋霍费尔1940年之后的生活。它对他如此重要,以至于他曾在狱中写道:"我如今可以置生死于不顾,但我必须完成我的伦理学。"[6]《伦理学》手稿是朋霍费尔接近生命终点的绝唱,其中的和平伦理也是他的一生的和平伦理的顶峰。

对朋霍费尔来说,和平伦理学是一种处境中的具体的伦理学。因为它和时代处境紧密相关,所以朋霍费尔也必须在处境中不断地从发展和修正

---

1 **DBW** 6, p.99.
2 **DBW** 6, p.99.
3 **DBW** 6, p.99.
4 **DBW** 6, p.298.
5 **DBW** 6, p.185.
6 **DBW** 8, p.237.

他的和平伦理。从20世纪20年代末为可能发动的战争辩护；到20世纪30年代以《新约圣经》为基础发展基督教的和平伦理，指出和平的应许性质，期望普世教会在国家间和平关系上发挥基础作用；到20世纪40年代他倡导个人为和平冒险的负责任的行为。朋霍费尔不惧于随着环境的变化和对圣经的深入理解调整他的和平伦理学。他的和平伦理学的发展也展现了他如何理解具体的伦理学：和平是具体的诫命，而不是抽象的原则。

无论是20世纪30年代对和平和维持安全的区分，对战争本质同时是个体和集体的罪的洞见；还是20世纪40年代创造性地把效仿基督为他人担罪与个人负责任的行动联系起来，并且在欧洲基督教文化毁于一旦的紧急状况中，毅然选择了为了未来的公义和和平而冒险，明知不可杀人的诫命，却选择让自己的良心担罪，希望维护真理，保全更多的生命。朋霍费尔的和平伦理学也是他为了和平的实践，展现出个体如何在战争的边缘状况中承担责任，这种担责的界限和根源又在哪里。

扩展阅读

蕾娜特·温德:《力阻狂轮——朋霍费尔传》，陈惠雅译，四川人民出版社2006年版。

朋霍费尔:《第一亚当与第二亚当》，王彤、朱雁冰编译，华夏出版社2007年版。

朋霍费尔:《伦理学》，胡其鼎译，上海人民出版社2007年版。

朋霍费尔:《朋霍费尔狱中诗》，林鸿信编译，上海三联书店2019年版。

朋霍费尔:《团契生活》，邓肇明译，宗教文化出版社2011年版。

朋霍费尔:《狱中书简》，高师宁译，四川人民出版社2003年版。

朋霍费尔:《作门徒的代价》，安希孟译，四川人民出版社2000年版。

曾庆豹编:《朋霍费尔与汉语神学》，载《汉语基督教文化研究所丛刊》22，香港汉语基督文化研究所2007年版。

Christiane Tietz, *Dietrich Bonhoeffer: Theologe im Widerstand*, München: C. H. Beck, 2013.

Eberhard Bethge, *Dietrich Bonhoeffer: A Biography*, Victoria J. Barnett ed., Rev Sub Edition, Minneapolis, Fortress Press, 2000.